나를 지켜낸다는 것

儒家修身九讲
作者：方朝晖
Copyright ⓒ 2008 by Tsinghua University Press
All rights reserved.
Korean Translation Copyright ⓒ 2014 by Wisdomhouse Publishing Co., Ltd.
Korean edition is published by arrangment with Tsinghua University Press through EntersKorea Co.,Ltd, Seoul.

이 책의 한국어판 저작권은 ㈜엔터스코리아를 통한
중국의 Tsinghua University Press 와의 계약으로 도서출판 위즈덤하우스가 소유합니다.
신 저작권법에 의하여 한국 내에서 보호를 받는 저작물이므로 무단전재와 복제를 금합니다.

나를 지켜낸다는 것

칭화대 10년 연속 최고의 명강

팡차오후이 지음
박찬철 옮김

위즈덤하우스

| 들어가는 말 |

수신修身, 우리가 놓치고 있는 한 가지

　현대인들은 자신의 인격을 수양하는 문제에 관심이 없습니다. 바쁜 일상을 보내다가 잠시 짬이 생겼을 때에나 혹은 아주 불행한 일을 맞닥뜨렸을 때에야 잠깐 자신의 내면을 들여다보지요. 그 잠깐의 짬마저도 내지 못해 수신에 대해선 생각조차 하지 않고 사는 사람들이 대부분입니다. '생활의 부담과 업무의 압박이 이렇게 큰데 수신을 생각할 시간이 어디 있단 말인가!' 하고 생각하는 것이 대부분의 현실입니다. 하지만 옛 선인들은 어떠한 일을 하든 어떠한 분야를 전공하든, 절대 포기해서는 안 되고 평생을 바쳐 공부해야 하는 학문이 수신이라 여겼습니다. '천자에서부터 평민에 이르기까지 한결같이 수신을 근본으로 삼는다[自天子以至於庶人, 壹是皆以修身爲本].'는 《대학大學》의 가르침은 이러한 사상에서 비롯된 것입니다. 정말 이 세상에는 결코 포기해서는 안 될 평생의 공부가 있는 것일까요?
　어떤 사람들은 자신이 인격적으로 성숙하지 못한 이유가 좋은 환경, 훌륭한 스승, 풍부한 경험이 없었기 때문이라고 한탄합니다. 일리가 있는 말이기는 하지만 환경, 교육 그리고 경험이 모든 필요를 충족하는 것은 아닙니다. 한 사람의 환경과 경험에 상관없이 인격의 성장과 완성은 결국 개개인의 의식적 노력에 달려 있습니다. 바로 이런 이유로 유가(공자를 필두로 한 맹자, 순자 등의 유가 사상)는 수신을 매 순간, 매일, 매월 이야기해야 하는 것으로 여겼습니다. 특히 송대 이래 각 세대의 유학자들이 이 화두를 두고 전심전력으로 꾸준히 모색한 결과, 수신은 넓고 심오한 체계를 가진 독립적인 학문 영역이 되기에 이르렀습니다.

그리스의 철학자 아리스토텔레스(Aristoteles, 기원전 384~322)는 미덕arete과 지식episteme을 본질적으로 구별했습니다. 수학, 물리학, 화학 등은 수업을 듣고 책을 읽음으로써 지식을 습득할 수 있는 분야로, 전적으로 이론을 학습하는 과정입니다. 하지만 미덕은 그렇게 공부할 수 없습니다. 미덕이 없다고 해서 학교에 가서 미덕 이론을 배울 수 있는 것이 아닙니다. 지식은 학습을 통해 얻을 수 있지만 미덕은 실천을 통해서만 획득할 수 있습니다. 덕성은 무엇보다도 습관이 중요합니다. 아리스토텔레스는 돌이 스스로 하늘을 날 수 없다는 것을 예로 들어, 설령 하늘을 향해 돌을 1만 번 이상 던져도 이로 인해 돌이 스스로 하늘을 나는 법을 터득할 수 없다고 이야기했습니다. 미덕을 갖추지 않은 인간은 오직 반복적인 실천과 훈련을 통해 변화할 수 있다고 했습니다. 독일의 윤리학자 프리드리히 파울젠(Friedrich Paulsen, 1846~1908) 또한 회화, 조각, 음악 등은 미학자가 아닌 예술가에 의해 완성될 뿐, 아무리 뛰어난 미학 체계라도 생동하는 예술작품을 만들어낼 수 없는 것을 예로 들어, 덕성과 인격은 실천 속에서 완성되는 것이지 윤리학의 이론에 기댈 수는 없는 것이라고 이야기했습니다.* 이런 관점은 사실상 유가의 '절차탁마'의 수신 사상과 일치하는 것이라 할 수 있습니다.

현대의 과학적 사유 방식에 경박하게 실리만 따지는 풍조가 더해져 오늘날 대부분의 사람들은 하룻밤 사이에 신속하게 자신을 구원할 원리를 찾으려 노력합니다. 그래서 삶에 가장 적합한 원리를 발명하여 이를 모든 상황에 적용하면 단번에 모든 문제가 해결될 수 있으리라고 생각합니다. 하지만 인격에는 고정불변의 함의가 없고 확고부동한 원리도 존재하지 않습니다. 심지어는 최종 완성의 순간도 없습니다. 그런데도 현대인들은 과거 선인들의 수신 사상을, 단번에 성취할 수 있는 방법이 없다는 이유로 외면하고 있습니다. 이 때문에 우리는 수신에 대한 고정관념을 버리고, 끊임없이 계속되는 진행형의 문제로 접근할 필요가 있습니다.

우리는 고대 학문이 본래 건전한 인격 함양을 주요 취지로 한다는 것을 잘 알고 있습니다. 설령 치국평천하治國平天下하더라도 그 본질적 목적은 자아완성이었습니다. 공자는 일찍이 제자들에게 "학문의 근본 목적은 자신을 위한 것[爲己]이지 타인을 위한 것[爲人]이 아니다."라고 간곡하게 타일렀습니다. 《논어》에서 공자가 이야기하는 '배움[學]'은 통

---

* 프리드리히 파울젠, 《윤리학체계(System der Ethik)》

상 '사람을 대하는 태도[對人接物]'와 인격 수양을 가리킵니다. 유교 경전 《대학》은 어떻게 '대인大人'이 될 것인가를 가르치는 책입니다. 다시 말해 사람을 천지와 동시에 존재하는 '본받을 만한 사람[大寫的人]'이 되도록 가르치는 학문입니다. 진정한 사람, 순수한 사람, 숭고한 도덕적 지조와 이상적인 인격을 갖추고 빛나는 성취를 이룬 사람이 되도록 가르치는 것입니다. 이것이야말로 우리 모두가 오매불망 추구하던 것이 아닐까요? 이런 학문을 오늘날 시대에 뒤떨어진 것이라고 방치해도 되는 것일까요?

그러면 어떻게 《대학》을 공부할 수 있을까요? 맹자는 그 핵심이 '양養'이라는 글자에 있다고 생각했습니다(《맹자》〈등문공〉). 이른바 '양'이란 날마다 조금씩 쌓여 길러지는 것을 가리킬 뿐만 아니라, 한 생명이 수신을 통해 자양분을 얻는 것이기도 합니다. 우리가 수신하는 이유는 다른 사람 혹은 사회적 요구를 따르기 위함이 아니라 메마른 마음의 밭에 영양분을 공급하여 마음을 윤택하고 건강하게 성장하도록 하기 위한 것입니다.

오늘날 우리는 사회 전체가 마음의 병을 앓는 문제에 직면해 있습니다. 수신과 양성養性의 중요성을 인식하지 않을 수 없지요. 이럴 때일수록 선인들의 풍부하고 심오한 수양에 관한 학문이 아직 시대에 뒤떨어지지 않았음을 알고 있어야 합니다. 우리가 매일 피곤한 몸을 이끌고 출근할 때, 심각한 고민을 가지고 퇴근할 때, 사는 일이 왜 이렇게 피곤한지를 한탄할 때, 아마 이렇게 물어야 할 것입니다. "왜 우리의 교육은 인생의 각종 문제에 대면하여 삶의 정확한 방향을 파악하고 정신의 행복과 즐거움을 창조하는 방법을 가르쳐 주지 않았는가? 선인들이 과거 수천 년 동안 모색하고 쌓아온 위대한 지혜를 무엇을 근거로 그렇게 쉽게 포기해 버렸는가?"

　쇠퇴한 유학이 겨우 사람들의 관심을 다시 받게 된 이 시대, 나는 유학을 오늘날의 구미에 맞게 변형하기보다는 유학의 정수를 보여 주는 것이 더 낫고, 이론 논증에 많은 정력을 쏟는 것보다는 개개인들이 몸소 실천을 함으로써 유학의 탁월한 효력을 체험하는 것이 더 낫다고 굳게 믿고 있습니다. 전통의 생명력은 현대인의 생활 속에 있는 많은 문제에 해답을 주는 데 있습니다. 전통의 생명력을 진정으로 믿는 사람이라면 응당 자신이 몸소 체득한 것을 다른 사람에게 알려 줘야 합니다. 가령 오늘날 유학에 창조적인 전화轉化 혹은 이론적 재구성이 필요하다고 한다면 마땅히 실천적 과정이 선행되어야만 한다고 생각합니다.

　이 책은 필자가 수년간 교습과 독서를 통해 깨달은 바를 기초로 수천 년 이어져 온 중국 유학의 수신 전통을 개인적으로 해석한 책입니다. 이 책에서 말하는 아홉 가지 범주는 대부분 선진先秦 유학, 특히 송宋·명明의 이학理學을 기반으로 하고 있습니다. 수년간 송·명 시대의 학자들을 공부한 경험에 근거해 말할 수 있는 것은, 옛사람의 언어와 세계관이 오늘날 우리의 표현과 달라 본래의 감동을 상당 부분 잃었다는 것입니다. 때문에 나는 유학이 현대적 언어로 다시 쓰이지 않는다면 진정으로 확대·발전하기는 어려울 것이라고 생각합니다. 때문에 본서는 한편에서는 과거의 수신 전통을 일정 정도 설명하고, 또 다른 한편에서는 옛사람들의 사상이 오늘 우리의 생활 속에서 살아 숨 쉬는 자원으로 전화되기를 희망합니다. 나는 유가 전통의 현대적 전화라는 이 과제가 단순히 이론 문제가 아니라 실천의 문제임을 굳게 믿고 있습니다. 본서가 오늘의 우리가 쉽게 실천할 수 있는 방식으로 유가 전통을 새롭게 하는 데 공헌할 수 있기를 기대합니다.

본서는 선진先秦 시대 유가 경전 외에도 송·명의 이학理學과 명·청의 수신과 관련된 여러 저작들, 《채근담菜根譚》, 《신음어呻吟語》, 《위로야화圍爐夜話》, 《격언련벽格言聯璧》, 《명심보감明心寶鑑》 등의 여러 서적을 참고하고 인용했습니다. 이 중 일부는 유가 관련 저작이 아니지만 이 책의 관점을 설명하는 데 도움이 되는 부분이 있어 적지 않은 내용을 수집하여 기록했습니다.

유학과 전통 학문 영역에서 나는 초학자일 뿐입니다. 수신과 관련해서도 더 많은 수양과 공부가 필요합니다. 본서는 여러 사람들과 함께 소통하고 격려하면서 만든 책입니다. 학계 동료들과 독자 여러분의 많은 비평과 가르침을 바랍니다.

| 차례 |

- 들어가는 말 – 수신修身, 우리가 놓치고 있는 한 가지 • 004

제1강 수정守靜, 고요히 앉아 마음속을 들여다보는 힘

꿈꾸었던 미래를 가슴에 품고 있는가 • 017
마음이 고요한 자만이 알 수 있는 진리 • 019
고요해진 이후에야 편안해진다 • 022
역경 속에서도 마음을 맑게 유지하는 법 • 024
진정한 평안이란 마음이 평온해지는 것 • 027
나 홀로 앉아 마음을 들여다보다 • 029
정좌, 영혼을 다스리는 길 • 032
세상의 속도에 휘둘리지 않으려면 • 034
삶의 방향을 바로잡는 지혜 • 037

제2강 존양存養, 마음을 쏟아 자신을 기르는 힘

생명 그 자체가 삶의 목적이다 • 043
절제와 균형이 무너진 오늘의 삶 • 044
인생 = 수많은 순간들의 총합 • 046

마음을 쏟아 잘 기르면 자라지 않는 것이 없다 • 051
마음을 아는 것이 하늘의 뜻을 아는 것 • 054
하늘을 우러러 부끄러움이 없는 삶 • 059
화火, 바람처럼 부드럽게 사람을 다스리는 법 • 062

제3강 자성自省, 나를 허물고 한계를 뛰어넘는 힘

우리는 하루 세 번 반성하는가 • 071
언젠가 나의 무지를 알게 되는 때가 온다 • 074
마음을 자유롭게 풀어놓는 법 • 077
보이지 않는 곳에서 먼저 나를 살피는 법 • 082
차마 드러내지 못한 마음속을 들여다보는 법 • 086
아직 이를 때 마음은 더 맑다 • 091
한 걸음 물러서야 하늘이 보이기 시작한다 • 095

제4강 정성定性, 고난 속에서도 나를 지키는 힘

번아웃 신드롬에 시달리는 시대 • 101
나 자신에게서 소외되지 않기 위해 • 105
기러기 지나가면 연못은 그림자를 붙들지 않는다 • 109
선비의 경지 • 115
멈출 때를 안다는 것 • 120
복잡한 생활에서 마음을 흐트러뜨리지 않으려면 • 123
인생의 네 가지 덫 • 127

제5강   치심治心, 자신을 살펴 하늘의 기운을 얻는 힘

성공을 위해 자유를 포기하는 사람들 • 137
배움의 목표는 잃어버린 마음을 찾는 것 • 146
부귀영화에 매달리지 않기 위하여 • 153
마음을 마무리하면 일은 저절로 마무리 된다 • 156
마음이 깨끗해야 비로소 큰일을 할 수 있다 • 160
자신을 살피는 것이 하늘의 기운을 얻는 일이다 • 164

제6강   신독愼獨, 철저하게 자신과 마주하는 힘

조화롭게 산다는 것 • 171
마음 깊은 곳의 욕망과 마주하는 법 • 177
스스로 경계하면 마음의 병도 달아난다 • 182
앞이 보이지 않는 어둠에서도 밝음을 볼 수 있다 • 188
마음은 움직일 수 있는 것 • 192
자신의 영혼을 준엄하게 채찍질한다는 것 • 197

제7강   주경主敬, 나를 아끼고 사랑하는 힘

화근은 소홀히 하는 데서 온다 • 203
살얼음 밟듯이 가야 할 때가 있다 • 208
마음을 한데 집중하는 법 • 211
속내를 비추는 거울을 두려워하라 • 215
문밖을 나서면 모두가 스승 • 220
우리의 생명은 세계 전체에 속한 것이다 • 225
나를 아끼고 사랑하는 법 • 229

제8강 근언謹言, 절제하여 신뢰를 잃지 않는 힘

일생의 성패는 평상시의 언행에 달려 있다 • 239
입을 봉해야 재앙을 막는다 • 242
군자는 말을 한 후에 언제나 조용히 되돌아본다 • 246
인생의 오묘한 이치는 말로 이를 수 없다 • 250
진실한 말의 힘 • 254
얼굴빛을 가꾸는 자는 신뢰하기 어렵다 • 260
마음이 안정되면 말이 무겁고 조용해진다 • 266
하늘이 말하는 것을 한마디라도 들어본 적 있는가 • 272

제9강 치성致誠, 지극한 정성으로 자신을 완성하는 힘

얄팍한 게임과도 같은 인터넷 시대의 사랑 • 281
진실한 본성을 되찾는 법 • 285
이익을 좇는 자의 최후 • 288
세상이 나를 업신여기고 비방한다면 • 296
정성이 지극하다면 겉으로 드러나게 마련이다 • 302
사람의 마음을 움직이려면 • 308
공자가 가르친 것들 • 312
성숙한 나를 만드는 힘 • 316

• 끝맺는 말 – 수신은 어렵지도, 불가능하지도 않다 • 321

제1강

수정 守靜,
고요히 앉아 마음속을 들여다보는 힘

靜而後能安
고요해진 이후에야 편안해질 수 있다.
《대학》

꿈꾸었던 미래를 가슴에 품고 있는가

30대에 갓 접어든 A씨는 신문사에서 일한다. 전국에서 손꼽히는 언론 매체에서 기사를 쓰고 있는 그는 자신이 엘리트 집단의 일원이라고 생각한다.

"2년 좀 넘게 일하고 있는데 두렵고 불안한 마음이 가시질 않아요. 두렵다고 느끼면 형광등, 스탠드, 욕실 등, 심지어는 어항 등까지 집 안의 불이란 불은 다 켜요. 흐린 날에는 극도로 민감해져서 계속해서 짜증을 내기도 하고, 모든 이야기를 다 털어 놓고 싶어서 누군가에게 전화를 걸거나 이메일을 쓰기도 해요. 그런 이유 때문인지 때려 부수고 싸우는 전자오락을 좋아해요. 한 번 하는 데 100위안(한화 1만 7,000원)이 넘게 들지만, 마지막 판까지 깨고 나면 속이 다 시원해져요. 하지만 지면 짜증이 나죠. 짜증이 나면 우걱우걱 아이스크림을 먹거나 스피디하게 차를 몰아요. 급커브를 돌거나 후진해서 한 번에 주차라인에 들어서면 스트레스가 풀려요. 안 그러면 누군가를 잡아서 크게 한판 싸우고 싶거든요. 결국 가장 크게 피해를 보는 건 제일 가까이에 있는 가족이에요. 아내 말이에요."

-중국 최대 주간지 〈남방주말〉의 2005년 기사

A씨의 이야기는 쉼 없이 바쁘게 일하지만 마음은 항상 불안한 현대인의 모습을 잘 보여 줍니다. 분명한 것은 이 상황이 정신적 혹은 심리적 문제를 대변하고 있고, 오늘날 우리 사회에 만연한 문제라는 것입니다. 최근, 우리가 사람들의 정신 상태를 묘사하기 위해 '조급하다', '눈앞의 이익에 급급하다', '욕심이 지나치다', '마음이 공허하다' 등의 단어를 자주 인용하는 것도 이러한 이유 때문입니다.

우리 모두가 A씨와 같은 심각한 증세를 느끼고 있는 것은 아닐 것입니다. 하지만 바쁜 업무 시간이 지난 후 갑자기 멍해지며 자아를 잃어버린 듯한 느낌을 받은 적은 없습니까? 너무 오랜 기간 동안 다람쥐 쳇바퀴 도는 듯한 생활에 파묻혀 번잡한 잡무로부터 헤어날 수 없다고 느낀 적은 없습니까? 장기간 맹목적으로 세속의 조류를 쫓아다니다가 마음 깊은 곳으로부터 불편함과 불안감을 느낀 적은 없습니까? 깊은 밤, 잠에서 깨어나 자신이 너무 맹목적이고 피동적으로 살고 있다고 깨달은 적은 없습니까? 나아가 우리의 일생이 이렇게 그럭저럭 사는 것으로 결정이 나 버릴까 불안해한 적은 없습니까? 이것이 정말 우리가 원했던 생활입니까? 고작 오늘의 이 초라한 현실이 자나 깨나 갈망해 오던 이상이란 말입니까? 설마하니 젊은 날 호기롭게 꿈꾸었던 미래는 한낱 허상이 되고 만 것일까요?

마음이 고요한 자만이 알 수 있는 진리

우주 자연의 정묘함과

인성과 천도의 오묘함은

오직 고요하게 바라보는 자만이 알 수 있고

오직 고요하게 기르는 자만이 부합할 수 있다.

[造化之精, 性天之妙, 唯靜觀者知之, 唯靜養者契之.]

이 구절은 명나라 학자 여곤呂坤이 쓴 《신음어呻吟語》의 일부입니다. '성천性天'은 글자 그대로 인성과 천도天道를 의미합니다.* '조화지정造化之精, 성천지묘性天之妙'는 대개 인생, 사회, 우주에서 가장 신비하고 심오하며 중요한 도리를 가리킵니다. 위의 문장은 '우주와 인생의 가장 심오한 도리는 마음이 평온할 때에야 비로소 느낄 수 있다. 마음이 안정되지 못한 사람은 일평생 몽롱하고 혼란스러운 상태에 빠져, 죽을 때까지도 깨달을 수 없다. 잔잔한 물에서만 반짝이는 달과 별이 보이는 것처럼, 사람의 마음이 평온하지 못하다면 어찌 생명의 참뜻을 이해하고 인생의 오묘한 이치를 통찰하여 운명의 깨우침을 얻을 수 있

---

* 《논어》〈공야장〉 "부자께서 성과 천도를 말씀하시는 것을 알아들을 수 없었습니다[夫子之言性與天道, 不可得而聞也.]"라는 구절에서 따옴

겠는가?'라는 의미입니다.

　중국의 역사를 살펴보면 고대의 학자들은 오랜 세월동안 '정좌靜坐'나 '정양靜養'을 학문을 하는 데 있어 필수적인 과정으로 여겼음을 알 수 있습니다. 그들에게 있어 글을 읽는 주요 목적은 올바른 사람이 되기 위한 것이었습니다. 하지만 올바른 사람이 되려면 책에만 머무는 것이 아니라 다음 두 가지를 실천해야 한다고 생각했습니다. 첫 번째가 바로 정좌 혹은 정양이고, 두 번째가 책에서 배운 내용을 실천하는 것이었습니다. 그중에서도 정좌 혹은 정양을 중요하게 생각했습니다. 이런 사상은 심지어 아주 이른 시기까지 거슬러 올라갑니다. 《예기》에는 아주 오래전에 제사 등 중요한 활동을 하기 전에 목욕재계하는 전통이 있었다고 기재되어 있습니다. 《예기》에서 말하는 '산재(散齋, 제사를 지내기 전에 목욕재계하던 일)', '치재(致齋, 제관이 제사를 시작하는 날부터 제사를 마친 다음 날까지 사흘 동안 몸을 깨끗이 하고 삼감)'는 일종의 정양, 즉 마음을 가다듬는 행사였습니다. 공자의 제자 증자曾子가 《대학》에서 언급한 '정定, 정靜, 안安, 려慮, 득得'의 사상은 삼국 시기의 제갈량이 말한 "마음이 고요하게 안정되지 않으면 원대함을 이룰 수 없다[非寧靜無以致遠]."라는 잠언에도 들어 있습니다. 당·송 시대에 이르러 신유가학파들은 불교의 정좌법을 받아들여 개선하고 여기에 자신들의 실천을 더하여 더욱 성숙한 정좌의 전통을 만들었습니다. 북송의 명유名儒 여대임呂大臨은 매일 정좌할 때마다 두 발을 바위 위에 올려놓았는데, 오랜 시일이 지나자 마침내 바위에 그의 발 모양과 똑같이 두 개의 움푹 파인 구덩이가 생겼다고 할 정도였습니다. 유가뿐만 아니라 도가도 똑같이 정양을 중시했습니다. 노자의 《도덕경》에는 "완전한 비움에 이르게 하고, 고요함을 지키는 일을 돈독히 하라[致虛極, 守靜篤].", "근원으로 되돌아감을 고요함이라 한다[歸根曰靜].'라는 말이 있는데, 사람이 장수하려면 반드시 욕망을 절제하고 고요함에 처하여 정신을 편안하게 해야 한다고 여겼던 것입니다. 장자도 '허정虛靜'을 추앙했는데, 공공연하게 "텅 비어 고요하고 욕심 없이 담박하며 적막하게 아무것도 하지 않는 것은 하늘과 땅의 기준이며 도덕의 극치이다[夫虛靜, 恬淡, 寂寞, 無爲者, 天地之平而道德之至]."(《장자》〈천도〉)라고 주장했습니다. 그는 성인의 마음은 '허정'을 통과해야 비로소 거울과 같이 아주 작은 사물도 통찰할 수 있는 경지에 이르러 우주를 철저하게 비출 수 있다고 여겼습니다.

  오늘날 송·명대 이학자들의 책을 읽다 보면 당시의 학자들이 보편적으로 정좌를 가장 중요한 수양 공부로 삼았음을 알 수 있습니다. 그들은 항상 정좌의 방법을 함께 토론하곤 했습니다. 남송의 대유학자 주희의 스승인 이동李侗은 평생 '주정(主靜, 무욕한 까닭에 고요하다)'하고 시간만 있으면 사람들에게 정좌를 가르쳤습니다. 훗날 주희도 그에게서 정좌를 배웠고, "하루의 반은 책을 읽고, 반은 정좌를 해야 한다."는 그의 주장은 동아시아 역사에 커다란 영향을 끼쳤습니다. 명대의 걸출한 유학자 왕양명王陽明은 학문하는 방법을 언급하면서 "초학자는 항상 먼저 정좌를 하도록 한 후 일정 시간이 흘러 그 마음이 조금 안정되기를 기다린 후에야 '성찰극치省察克治'를 가르친다."(《전습록傳習錄》)고 말했습니다. 청대 유학자 증국번曾國藩은 일찍이 정좌를 수신의 주요 항목의 하나로 삼고, "매일 시간을 가리지 말고 한 시간 정도 정좌하라."고 이야기했습니다. 그는 또 정좌가 최고점에 이르면 《역경易經》〈복괘復卦〉에서 말하는 '일양래복(一陽來復, 봄이 되는 일 또는 나쁜 일이 끝나고 좋은 일이 다가옴)'의 경지를 체험할 수 있다고 말했습니다. 그는 나아가 가족들에게 수신의 방식으로 "안으로는 오로지 마음을 고요히 하여 생각을 통일하고 밖으로는 의관을 정제하고 엄숙함을 갖추어라[內而專靜統一, 外而整齊嚴肅]."라고 당부하기도 했습니다.

고요해진 이후에야 편안해진다

고요함[靜]이 있어야만 소란스런 속세에서 끊임없이 자신을 반성하여 안으로는 마음을 보고 밖으로는 외표外表를 볼 수 있다. 고요함이 있어야만 자신이 추구하는 목표를 끊임없이 명확히 할 수 있고 세속의 유혹으로 인해 목표와 너무 멀리 유리되지 않을 수 있다.

차분한 인성과 마음은 길러지는 것이다. 우리가 사는 세계는 결코 청정한 세계가 아니다. 우리는 온통 유혹으로 가득 찬 세계에 살고 있다. 그래서 우리 스스로 부단하게 극복하고 부단하게 저항하고 부단하게 '깊고 고요한 대나무 숲 속에 홀로 앉아 있는' 경지를 추구해야 한다. 이런 경지에 이르면, 눈앞의 명리를 급하게 좇을 필요가 없고, 아웅다웅 서로 다투는 경쟁을 할 필요도 없으며, 저속하고 유치한 잡담도 필요로 하지 않게 된다. 단지 자신에 대한 반성과 질문만 있을 뿐이다.

수신의 목적은 끊임없이 자신을 완벽하게 하는 데 있다. 이 복잡한 사회에서 자신의 정도를 지키고 자신의 완벽함과 인생의 높은 경지를 끊임없이 추구하는 것이다. 만약 자신을 고요함 속에 몰입시키지 못하면 어떻게 자신을 돌이켜 자성하고 완성시킬 수 있겠는가?

– 〈유가경전입문〉 수강 학생의 글

내가 칭화 대학교에서 개설한 〈유가경전입문儒家經典導讀〉 과정에서는 강의를 시작하기 전에 학생들에게 5분간의 정좌 시간을 갖게 했습니다. 비록 5분간의 짧은 시간이지만 참가자들이 갖는 혜택은 자못 풍부했습니다.

고요한 뒤에야 능히 안정이 되며
안정된 뒤에야 능히 생각할 수 있고
깊이 사색한 뒤에야 능히 얻을 수 있다.
[靜而後能安, 安而後能慮, 慮而後能得.]

이는 유가 경전 《대학》의 늠름한 선언으로 '정靜, 안安, 려慮, 득得'은 수양의 과정을 대표하는 용어입니다.

정좌를 하면서 의도적으로 마음을 평온하게 하면 평소에 여러 가지 이유로 제쳐놓고 생각하지 않았거나 개의치 않은 듯 가장하며 회피했던 문제를 직시할 수 있습니다. 내면의 문제를 제쳐두거나 잠시 자아에 대한 생각을 잊는 것은 언제나 가능한 일이긴 합니다. 하지만 하루만 지나도 문제는 항상 다시 떠오르기 마련입니다. 문제를 회피하고 잠시 평안함을 찾느니 주체적으로 문제와 대면하여 해결하는 것이 오히려 더 나은 방법일 것입니다. 빠른 생활의 리듬에 묻혀 사는 오늘날에는 자신의 문제를 사고하고 해결할 수 있는 완벽한 시간을 찾기는 아마 어려울 것입니다. 정좌는 바로 이런 점을 보완하는 도구입니다. 수중에 쥐고 있는 일을 잠시 내던지고 고요한 마음으로 명상을 하면서 하나도 남김없이 자신에게 이야기해 볼 수 있어야 합니다.

역경 속에서도 마음을 맑게 유지하는 법

어떤 사람은 정좌를 하게 되면 마음이 고요해지기는커녕 오히려 생각이 복잡해지고 마음이 어지러워진다고 말합니다. 아마도 수년간 형성된 습관을 한 번에 극복하기는 힘들 것입니다. 정좌할 때는 한 가닥 끈을 붙잡아야 합니다. 의식적으로 마음을 안정시키고 자신에게 굳센 의지가 있는지를 살펴보아야 합니다. 이는 또한 자신에 대한 일종의 시험이기도 합니다. 의지력을 키우는 방법은 아주 많지만, 정좌는 그중 가장 효과적인 방식의 하나입니다.

송대의 정이程頤는《근사록》에서 "마음이 고요해진 후에 만물을 보면 자연히 모두 봄의 생기를 가지게 된다[靜後見萬物, 自然皆有春意]."라고 했고, 명대의 오여필嗚與弼은《강재집康齋集》에서 "가난 속에서도 마음은 가을 물처럼 맑고, 고요해진 마음은 봄바람처럼 부드럽다[淡如秋水貧中味, 和似春風靜後功]."고 했습니다. 이처럼 선인들은 정좌를 아주 깊이 이해하고 있었습니다.

> 정좌는 사람의 기질을 단련시킬 수도 있다. 혼란 속에서도 놀라지 않는 기질, 조용하고 침착한 기질, 담백하고 평온한 기질, 자아분석의 기질, 시비를 통찰하는 기질, 예지력이 뛰어난 기질. 이런 기질들은 성취를 이루고자 하는 사람들에게는 꼭 필요한 것이다. 하지만 이런 기질은 오로지 스스로 갈고 닦아야 하는 것으로 외부 세계와는 무관하다. 때문에 지나치게 외부 환경에 대해 신경 쓸 필요가 없다. 물론 조용한 밤 청량한 바람은 마음을 고요히 하기에 도움이 되기는 하지만 자신을 단련시킬 의지가 있는 사람이라면 비록 몸이 소란스러운 곳에 있어도 홀로 평온하고, 귀에 소음이 가득해도 고요함을 지킬 수 있다. 이야말로 훨씬 높은 경지이다.
>
> —〈유가경전입문〉 수강 학생의 글

오늘날 조급증 문제를 토로하는 사람을 볼 때마다 우리는 자신의 생활을 되돌아보고 자신도 이미 오래전에 조급증에 감염되었음을 깨닫게 됩니다. 하지만 자신이 조급하다는 점을 분명히 알고 있으면서도 그것을 고칠 방법을 찾지 못하고 있습니다. 왜 그럴까요? 그것은 마음을 안정시키지 못했기 때문이고 특별히 시간을 내어 자아와 대면하려 하지 않았기 때문입니다. 그러면 고인들이 이런 문제에 대해 어떻게 대처했는지를 한 번 살펴보기로 하겠습니다. 청대 금란생金蘭生이 편찬한 《격언련벽格言聯璧》에는 이런 말이 있습니다.

정좌한 연후에 평상시의 성급함을 알게 되고
수묵한 연후에 평상시의 말이 경솔함을 알게 되며
성사한 연후에 평상시의 마음이 갈피를 잡지 못함을 알게 된다.
[靜坐, 然後知平日之氣浮,
守默, 然後知平日之言躁,
省事, 然後知平日之心忙.]

유가가 제창한 정좌의 방법은 보통 불교, 도교, 요가 등의 정좌 수련과 동일시되곤 합니다. 혹자는 정좌라는 말을 들으면 "기는 단전에서 나온다."는 말을 떠올리며 기공, 태극권의 수련 방법을 떠올리기도 하고, 정좌를 대단히 신비롭고 심오한 것으로 이야기하곤 합니다. 이는 완전히 잘못된 생각입니다. 유가가 말하는 정좌는 원래 개인의 마음 공부를 위한 아주 간단하고 손쉬운 심신 조절 수단으로, 태극권이나 기공 혹은 요가의 방법과는 확연히 다릅니다. 물론 이 말이 유가의 정좌 사상이 불교나 도가와 무관하다는 것을 말하는 것은 아닙니다. 오히려 유가의 정좌법은 후자의 영향을 많이 받았고 송·명 이래 형성된 유가의 정좌 전통은 불교와 도가로부터 많은 영향을 받아 유, 불, 도의 정좌 사상은 서로 일맥상통한다고 할 수가 있습니다.

안타까운 것은 오늘날 선인들이 수천 년 동안 전한 수신과 수양의 전통, 그중에서 특히 정좌, 정양靜養의 실천 방법이 현대인의 실용주의 사조의 영향으로 방치되어 거의 사라져 버렸다는 점입니다. 고대 사상을 강의하는 사람들조차 선인들의 실천적 사상을 실천하지 않고서도 대학 교수가 되거나 이름 있는 학자가 될 수 있게 된 것입니다. 이는 커다란 시대 유감이며 우리들이 지금 거듭 정좌를 이야기하는 주요 이유이기도 합니다.

정좌를 위해 많은 시간이 필요한 것이 아닙니다. 설령 5분이라도 진지하게 정좌를 한다면 얻는 바가 있을 것입니다.

진정한 평안이란 마음이 평온해지는 것

지극한 도의 요체는
지극한 고요함으로 그 정신을 편안케 하고
정교한 생각으로 그 감각을 꿰뚫고
몸과 마음을 깨끗이 하여 그 참됨에 응하는 것이다.
[至道之要, 至靜以寧其神, 精思以徹其感, 齋戒以應其眞.]

– 옥섬玉蟾, 《해경백진인어록海瓊白眞人語錄》

이 단락의 대체적 의미는 '진정한 안정은 영혼이 근본적으로 안녕을 얻는 것을 가리킨다. 이런 안정이 있어야 생명의 본질에 대해 깊이 있는 사색을 할 수 있고, 그 요체를 깨달을 수 있다. 그렇게 함으로써 인정人情과 사리事理를 통찰하여 만물에 대해 영적인 감응이 있게 된다.'는 것입니다. 마치 자아를 상실한 것처럼 모호함 속에서 헤맨 이유는 지금까지 고요한 안정을 취하지 못했기 때문이고, 재계(齋戒, 종교적 의식 등을 치르기 위하여 몸과 마음을 깨끗이 하고 부정不淨한 일을 멀리함)와 정좌를 통해서 안정을 얻은 이후에야 마침내 자아의 진실한 존재를 체험할 수 있게 된다는 것입니다.

선인들의 사상에 비추어 보면 '정靜'은 생명의 근본을 대표하고, '동動'은 그 근본을 확장하는 것과 다르지 않습니다. 확장에 다름 아닙니다. 때문에 정좌는 실제로 우리를 생명의 본원 상태로 회귀하게 하는 힘이 있습니다. 노자는 《도덕경》에서 '귀근왈정(歸根曰靜, 생명의 근본으로 돌아가야 고요함이 있다)'의 이치를 이야기했습니다. 《주역》〈괘사〉에서는 동과 정의 관계라는 관점에서 건곤乾坤의 변화의 본질적 특징을 설명하고 있고, 북·송 유학자 주돈이는 이 사상을 훨씬 치밀하게 발전시켰습니다. 그는 《태극도설》에서 우주의 기원과 생성을 무극無極→태극太極→음양陰陽→……→만물로 이어지는 과정으로 표현했습니다. 그리고 이 과정이 바로 태극의 동정動靜을 통해서 실현된 것, 소위 '움직임이 극에 이르면 고요하게 되고 고요함에서 음이 생기니, 고요함이 극에 이르면 다시 움직임이 생기고 한 번의 움직임과 고요함이 서로 그 뿌리가 되는[動極而靜, 靜而生陰, 靜極復動, 一動一靜, 互爲其根]' 과정으로 설명했습니다. 그는 동정과 우주가 변화하고 발전하는 관계에서 출발하여 '성인은 이것을 정함에 있어 중정과 인의로써 하고, 고요함을 근본으로 한다[聖人定之以中正仁義而主靜].'라는 결론을 도출했습니다. '주정主

靜'이란 다시 말하면 고요함靜을 생명의 근본으로 여긴다는 말입니다.

생명 본원의 각도에서 정좌의 의의를 이해하면 고요함으로 돌아가는 것만으로는 충분하지 않습니다. 뿐만 아니라 이는 《주역》〈계사〉와 《태극도설》에서 말하는 동정 관계의 변증법에도 부합하지 않습니다. 앞에서 태극, 음양, 건곤의 동정 관계를 통해야만 우주 만물이 파생된다고 말했습니다. 정만 있고 동이 없으면 변화가 없고 생명의 발생도 없습니다. 오늘날 우리의 문제는 쉴 틈은 없고 하루 종일 바쁘게 움직이기만 한다는 것입니다. 이렇게 동만 있고 정이 없는 것은 생명의 근본을 잊어버린 것이라 할 수 있습니다.

나 홀로 앉아 마음을 들여다보다

정좌를 해도 머릿속에 떠다니는 혼란스럽고 잡스러운 상념을 제어할 수 없어 고민하는 사람을 상담한 적이 있습니다. 앞서 말했다시피 처음부터 쉬울 수는 없습니다. 이때에는 '정좌를 하는 동안 마음을 살피기를[靜坐觀心]' 권합니다. 자신의 혼란스런 생각을 통제할 수는 없어도, 적어도 자신의 생각이 얼마나 혼란스러운지는 조용히 관찰할 수 있을 것입니다. 정좌를 통해 자신의 마음을 살펴보면 도대체 어떤 욕망 혹은 어떤 생각이 자신의 마음과 영혼을 지배하는지를 분명하게 알 수 있을 것입니다. 이렇게 하면 자아에 대한 새로운 인식이 생겨 자신이 어떤 유혹 앞에 놓여 있는지, 어떤 시련을 가장 견디기 힘들어하는지를 알 수 있게 됩니다. 마음과 영혼이 깨어나면 이후의 생활에서 똑같은 욕망이 다시금 솟아날 경우라 해도 더 이상 맹목적으로 빠져들어 헤어나지 못하는 일은 없을 것입니다. 그리하면 자신이 지금 변화하고 있음을 깨닫게 될 것이고, 나아가 점차 마음을 다스리는 방법을 배우게 될 것입니다. 정좌를 하는 동안 자신의 마음을 들여다보는 체험을 했던 저의 한 학생은 '관심(觀心, 마음을 살피는 것)의 묘미는 일정한 시간 동안 의식적으로 자신의 마음을 살펴보아야 깊숙이 파고들 수 있다는 데 있다.'고 고백했습니다. 더불어 '마음을 들여다볼 때에는 마음속에 있는 여러 생각들, 그것이 좋은 것이든 나쁜 것이든, 전부 끄집어내어 자세히 살펴보아야 한다. 이는 자신의 문제점을 끄집어내고 스스로 자신의 등을 찌르는 것과 같다. 기꺼운 마음으로 하나도 남겨둬서는 안 된다. 조금이라도 남겨두는 것이 있으면 진실한 자신을 볼 수가 없다. 이는 침착하고 안정된 마음을 유지하면서 자신의 내부를 향해 노력해야 하는 과정이다.'라고 말했습니다. 자신의 결점들을 하나하나 곱씹다 보면, 어떤 경우에는 마음의 저항이 아주 클 수도 있습니다. 자신의 취약한 지점이 하나하나 드러나는데 평온한 상태로 계속 마음을 파고들 수 있는 사람이 몇이나 되겠습니까? 대개는 자신을 들여다보는 일을 멈추고 울적한 마음으로 혼자 자책하거나 더는 자신을 들여다보려 하지 않습니다. 그래서 마음을 가라앉히고 안정된 마음을 가져야 자신의 마음속으로 들어가 자아의 윤곽을 또렷하게 볼 수가 있는 것입니다.

 마음을 들여다보는 것은 정좌의 주요한 방법 중의 하나입니다. 과거 도가와 불교의 학자를 포함한 많은 사상가들이 이 방법을 갈고 닦아 왔습니다. 물론 우리가 시도한다고 해도 문제될 것은 없습니다. 적어도 수신에 대한 더 깊이 있는 이해에 도달할 수 있을 것이기 때문입니다.

> 고요함으로 움직임을 제어할 수 있고
> 마음을 가라앉힘으로써 들뜸을 제어할 수 있으며
> 관대함으로 편협함을 제어할 수 있고
> 느긋함으로 조급함을 제어할 수 있다.
> [靜能制動, 沈能制浮, 寬能制偏, 緩能制急.]

《격언련벽》의 위의 글에 의하면 '고요함靜'이 생명력을 증강시킬 수 있음을 알 수 있습니다. 정좌는 겨냥하는 바가 분명해야 하고, 의식적으로 정신을 집중하여 생각하는 심리 활동입니다. 선인들은 정좌를 하며 '몸은 죽은 고목나무와 같고, 마음은 타고 남은 재와 같은' 상태가 되는 것을 금기시했습니다. 정좌를 통해 마음속으로 정확하게 들어가기 위해서는 있는 힘을 다해 노력해야 합니다. 목석처럼 마냥 앉아만 있고 머리는 혼란 속에 빠져 있으면 정좌의 목적을 달성할 수 없습니다. 누군가의 말처럼 정좌는 한가롭게 쉬는 것이 아니라 영혼의 고문입니다. 자신의 결점을 발견했을 때 그것을 금방 고치기는 어렵고, 그렇다고 결점을 내버려 두면 아주 골치 아픈 일이 초래될 수 있습니다. 정좌를 통할 때에야 우리는 무엇이 선이고 무엇이 악인지를 알 수 있습니다. 담박한 평온함이 있어야 이루는 바가 있고, 자신의 길에 비바람이 함께 해야 탁월한 성취를 이룰 수 있음을 알아야 합니다.

정좌, 영혼을 다스리는 길

　나는 다년간 정좌를 통해 마음을 편안하게 안정시켰습니다. 필요할 때는 계속해서 몇 차례 정좌를 하곤 했습니다. 어떤 때는 마음을 모으기 위해 끝없이 넓은 광야에서 홀로 푸른 하늘을 마주하는 것을 상상하며, 마치 천지간에 단지 나 한 사람만이 있는 것처럼 철저하게 우주 속으로 스며들었습니다. 이때 나의 육체와 영혼, 나의 모든 것이 광활한 우주와 하나가 되었습니다. 그 순간 갑자기 오랫동안 나를 성가시게 했던 모든 번뇌가 연기처럼 흩어지고 평소의 내가 얼마나 왜소했는지를 깨닫게 되었습니다. 동시에 나는 우주에 우뚝 선, 비할 바 없이 위대한 사람으로 변해 세상의 어떤 무서운 힘도 나에게 상처를 입힐 수 없을 것처럼 느꼈습니다. 나는 삶의 번뇌를 최대한 잊을수록 마음은 더 편안해진다는 사실을 깨닫게 되었습니다.

　정좌는 결코 한가하게 아무 일도 하지 않는 것이 아니라 고통스럽게 '안으로 힘을 쓰는' 과정입니다. 정좌의 효과 여부는 정좌를 하기 전에는 마음의 준비에 의해 결정되고, 정좌를 할 때에는 주관적인 생각으로부터 자신을 얼마나 잘 자제하는가에 의해 결정됩니다. 나아가 정좌할 때의 자신에 대한 주관적 필요에 의해 결정되기도 하고, 때론 가장 기본적인 전제인 정심靜心을 할 시간이 있는가에 달려 있기도 합니다. 눈을 감고 마음이 안정되었는지 아닌지, 안정될 수 있는지 없는지를 살펴보시기 바랍니다. 정좌하기 전의 준비가 충분하고, 정좌할 때 자신의 내면을 향해 집중할수록 효과는 더욱 크기 마련입니다. 당연 정좌의 효과는 마음을 고요히 하는 정심靜心에 한정되지는 않습니다. 남·송의 학자 이동(李侗, 1093~1163) 등은 정좌를 통해 얻을 수 있는 것이 아주 풍부하다고 생각하여 "하루의 절반은 독서를 하고 나머지 절반은 정좌를 한다[半日讀書, 半日靜坐]."고 말했습니다.

내적으로 힘을 쓰는 행위란 의문의 여지없이 홀로 있을 때에도 도리에 어그러짐이 없도록 몸가짐을 바로 하고 언행을 삼가는 '신독愼獨'을 말합니다.

"밤 깊어 인적이 고요한 때에 홀로 앉아 마음을 들여다보면, 비로소 망념妄念이 사라지고 참된 마음만이 홀로 드러남을 알게 된다[夜深人靜獨坐觀心, 始知妄窮而眞獨露]."는 《채근담》의 말은 옛날 한 수행자가 정좌의 체험을 통해 어느 순간 체득한 것입니다. 대낮에는 자아를 직접 대면할 시간이 없거나 용기가 없을 수 있습니다. 밤이 되어 홀로 정좌하며 자신을 대면할 때에야 비로소 자아에 대해 보다 분명한 인식을 할 수 있을 것입니다. 깊은 밤 고요한 시간에 홀로 정좌한 후 일정한 시간이 흐르면 생명 중 누추한 것, 마음 속 다른 사람이 알면 부끄러운 것들이 속속들이 떠오르기 마련입니다. 그러다 마침내 자신의 결점과 마주하게 되면 더 이상 온갖 방법을 동원해서 숨기려 하지 않아도 한 자락의 위로를 얻을 수 있다는 생각이 들 것입니다. 그리고 종국에는 자신의 영혼을 누추하게 하는 것들이 여러 해 동안 누적된 고질적인 것이어서 하루아침에 없앨 수 없고, 이후 다시 잘못을 저지르지 않는다는 보장을 할 수 없음을 곧 알게 될 것입니다. 이런 생각이 들면 몸서리치지 않을 수 없습니다. 앞으로도 다른 사람 앞에서 자신을 감추다가 계속 잘못을 저지를 수 있다는 생각에 이르고, 자신이 얼마나 무능한지에 대한 생각이 들면 자신을 통제할 수 없게 되고, 견디기 힘든 창피함을 느끼게 될 것입니다. 결국 어떤 길을 갈지는 전적으로 '신독'에 의해 결정된다고 할 수 있습니다.

세상의 속도에 휘둘리지 않으려면

고요함 속에서 사물의 움직임을 보고
한가로움 속에서 사람들의 바쁨을 보면
속세를 벗어난 정취를 느낄 수 있다.
바쁜 곳에 처해서도 한가로움을 얻을 수 있고
시끄러운 곳에 있으면서 고요함을 취하는 것이
바로 안신입명(安身立命, 천명을 깨닫고 마음의 평안을 얻음)의 공부이다.
[從靜中觀物動, 向閒中看人忙, 才得超塵脫俗的趣味.
 遇忙處會偸閒, 處鬧中能取靜, 便是安身立命的功夫.]

-《채근담》

'고요함 속에서 사물의 움직임을 보고 한가로움 속에서 사람들의 바쁨을 본다'는 것은 무슨 뜻일까요? 나는 이것이 세상의 시류에 따르지 않는 것을 가리키는 말이라고 이해하고 있습니다. 세상 사람들이 다 바쁘게 움직이는 와중에서도 마음 한 조각을 빼내어 더 높은 위치에 올라 우리의 인생을 조망하면 외부 세상 때문에 쉽게 마음을 빼앗기지 않는다는 뜻입니다. 예를 들어 자부심이 크고 승부욕이 강한 사람들은 마음 깊은 곳에서 자신을 세상에서 가장 독특하고 가장 가치 있는 사람이라고 여기기 때문에 속으로는 다른 사람들을 깔보곤 합니다. 하지만 그들의 이런 생각은 그 자체로 그들이 다른 사람들보다 더 독특하고 가치가 있지 않다는 것을 이미 증명하고 있다는 사실을 의미할 뿐입니다. 세상의 많은 사람들이 이런 생각을 갖고 있는데, 이런 생각은 그 자체로 자신이 위대하다고 증명하고자 하는 이기적인 생각일 뿐입니다. 그런데 만약 우리가 자신이 만든 사유의 틀에서 벗어나 앞서 서술한 한계를 딛고 고개를 들어 다른 사람을 볼 수 있다면, 아마도 많은 사람들이 여전히 자기 욕망에 미혹되어 깨어나지 못하고 있음을 알게 될 것입니다. 이때 바로 '고요함 속에서 사물의 움직임을 볼 수 있게 되는' 것입니다.

뭇 사람들이 왁자지껄 떠드는 와중에도 안정된 마음을 유지하며 타인의 행위를 분명하게 관찰하고 타인의 동기를 분석할 수 있으면 말로만 떠드는 언론에 좌우되지 않을 것입니다. 이것이 바로 고요함 속에서 사물의 움직임을 보고 한가함 속에서 사람들의 바쁨을 보는 것입니다. 소위 '물동物動'은 한편에서는 주위 다른 사람들의 움직임을 가리키지만, 실제로는 애초에 다른 사람들과 함께 움직이다가 이후 점차 맹목적으로 사람들을 따라 움직여서는 안 된다는 것을 인식하고는 기필코 마음을 침착하게 바로잡는 것을 포함하는 말입니다. 그래서 정靜 속에서 동動을 보는 법을 알게 되면 한가로움 속에서 바쁨을 볼 수 있게 되는 것입니다. 생각해 보십시오. 무엇을 추구하느라 얼마나 많은 나날들을 눈코 뜰 새 없이 바빠 보냈는지를? 무엇 때문에 환호하고 기뻐 날뛰었는지를? 무엇 때문에 희로애락한 것인지를? 모든 희로애락, 모든 감정의 파고波高는 무엇 때문에 생기고 무엇 때문에 사라지는지를? 도대체 무엇이 우리의 정신을 지배하는지를? 그들을 위해 움직이고 그들에 의해 지배될 만큼 그것들이 정말 가치가 있는 것인지를? 이런 문제를 명확히 하면 자연스럽게 앞서 이야기한 문제를 해결할 수 있을 것입니다.

오늘날 우리는 모두 눈코 뜰 새 없이 바쁘게 살아가고 있습니다. 학생들은 시험에서 좋은 성적을 얻느라 바쁘고, 선생은 성과를 내고 과제를 내고 표창을 받고 직함을 얻기 위해 바쁩니다. 비즈니스맨은 돈을 벌기 위해 바쁘고, 관리들은 승진하기에 바쁩니다. 부모는 자식 때문에 바쁘고, 자식은 앞날 때문에 바쁩니다. 우리가 생활과 업무 스트레스에 얼마나 시달리는지를 생각해 보십시오. 우리는 가장, 선생, 리더, 동료, 친구라는 역할을 등에 지고 이 세상을 살아가고 있습니다. 이에 대해 주변이 갖는 기대는 우리가 앞으로 나아가게 하는 동력이 되지만 어떤 때에는 무거운 심리적 부담이 되기도 합니다. 이렇게 정신 없이 바쁜 와중에 정말로 본인 자신을 위해 살고 있는지를 생각해 본

적이 있습니까? 혹 다른 사람의 기대에 부응하기 위해 살고 있는 것은 아닙니까? 바쁜 와중에서도 한가로움을 취하고, 소란스러움 속에서도 고요함을 찾아, 삶의 재미와 인생의 경지를 어떻게 만들어낼 것인지를 생각해 본 적은 있습니까?

우리는 시대의 풍랑이 가장 치열한 도시에서 날개를 활짝 펴고 날고 싶은 희망을 가지고 있습니다. 하지만 날개를 펴고 하늘을 향해 날 수 있는 사람은 결국 바쁘고 혼란스런 와중에서도 마음을 고요히 할 수 있는 사람이라고 나는 생각합니다. 그런 사람이야말로 쉴 틈 없이 바쁜 세상에 훨씬 잘 적응할 수 있는 사람이고, 좌절을 겪고 타격을 받았을 때 심리적으로 수용할 수 있는 능력이 다른 사람에 비해 뛰어난 사람일 것입니다. 《채근담》의 이 말은 결코 우리들에게 속세를 벗어나 산림에 은거하며 도원桃源의 즐거움을 즐기라고 말하지 않습니다. 오히려 그와 반대로 바쁜 와중에서도 마음이 돌아갈 곳을 찾으라고 말하는 것입니다.

삶의 방향을 바로잡는 지혜

정좌는 특정한 시간, 장소, 상황에 국한되는 것이 아닙니다. 의지만 있다면 어떠한 상황에서도 시도할 수 있습니다. 마음이 심란할 때 정좌를 한 번 시도해 보십시오. 가장 좋은 것은 매일 일정한 시간 동안 지속적으로 정좌를 하는 것입니다. 우리는 지하철 안, 대합실, 버스정류장, 쉬는 시간, 화장실 등 어떤 상황에서도 정좌 혹은 반정좌를 할 수 있고, 자신의 마음을 고요한 상태로 유지할 수 있습니다. 하지만 정좌를 하는 데에는 완벽한 정답이 없다는 것을 명심해야 합니다. 사람들마다 인생에서 마주치는 문제들은 모두 다르고 그 정도도 같지 않습니다. 물론 마음의 문제도 같지 않을 것입니다. 반드시 자신의 실제 상황에 근거하여 어떤 관점을 가지고 정좌에 들어갈 것인지를 결정해야 할 것입니다.

몇몇 사람들은 정좌할 때 뛰어난 감각을 보이지만 일단 현실로 돌아오기만 하면 정좌를 통해 얻은 효과를 다 잃어버리곤 합니다. 분명 정좌가 모든 문제를 해결할 수 있는 유일한 지름길은 아니며, 정좌만으로 해결할 수 없는 많은 문제들이 있을 것입니다. 동시에 정좌의 효과는 우리가 평소에 책을 읽거나 선인들의 수신 사상에 대해 체득한 정도, 자신의 성격 결함을 직시한 정도, 자아에 대한 검열과 해부의 정도 등 다른 많은 요소에 의해 결정될 것입니다. 정좌가 진정으로 효과를 얻도록 하는 방법에 대해 역사상 다양한 탐구와 토론이 있었고, 역대 학자들은 풍부한 경험을 축적해 왔습니다. 《이정유서二程遺書》, 《이정잡언二程雜言》, 《주자어류朱子語類》, 《전습록傳習錄》, 《명유학안明儒學案》과 같은 유학 저작은 당시 사람들이 정좌와 수신을 실천하기 위해 기울인 노력과 그로부터 얻은 감명을 다루고 있습니다. 1,000년 전 선인들이 축적해 온 정좌, 수신 방면의 풍부한 경험을 오늘날 우리가 귀감으로 삼아 실천하고 계승해야 되지 않겠습니까?

시간의 길고 짧음은 절대적인 것이 아닙니다. 중요한 것은 정좌할 때 추호의 나태함이나 태만함이 없이 오로지 마음을 하나로 모으는 것입니다. 매번 정좌하기 전에 마음의 준비를 하고 일정한 목표를 갖는 것이 가장 좋습니다. 예를 들어 정좌할 때 자신의 마음을 어떻게 안정시킬 것인지를 생각하거나, 혹은 자신이 겪는 성격의 문제를 깊이 있게 생각하거나, 혹은 자신의 어떠어떠한 문제 하나를 어떻게 극복할 것인가를 생각해 보는 것이 그런 방법입니다.

물론 수신에 대해 말하자면 단지 정좌만으로는 충분하지 않습니다. 하지만 정좌가 없으면 결코 아무 일도 할 수 없을 것입니다. 정좌라는 습관을 유지한다면 분명 인생에 큰 도움을 얻을 수 있을 것입니다.

"담박함 속에서 오래 지속되는 정을 나누고, 고요함 속에서 생명의 영원함을 체험할 수 있다[淡中交耐久, 靜里壽延長]."《위로야화》 여명이 다가오고 태양이 다시 떠오를 때면 우리는 정좌를 통해 더욱 맑아진 머리와 충만한 열정으로 새로운 생활을 시작할 수 있을 것입니다.

제 2 강

존양 存養,
마음을 쏟아 자신을 기르는 힘

存其心, 養其性, 所以事天也.
마음을 살펴 그 성性을 기르는 것이
하늘을 섬기는 것이다.
《맹자》

생명 그 자체가 삶의 목적이다

세계위생기구(WHO)는 좋지 않은 생활 습관으로 야기되는 질병, 예를 들면 고혈압, 심장병, 중풍, 암 및 호흡기 질병 등으로 사망한 사람의 수가 선진국에서는 총 사망인구의 70~80퍼센트를 점하지만 저개발국에서는 40~50퍼센트만을 점한다는 사실을 지적한 적이 있습니다. 또한 거의 모든 연구가 과도한 업무 스트레스, 누적된 피로, 운동 결핍, 부적절한 음식 등이 요추병, 척추병, 경추병, 심혈관 질환과 당뇨병을 야기하고 젊은 나이에 요절하는 주요 원인임을 지적하고 있습니다.

오늘날 사람들은 지나치게 일에 몰두하느라, 우리의 생명이 다른 목적을 실현하기 위한 수단이 아니라 그 자체가 목적이라는 사실을 잊고 있습니다. 현대인이 '양생養生'을 이해하지 못하는 이유는 일과 관련된 스트레스가 큰 것도 있겠지만 전통적인 의미의 수양이 부족한 것과도 관련이 있습니다. 중국 고대의 양생지도養生之道는 생명의 가치에 대한 이해를 일상생활의 세세한 부분에까지 적용했습니다. 옛사람들은 생명의 리듬을 파악하고 심신이 조화로운 상태를 유지하는 것, 즉 양생을 위해 항상 힘썼으며 언제 어디서나 노력했습니다. 그래서 그들은 인생의 성패成敗를 분명하게 알려면 아무리 바쁘더라도 한가로운 마음을 가져야 하고, 아무리 괴로워도 양생을 통해 천수를 누려야 한다는 것을 강조했습니다.

맹자와 장자 등 고대의 학자들은 태어날 때부터 완전무결한 사람이 아니라면 누구나 '존양存養'을 배우고 익혀야 한다고 생각했습니다. 존양이란 《맹자》의 '존기심存其心, 양기성養其性'에서 나온 말로, '존'은 보존한다는 뜻이고, '양'은 양생한다는 뜻입니다. 고전을 읽다 보면 선인들이 양생을 아주 심오한 학문으로 여겼음을 곧 알 수 있습니다. 그들은 일상생활의 사소한 부분까지 중시하고 시시각각 생명의 의미를 느끼려고 노력했습니다. 또한 생활을 하나의 심오한 예술로 여겼고, 생활 속에서 이런 예술을 탐구하고 이해하고자 했습니다. 반면 오늘날 우리는 물질적 조건과 생활수준은 크게 향상되었다고 하지만, 생명의 문제는 도리어 갈수록 심각해지고 있는 현실에 직면했습니다.

절제와 균형이 무너진 오늘의 삶

움직임과 고요함, 절제하고 드러내는 것으로써 생명을 기르고
음식과 의복으로써 형체를 기른다.

⊙ 제2강_존양存養, 마음을 쏟아 자신을 기르는 힘

말을 삼가 함으로써 그 덕을 기르고

음식을 절제함으로써 그 몸을 기른다.

[動靜節宣, 以養生也, 飮食衣服, 以養形也.

愼言語以養其德, 節飮食以養其體.]

《근사록》에 나온 이 구절은 송대 학자 정이程頤*가 말한 것입니다. '절선節宣'은 자기 행동의 템포를 조절하는 것을 말합니다. '선宣'이란 '훤喧', 즉 떠들썩한 상태를 의미합니다. 자기 행동의 강약을 잘 조절하면 몸과 마음을 제어할 수 있고 음식, 의복, 치장을 통해 우리를 더 아름답게 드러낼 수 있다는 뜻입니다. 동시에 사람을 대하는 태도에 예의와 품위가 있으면 처신의 미덕을 드러낼 수 있다는 뜻이기도 합니다. 언어는 우리의 덕성과 관련되어 있어 신중하지 않을 수 없고, 음식은 우리의 몸과 관련되니 잘 관리해야 합니다. 결론적으로 말하면 말과 행동거지, 음식과 기거에는 모두 심오한 양생의 원리가 포함되어 있다는 뜻으로, '우리의 생명에 중대한 영향을 미치는 요소들을 어찌 경시할 수 있겠는가?'라는 뜻입니다.

정이가 말한 양생의 도는 오늘날 우리에게도 말하는 바가 큽니다. 만약 현대인이 양생의 도를 조금만 이해한다면 자신의 생명을 장기간 과도하게 소진하는 삶의 방식을 선택하지는 않을 것입니다. 만약 현행

---

* 정이(1033~1107)는 북·송 시기의 저명한 유학자로 '이천(伊川)선생'으로도 불린다. 후세 사람들은 형 정호(程顥)와 더불어 '이정(二程)'으로 칭한다. 그는 수많은 걸출한 후학들을 길러냈는데, 우리가 잘 아는 주희는 그의 4대째 계승인이다. 정이는 사마광, 소동파, 왕안석 등과 동시대 사람으로 관중의 유학자 장재(張載)와 명신 사마광과는 교류가 깊었다. 유학의 심성학을 깊이 탐구하여 송·명 이학의 발전에 중요한 공헌을 했다.

교육체제 내에서 선인들의 수양의 덕을 깨달을 수 있도록 가르친다면, 그래서 생명의 의미를 이해하고 삶의 관점을 바꿀 수 있도록 돕는다면 수많은 인재들이 젊은 나이에 요절하는 일은 훨씬 줄어들 것입니다.

의사들은 항상 환자에게 한계를 넘어서는 일로 건강과 생명을 해치지 말라고 충고합니다. 질병을 예방하기 위해 의사들은 항상 "즐거운 마음과 편안한 마음을 가져라.", "자신을 너무 엄격하게 대하지 말고, 목표에 도달하지 못했다고 쉬지도 않고 일만 하지 말라."고 충고합니다. 의사들의 이러한 충고는 정이가 말한 '동정절선이양생動靜節宣以養生' 즉, 움직임과 고요함의 균형을 통해 생명을 기르라는 관점에 대한 아주 적절한 주석입니다.

인생=수많은 순간들의 총합

송·명 이래 유가 수신 사상의 중요한 특징은 '양養'을 일상생활의 세세한 부분에까지 적용할 것을 강조한 것입니다. 정호(程顥, 1032~1085)는 이런 사상의 주요 제창자 중의 한 명입니다. 정이의 형이기도 한 그는 저명한 '북송오자(北宋五子, 북송 시대 다섯 명의 현인들)' 중 한 사람으로 걸출한 성리학자였습니다. 정호는 우리의 생활 하나 하나가 모두 양생의 도와 연관되어야 한다고 주장했습니다. 먹고 마시고 기거하는 모든 방면에서 정성들여 양생을 추구해야 한다는 것이죠. 음악을 듣고 예를 배우는 것에서부터 일상 도구를 사용하는 일 즉, 먹고 마시고 기거하는 것에서부터 접시와 탁자, 지팡이를 사용하는 데 이르기까지 "움직임과 쉼에는 다 양생하는 바가 있다[動息皆有所養]."《근사록》는 그의 사상은 중국 고대 문화에 깊은 영향을 끼쳤습니다. 옛 선인들은 바둑을 둘 때, 검술을 연마하거나 차와 술을 마실 때, 심지어는 꽃을 기를 때에도 이 모든 일들을 정취 가득한 생활 예술로 여기거나 운치 넘치는 양생의 과정으로 여겼습니다.

현대인들이 열광하는 스포츠를 보면 선인들이 태극권이나 기공 등을 수련하던 것과는 본질적인 목표가 다르다는 것을 알 수 있습니다. 옛사람들은 수련을 통해 생명의 리듬을 파악하여 심신의 조화를 꾀하고 몸을 쾌적하게 하며 성정을 온화하게 하고자 했습니다. 하지만 오늘날에는 금메달을 따는 데에만 집중해 자신의 몸을 과도하게 사용하는 것을 안타까워하지 않는 경향이 있습니다. 마찬가지 맥락에서 현대인들은 바둑에서도 지나치게 승부만을 중시하고 고하를 나누기에 급급하여 인내심을 가지고 깊이 있게 사고하는 즐거움을 음미하지 못하고 있습니다. 반면 옛사람들은 바둑을 소양을 기르는 과정으로 여겼고, 그래서 바둑 한 판이 아무리 길어도 개의치 않고, 의지력과 인내심을 기르고 정신을 수양하는 것을 중시했습니다.

정호가 말한 '움직임과 쉼에는 다 양생하는 바가 있다[動息皆有所養]'는 사상은 다시 말해 '프티 부르주아지(petit bourgeoisie, 소시민) 정서'와 유사하다고 할 수 있습니다. 예를 들어 여러분이 집을 샀다고 하면 가구의 조합, 색상, 배치 등 공간의 이용에 초점을 맞춘 내부 인테리어를 하고자 할 것입니다. 우리는 보통 자신의 집을 편안하고 온화한 느낌이 들도록 꾸미려 합니다. 왜 사람들은 이처럼 집안 분위기를 중시할까요? 이렇게 해야 우리의 마음과 정신이 더 편해지기 때문입니다. 이렇듯 현대인들이 생활 환경에 정성을 들이는 것은, 정호의 관점에 따르면 일종의 양생과 같은 것입니다. 사실상, 현대인의 양생은 자신의 집 안에서 구현될 뿐만 아니라 거주하는 마을, 직장, 나아가 도시 환경 등에서도 중시되고 있습니다. 왜 우리는 자신이 생활하는 지역 환경에 신경을 쓸까요? 왜 세상의 많은 국가와 지역이 도시를 재배치하고 리모델링하는 데 힘을 쏟을까요? 왜 현대인은 갈수록 자연 생태를 중시할까요? 이는 쾌적한 생활 환경이 우리의 눈과 마음은 물론이고 기분을 편안하고 상쾌하게 한다는 것을 알게 되었기 때문입니다. 나아가 좋은 생활 환경은 인격을 도야시키고, 영혼을 정화한다는 사실을 알게 되었기 때문이기도 합니다. 옛날 중국에서 발달한 원림園林 예술 역시 이와 같은 맥락에서 바라볼 수 있습니다. 고대 원림을 여행하다 보면 구불구불한 제방과 우아한 매력을 발하는 수양버들, 푸른 물결 넘실대는 호수와 독특한 정교함을 가진 건축, 정밀하고 섬세한 조각과 건축물을 만나게 됩니다. 여기에 맑은 하늘에 고요히 떠 있는 밝은 달을 감상하다 보면 마음이 확 트이고 기분이 상쾌해져 자신도 모르게 원림 예술의 아름다움에 대해 찬사를 내뱉게 됩니다. 이렇듯 옛사람들은 원림에서도 '양인養人'의 기능을 무척 중시했다고 말할 수 있습니다.

아마도 누군가는 이런 모든 것이 다 물질적 생활 수준과 관련되어 있다고 말할 것입니다. 당장 끼니를 걱정해야 할 때 양생을 거론하는 것은 사치라고 말이죠. 이런 논리는 단편적인 견해입니다. 가난한 사람이든 부유한 사람이든 자신의 인격을 가꾸고 성정을 다스리며 살아야 하는 것은 똑같습니다. 그리고 양생이란 주어진 조건하에서 최대한 풍요로운 삶을 창조하는 방법입니다. 돈이 부족하면 새집을 사지 못하겠지만, 자신의 집안 분위기를 온화하고 따사롭게 꾸미는 것은 별개의 문제입니다. 호화롭게 인테리어를 할 수는 없더라도, 깨끗하게 청소하지 않을 이유는 없습니다. 매일 분주히 뛰어다니느라 기진맥진할 수는 있겠지만, 정말 생명을 귀중히 여긴다면, 마음을 편안하게 하고 심신을 조절하는 법을 도외시할 수는 없는 것입니다.

나는 한때 교통이 매우 복잡한 지역을 통과해 출퇴근을 한 적이 있습니다. 당시에는 복잡한 도로를 건너는 일이 매우 위험하다고 느꼈습니다. 교차로에는 하루 종일 차량 행렬이 끊이지 않았고, 많은 사람들이 빨간불에도 무작정 도로로 뛰어들곤 했습니다. 나는 도로를 건널 때마다 도대체 계속 걸어야 할지 멈춰야 할지 알 수 없었습니다. 이후 사람들을 따라 건너거나 심지어는 뛰어가는 것이 시간을 절약하는 것임을 알게 되었습니다. 그러면서도 도로를 건너는 것이 안전하지 않다는 느낌이 들 때에는 항상 이리저리 두리번거리며 매우 긴장하곤 했습니다. 어떤 때에는 직장에 빨리 가야 한다는 생각에 교통법규를 무시하기도 했습니다. 길을 건너다 깜짝 놀라기를 몇 차례 반복한 후에야 교통 규칙의 불합리함을 탓하거나 행인들과 자동차가 야만적이라고 비난하기만 한다고 해서 그것이 결코 나 자신을 구해 주지 않는다는 사실을 깨달았습니다. 그래서 나 자신이 어떤 마음으로 길을 나서야 하는지를 분명히 알게 되었습니다. 적어도 긴장되고 불안한 상태로 내 마음을 내버려 두어서는 안 된다는 것을 깨닫게 된 것이죠. 이렇게 마음의 상태를 바꾸기로 결심하자 문제가 나 자신의 조급한 마음에서 비롯된 것이라는 생각이 들었습니다. 아침부터 저녁까지 하루 종일 바삐 서두르느라 자신의 목숨까지 내맡기는 일이 정말 필요한 일일까요? 왜 우리는 여유롭게 걸으며 길을 건너는 일을 즐기지 못할까요?

　우리가 생활 속의 1분, 1초를 즐겁게 누려야 하는 이유는, 인생이란 것이 본래 무수한 일상의 순간들로 이루어진 것이기 때문입니다. 출근할 때나 길을 건너는 매 순간이 다른 목적을 실현하기 위한 수단이 아니라, 모두 삶의 풍경이고 생명 속에서 고동치는 음표임을 인식하고 여유로운 마음으로 누려야 하는 것입니다. 우리가 바쁘게 살아가는 이유는 주로 마음에 걱정이 있기 때문입니다. 우리가 느긋하게 일을 처리할 시간을 줄여 그 시간에 더 중요한 일을 처리해야 한다고 강박을 느끼는 데에는 중요한 오류가 있습니다. 그러한 생각에 사로잡히게 되면 하나의 일을 끝내는 동시에 또다시 더 중요한 일을 처리해야 한다고 느끼게 되고, 연이은 일에 파묻혀 자신을 잊게 되고 말 것입니다. 이렇게 되면 결국 인생은 어느 단계에서나 현재를 다른 더 중요한 목표를 실현하기 위한 수단이나 도구로만 여기게 될 것이고 어떠한 순간에도 과정을 즐겁게 누릴 수가 없게 되는 것입니다. 우리는 빨리 성공하고 싶다는 눈앞의 이익에 발목을 잡혀 지금껏 인생을 향유하지 못했고, 앞으로도 그렇게 늙다가 죽게 될 것입니다. 무수한 현재는 지나가고, 어느 날 갑자기 늙었음을 깨닫게 되거나, 어느 특정한 시점에 이르러 진정 의미 있게 인생을 살았는지 후회하게 될 것입니다. 문제는 우리가 생활을 향유할 수 없는 것이 아니라 향유할 마음이 없다는 데 있습니다. 툭 까놓고 말하면 이는 느긋한 마음이 부족하기 때문입니다. 우리는 이런 잘못된 생각에서 빨리 벗어나야 합니다. 그리고 근본적으로 문제를 해결하기 위해 바로 양심(養心, 마음 수양)을 시작해야 합니다. 즉 자신의 발걸음을 생명의 리듬에 맡기고 일거수일투족을 그 리듬에 맞추어 살아가야 합니다. "움직임과 쉼에는 다 양생하는 바가 있다[動息皆有所養]."는 말은 바로 이를 지적한 것입니다.

마음을 쏟아 잘 기르면 자라지 않는 것이 없다

오늘날 우리가 사용하는 '수양'이라는 단어는 '수修'와 '양養' 두 글자가 합쳐진 것으로, 처음에는 각 문자가 구별되어 사용된 단어였습니다. 선진 유가 전적에서 '수' 자는 '수신修身', '수기修己', '자수自修' 등의 술어로 쓰여 인격을 가다듬고 연마하는 것을 강조하는 데 사용되었습니다. '양'은 주로 맹자와 장자가 제창한 개념으로, 이후 사상사에 커다란 영향을 끼친 글자입니다. 맹자는 '존양存養', '양심養心', '양성養性', '양인養人', '양용養勇', '양기養氣' 등의 개념을 제시했는데, 그중에서 몇몇은 오늘날까지 사용되고 있는 용어입니다.

여기서 다시 '양養'의 본래 의미가 무엇인지를 살펴봅시다. 《설문해자》는 중국에서 가장 오래되고 권위 있는 한자 해설서의 하나로, 동한 시기 허신(許愼, 58~147 추정)이 편찬한 책입니다. 이 책의 해석에 따르면 '양'의 본뜻은 음식물을 공양하는 것입니다. 자형으로 보면 상반부의 '양羊'과 하반부의 '식食'으로 구성된 전형적인 형성문자로, 그 뜻은 '식食'과 관련되어 있고, 그 독음은 이 글자의 부수에 해당하는 '양羊' 자에서 비롯되었습니다. 맹자가 '음식물을 공양한다'는 의미의 '양'자를 빌려 오늘날 우리가 말하는 '수양'을 설명한 것임을 알 수 있습니다. 그는 왜 이런 차용을 했을까요? 글 속에서 알 수 있는 것은 맹자가 인격의 성장은 생명의 성장과 같은 원리를 따르기 때문에 충분한 시간과 과정이 필요하고, 항심恒心과 의지력이 필요하다고 인식했다는 점입니다. 아이를 키운다고 가정해 보면 반드시 의식주를 제공해야 하고 커다란 인내심이 있어야 합니다. 세 살짜리 아이가 한순간에 20세의 성인으로 성장하길 바랄 수는 없습니다. 때문에 '양'이라는 개념이 함의하고 있는 의미 중의 하나는 사물이 이상적인 상태에 도달하려면 시간과 인내가 필요하고 순차적이고 점진적으로 성장해야 한다는 것입니다. 아이가 잘 성장하도록 하려면 영양분을 충분히 공급하여 병에 걸리지 않게 해야 하고, 병에 걸리더라도 적시에 치료하는 등 합당한 보호를 해야 합니다. 이를 신경 쓰지 않으면 아이들은 건강하게 성장할 수 없습니다. 인격도 마찬가지 이치로 시간, 인내, 조건이 필요하고 천천히 성장시켜야 하는 것입니다. 오랜 세월에 걸쳐 보살피고, 진정으로 세심하게 보호하는 등 한순간도 소홀히 하지 말아야 하는 것이죠. 그렇지 않으면 인격도 건전하게 발전할 수 없습니다.

앞에서 이야기한 정호의 양생 사상을 포함하여 중국 고대의 양생

사상은 맹자 등의 수양 사상의 기초 위에서 발전한 것입니다. 맹자의 존양存養 사상이 개인의 마음 수련에 편중되어 있다고 하면, 송·명 이학의 존양 사상은 마음을 중시한 것과 동시에 이 마음을 어떻게 외재된 형식으로 표현할 것인가를 중시했습니다. 특히 송·명 이학은 생활 방식에서 자아 수양을 강조했는데 이는 일정 정도 도가의 양생법과 불교의 참선 사상을 흡수한 것이 분명합니다.

맹자는 "진실로 잘 기르면 자라지 않는 것이 없고, 진실로 기르지 않고 내버려 두면 사그라지지 않는 것이 없다[苟得其養, 無物不長, 苟失其養, 無物不消]."《맹자》〈고자〉고 말했습니다. 여기서 말하는 '득기양得其養'과 '실기양失其養'은 생활을 하거나 일을 할 때 생명의 필요와 외부 압력 사이의 관계를 어떻게 잘 처리할 것인가에 대해 말하는 것입니다. 맹자는 '우산지목牛山之木'을 예로 들어 인격을 배양하는 일을 비유한 적이 있습니다.

제나라 동남쪽에 우산牛山이라는 민둥산이 있었습니다. 하지만 이 산에 처음부터 나무가 자라지 않은 것은 아니었습니다. 사람들이 끊임없이 벌목을 했고, 벌목이 끝난 후에 나무의 뿌리 부분이 가까스로 싹을 띄우면 소와 양이 와서 곧바로 먹어치워 버렸기 때문에 결국 나무 하나 없는 민둥산으로 변해 버린 것이었습니다. 누군가 안타까운 마음으로 '우산의 나무는 일찍이 아름다웠다[牛山之木嘗美矣].'고 이야기해 봐야 아무 소용이 없었습니다. 큰 나라 근처에 있는 까닭에 돌보는 사람 없이 쓰이기만 해 우산의 나무는 결국 건강하게 자랄 수 없었던 것입니다. 산에 심은 묘목도 특별한 보살핌이 있어야 성장할 수 있는데 사람의 생명이 어찌 이와 다르겠습니까? 만약 우산에서처럼 필요한 것만 끄집어낼 뿐 생명에 필요한 자양분을 주지 않는다면 어찌 요절하지 않을 수 있겠습니까? 여러분은 일과 생활에서 자신의 생명을 잘 보살피고 보호하고 있습니까?

예를 들어 봅시다. 지금 사회 전 분야에서는 경쟁이 강조되어 뒤처진 사람은 바닥으로 떨어질까 걱정하고, 중간에 있는 사람들도 제자리를 빼앗길까 걱정하고 불안해합니다. 이러한 구조에서는 경쟁에서 승리한 사람들도 결과적으로 원기가 크게 손상되기 마련입니다. 각종 물질적 비물질적 '격려' 앞에서 현실적 가능성을 돌아보지 않고 죽기 살기로 매달리는 상황은, 경우에 따라서는 눈앞의 이익을 탐하여 닭을 죽이고 계란을 꺼내는 '살계취란殺鷄取卵'에 다름 아닌 것입니다.

마음을 아는 것이 하늘의 뜻을 아는 것

마음을 다스리는 어려움에 대해 맹자는 '존심存心', '양심養心'이라는 유명한 논법을 제시했습니다. '존'은 보존한다는 뜻으로 의식적으로 붙잡아 잃지 않으려고 하는 행위입니다. '존심'이 가리키는 것은 의식적으로 자신의 양심良心을 보존하는 것이고, 그것이 다른 일로 매몰되지 않도록 하는 노력입니다. 하지만 오늘날 우리는 이미 수많은 처세술에 익숙해져서 문제가 생기게 되면 가장 먼저 이런 기교들을 응용할 생각을 하게 됩니다. 그런데 이들 기교는 이익의 유혹 앞에서는 기세를 세우지만, 결정적인 시험 앞에서 의義를 위해 뒤돌아보지 않고 당당하게 나아가도록 하게 하지는 못합니다. 처세의 기술은 인격에 힘을 부여하거나 삶에 대한 열정을 불어넣지는 못합니다. '존심'의 '존'을 단지 보존하는 것으로만 이해하면 안 됩니다. 그것은 의식적으로 양심良心을 보호하고 보존하여 잃어버리지 않도록 하는 것을 가리킵니다. 때론 깊고 고요한 밤 홀로 정좌할 때에야 비로소 자기 존재를 절실하게 느낄 때가 있습니다. 하지만 다시 현실로 돌아오면 우리의 본래 마음은 흔적도 없이 사라져 버리곤 합니다. 그래서 명대 유학자 왕양명王陽明은 '치양지致良知'할 것을 제안했습니다. 항상 마음의 존재를 체득하고 양지의 부름을 느끼고 양지良知의 소리를 경청할 것을 요구한 것입니다. 선인들은 '존심存心'하여 '양지良知'로 나아가는 것이 생명에 활력을 주고 인격에 강력한 힘을 부여하도록 하는 가장 효과적인 방법임을 알고 있었던 것입니다.

맹자는 존심 외에도 심성을 수양한다는 뜻의 '양심養心'을 제시했습니다. 이른바 '양심'에 대해 나는 이렇게 이해합니다. 사람의 습관이란 오랫동안 형성된 것이므로 한꺼번에 모든 결점을 없앨 수는 없고, 이런 나쁜 습관을 없애기 위해서는 날마다 조금씩 조정해서 점차적으로 없애야 한다는 것입니다. 그렇기 때문에 '양養'이 필요한 것이고, 우리는 자신의 마음을 나무 한 그루, 혹은 분재 한 그루로 여기고 키우고 기르는 법을 배워야 한다는 것입니다. 맹자는 "마음을 수양하는 데는 욕심을 적게 하는 것보다 더 좋은 것이 없다[養心莫善於寡欲]."《맹자》〈진심〉고 말했습니다. 건강하지 않은 욕망을 감소시킴에 따라 마음을 수양하는 효과를 얻을 수 있다는 뜻입니다. 우리의 마음을 식물에 비유한다면 이렇게 말할 수 있습니다. 탐심과 사욕을 제거하고 깨끗한 마음을 유지하여 자신의 성격 중 선량한 일면을 발전시키면 마치 자신의 마음에 물을 뿌리고 거름을 주어 마음이 건강하게 성장하도록 지켜주는 것과 같다는 것입니다. 맹자는 또 양심은 반드시 '전심전력을 다해야 하고[專心致志]' '오랫동안 견지해야지[持之以恒]' 일폭십한(一曝十寒, 초목을 기르는 데 하루만 볕에 쬐고, 열흘은 응달에 둔다는 뜻)처럼 하다 말다 하면 안 된다고 강조했습니다. '전심치지專心致志'와 '일폭십한一曝十寒'은 맹자가 양심에 맞추어 특별히 만들어 낸 말입니다. 비록 맹자가 제시한 존심과 양심이 모두 '마음'을 겨냥하여 말하고 있지만 그 함의는 조금은 다릅니다. '존심'은 구체적인 심리 활동을 말하는 것으로 양심良心을 놓지 말고 꽉 붙잡을 것을 강조한 말인 반면, '양심養心'은 건전한 마음을 키우려면 시간과 인내가 필요하다는 뜻으로 단숨에 이룰 수 없는 것임을 강조한 말입니다. 존심은 단기 행위를 일컫는 것이고, 양심은 장기적인 효과를 일컫는 말입니다. 존심은 의지력과 다짐이 필요하고 양심은 세심함과 실천을 필요로 합니다. 베이징의 자금성紫禁城에 있는 양심전養心殿은 바로 황제가 마음을 수양하던 곳이었습니다. 이로 보건데 맹자의 양심 사상이 중국 고대 문화에 아주 큰 영향을 끼쳤음을 알 수 있습니다.

그런데 존심과 양심의 최종 목표는 동일한 것이라 할 수 있습니다. 즉 건전한 인격을 배양하는 것으로, 맹자의 말로 하면 그것은 '양기성養其性'입니다. '성性'은 어원상 '生'과 '心(忄)' 두 부분으로 구성된 것으로 흔히 생명이라는 의미를 갖고 있었습니다. 여기에 '마음'이라는 뜻이 더해짐으로써 심신이 어우러진 생명 전체를 강조하는 뜻을 가지게 된 것입니다. 이로 인해 '성' 자에서는 두 가지 의미가 파생되었습니다. 행위 방식으로 보면 그것은 사람의 성격을 표현하는 것이고, 본질적으로 보면 사람의 본성을 드러내는 것입니다. '양성'은 바로 자신의 생명을 심신이 어우러진 전체로 여기고 길러야한다는 뜻으로, '존심', '양심'을 통해 생명의 싹이 햇빛을 받고 비와 이슬을 머금으며 건강하게 자랄 수 있도록 해야 한다는 뜻입니다. 맹자가 말하는 '존기심 存其心, 양기성養其性, 소이사천야所以事天也.'《맹자》〈진심〉의 의미는 마음을 다해 행동하고 양심에 따라 일을 하며 심신을 기르고 성정을 닦는 것이 하늘에 대한 가장 좋은 섬김, 즉 사천事天이라는 뜻입니다. 이 과정을 후세 유학자들이 간략하게 '존양'이라고 칭한 것입니다. 맹자는 결코 '하늘天'을 '상제'로 숭배하지 않았습니다. 그에게 있어 하늘은 타고난 천성의 원천이고 인간을 만물의 영장으로 만드는 것이었습니다. 맹자는 또 인간이 금수보다 고귀한 이유는 다른 것에 있는 것이 아니라 양지良知와 양심良心이 있기 때문이라고 주장했습니다. 왜 우리는 잘못을 저지른 후에 불안함을 느낄까요? 왜 다른 사람에 대해 양심의 가책을 느낄 때가 있을까요? 이런 자연스러운 느낌이 인간의 본성이라고 한다면 이 또한 하늘이 부여한 천성이라고 말할 수 있을 것입니다. 이런 관점에서 말하면, 우리가 자신의 양심, 양지를 잘 파악하지 못하는 것은 하늘을 실망시키는 일이고 '하늘을 섬기는 일事天'을 잘하지 못하는 것이라 할 수 있습니다. 맹자는 사람들에게 맹목적으로 하늘을 섬기라고 한 것이 아니라 자신의 천성을 존중하는 법을 배워 실천하라고 강조한 것입니다.

이어 맹자는 말했습니다. "오래 살고 짧게 사는 것은 둘이 아니니 자신을 닦으면서 기다리는 것이야말로 자신의 명을 온전히 확립하는 길이다[天壽不貳, 修身以俟之, 所以立命也]."《맹자》〈진심〉) 이 구절의 의미를 풀어 해석하면 대략 '우리는 일평생 한 번 살 수 있을 뿐이어서 장수하면서 동시에 단명할 수는 없다. 그런데 아무도 자신이 몇 살까지 살지 장담하지 못하고, 또 자신이 암에 걸리거나 요절하지 않는다고 보장하지 못한다. 이는 우리 능력 밖의 일로 하늘에 의해 결정되는 것이기 때문이다.'라는 것입니다. 이런 관점에서 말하면 운명은 무상한 것이고, 인간은 운명을 좌우할 수 없으며, 누구도 운명의 주재에서 벗어날 수 없다고 할 수 있습니다. 하지만 인간이 주재할 수 있고 응당 주재해야만 하는 것이 하나 있는데 이를 잘해내지 못하면 그것은 우리 자신의 책임입니다. 바로 존심存心, 양심養心, 양성養性이 그것이고, 간단히 말하면 '수신'인 것입니다. 수신을 할 수 있어야 '안신安身'하고 '입명立命'할 수 있습니다. '입명' 즉 '입어명중立於命中'은 운명의 무상함에 마주하여 운명 앞에 똑바로 설 수만 있다면 운명의 신비한 힘에 의해 무너지지 않을 수 있다는 것을 말합니다. 여러분이 무상한 운명 앞에서 꿋꿋하게 바로 설 수만 있다면 죽음의 위협도 두렵지 않을 것이고, 여러분의 생명은 이로 인해 견고한 터전을 얻게 될 것입니다. 이를 일컬어 '안신입명安身立命'이라 하는 것입니다. 오늘날 자주 사용되는 안신입명이라는 단어는 바로 여기에서 비롯된 말입니다.

하늘을 우러러 부끄러움이 없는 삶

맹자는 사람이 인격적으로 뛰어난지의 여부는 평소에 자아를 수양한 정도에 의해 결정된다고 생각했습니다. 그리고 이런 인격적 역량을 가늠하는 주요 기준은 그의 행위에 호연지기浩然之氣가 드러나는지 그렇지 않은지에 있다고 여겼습니다. 맹자는 호방한 협객의 기운을 가진 사람이었습니다. 그는 완벽한 인격에 대해 많이 묘사했는데, 예를 들면 '호연지기', '대장부', '빈천불능이(貧賤不能移, 아무리 가난해도 지조를 꺾지 않는다)', '부귀불능음(富貴不能淫, 부귀영화도 음란하게 하지 못한다)' 등의 경구는 맹자가 처음 사용한 이후 오늘날까지 사용되고 있는 말입니다. 맹자의 호연지기에 대한 묘사는 존심, 양심, 양성에 대한 보다 구체적이고 강렬한 표현이라 할 수 있습니다.

맹자가 말하는 호연지기는 호방한 기개를 가리키는 말입니다. 그것은 자신의 생명을 비할 바 없이 굳세고 비할 수 없이 크고 높게 여겨 천지간에 우뚝 서게 하는 것입니다. 맹자는 호연지기를 대표하는 비범한 인격이란 일정한 조건 아래에서 만들어진다고 여겼습니다. 그중 가장 중요한 것 하나가 자신에 대한 평소의 요구입니다. 먼저 호연지기는 '양養' 즉 길러지는 것이지 한순간에 만들어지는 것이 아니라는 것입니다. 어떻게 '양'할 것인가? 답은 '이직양以直養' 즉, 평소 강직하고 정직하여 사사로움이 없고 아첨하지 않는다면 결정적 순간에 자연스럽게 비교적 높은 경지와 수준을 체현할 수 있다는 것입니다. 우리가 좋아하는 역사상의 몇몇 위인들, 특히 국가나 민족이 위기에 처했을 때 용감하게 나서 나라를 위해 목숨을 바치거나 혹은 역사의 중요한 전환점에서 대인大仁과 대의大義로써 우뚝 선 위인들은, 시종일관 올바른 처신을 위해 노력했기 때문에 역사의 시험대 앞에서도 당당할 수 있었습니다. 만약 장기간에 걸쳐 올바른 처신을 위해 공부하지 않았다면 결정적 순간 비범한 인격의 역량을 표출할 수가 없었을 것입니다. 이것을 바로 '이직양以直養'이라고 합니다. 이외에 맹자가 '이직양'에서 강조한 '직直'은 그냥 생각하는 대로 솔직하게 행동하라는 말이 아닙니다. 맹자는 '직'을 위해 '배의여도配義與道', 즉 도의에 부합하여야 한다는 것을 강조했습니다. 오늘날 말로 하면 하늘을 우러러 부끄러움이 없이 양심에 부합해야 하고 심사숙고해야 한다고 말한 것입니다.

둘째, 맹자는 호연지기란 자신의 마음 깊은 곳에 호소함으로써 키울 수 있다고 생각했습니다. 그중 가장 중요한 요소가 평소 사람을 대하고 처신할 때에는 항상 양심良心에서 출발해야 한다는 것입니다. 만약 우리가 어떤 일을 할 때 마음 깊은 곳에서 불안을 느낀다면 '기가 죽을 것氣餒'이고, 당연히 더 이상 '떳떳한 기운正氣'을 펼 수 없게 될 것입니다. 맹자의 글을 보면 대장부가 처신과 처세를 할 때에는 가슴에 손을 얹고 스스로 묻고 반성해야 한다는 점을 매우 중시했음을 알 수 있습니다. 가슴에 손을 얹고 자신에게 물을 때 마음이 안정되고, 자신을 반성할 때 양심에 일말의 가책도 느끼지 않아야 비로소 일신에 떳떳한 기운이 생긴다는 말입니다. 맹자는 다른 곳에서도 '자반自反', '반신反身' 등의 견해를 피력했습니다. 자반, 반신은 다 자아반성을 말하는 단어입니다. 그는 증자의 말을 인용하여 진정한 용기는 죽음을 두려워하지 않는 것이 아니라 자아를 반성할 때 마음에 가책과 불안이 없는 것을 이른다고 말했습니다. 스스로 반성해 볼 때에 마음이 불안하면 설령 아무리 약하고 작은 상대라고 해도 두려워하는 마음이 생기고, 스스로를 돌이켜 볼 때에 마음이 든든하면 설령 천만의 적이 앞에 있어도 용감하게 앞으로 나갈 수 있다고 말했습니다.

세 번째, 맹자는 호연지기를 키우는 일은 외재된 사회규범에 비추어 자신에게 요구하는 것이 아니라고 강조했습니다. 그는 외재적 도덕규범과 기준에 따라 인격을 배양하는 것을 단호하게 반대했습니다. 그는 그렇게 하는 일을 알묘조장(揠苗助長, 모가 늦게 자란다고 하여 모를 뽑아 자라게 하는 것)이라고 생각했습니다. 맹자는 호연지기란 '집의소생集義所生'하는 것이지 '의습이취지義襲而取之'가 아니라고 말했습니다. '집의소생'이란 평소에 줄곧 도의에 따라 자신에게 요구하는 것이 오래토록 축적이 되어 비로소 호연지기가 생긴 상태를 가리킵니다. 반면 '의습이취지'란 '의'를 외재된 고정 목표로 놓고 사람들에게 복종하도록 강제하는 것을 가리킵니다. 알묘조장은 바로 이를 설명하면서 만들어진 성어입니다. 맹자의 관점에 따라 오늘날 학교에서 이루어지고 있는 많은 도덕 교육의 현실을 보면 그것은 혹시 알묘조장과 같은 것은 아닐까요? 지금까지 우리 사회는 많은 도덕 규범을 만들고 많은 도덕 규칙을 제정하여 이를 학습하고 준수하도록 교육했지만 그 효과는 과연 어떠한가요? 우리가 여러 가지 상황에서 도덕을 제창하는 이유는 사회가 도덕을 필요로 하고 도덕이 사회 질서를 유지하기 위한 필요조건이라고 들었기 때문입니다. 이런 관점은 시작부터 도덕을 사회의 수요를 만족시키는 외재된 도구로만 여기고, 도덕 자체가 갖는 가치와 도덕을 성장시키는 규율에 대한 충분한 인식이 결여되어 있기 때문에 가능한 것입니다. 이것이야말로 '알묘조장'의 전형적인 예입니다.

맹자는 숭고한 도덕적 경지와 위대한 인격적 풍모는 결코 외재된 규범과 기준의 산물로 이해해서는 안 되고, 우리의 영혼 깊은 곳에서 오래토록 축적된 역량에서 기원해야 하며, 나아가 인성의 숭고함과 생명의 위대함에 대한 자신만의 절절함이 정신적으로 승화되는 과정에서 비롯되어야 한다고 보았습니다. 우리가 생명과 관련된 전환점에서 죽음을 두려워하지 않고, 중대한 인생의 시험 앞에서 두려움 없이 나설 수 있을 때에야 비로소 우리에게 인생의 위대한 신념이 있고 또 호연지기가 있다고 말할 수 있는 것입니다. 맹자는 사사로움이 없고 두려움도 없는 무사무외無私無畏한 인격의 원천은 주로 외부 가치 규범을 받아들이는 데서 오는 것이 아니라, 우리 영혼의 깊은 곳에서 우리가 몸소 느낄 수 있는 생동하는 인성에서 비롯된다고 강조했습니다. 그리고 그 구체적 실현은 양심에서 출발하여 일을 하며 '하늘을 우러러 부끄럼이 없고 땅을 굽어 봐도 부끄럼이 없는[仰不愧於天, 俯不怍於人]' 당당함에 달려 있다고 했습니다.

화化, 바람처럼 부드럽게 사람을 다스리는 법

유가의 '양'의 사상에는 또 다른 중요한 내용이 있는데, 첫째는 자신을 기른다는 의미의 '양기養己'이고 둘째는, 남을 기른다는 의미의 '양인養人'입니다. 이상적인 인간관계를 만들기 위한 전제는 '이선양인以善養人' 즉 선으로써 다른 사람을 기르는 것이지, '이선복인以善服人' 즉 선으로 사람을 복종시키는 것이 아니라는 것입니다. 맹자는 말했습니다.

선으로써 다른 사람을 승복시키고자 하는 사람이
다른 사람을 능히 승복시킨 사람은 없고,
선으로써 다른 사람을 기른 연후에라야
천하 사람들의 마음을 승복시킬 수 있는 것이다.
[以善服人者, 未有能服人者也, 以善養人, 然後能服天下.]

-《맹자》〈이루〉

무엇이 '이선복인'이고, 무엇이 '이선양인'일까요? 관건은 '복인'과 '양인'을 어떻게 이해할 것인가에 있습니다. 고인들의 주해註解에 따르면 이선복인이 가리키는 것은 권세와 무력으로 핍박하여 복종하게 하는 것으로, 역사적으로 보면 춘추오패(春秋五霸, 춘추 시대에 제후들을 통솔했던 다섯 명의 패자)가 그 전형입니다. 이선양인이 가리키는 것은 진심과 성의를 가지고 다른 사람을 도와주고 보살펴 사람들이 기쁜 마음으로 복종하고 따르기를 갈망하게 하는 것으로, 70명의 제자가 공자를 따른 것이 그 전형입니다. 오늘날의 표현으로 이선복인은 권위의 힘으로 사람들에게 선하라고 강제하는 것을 가리킵니다. 권위를 이용하여 좋은 일을 하는 것은 당연히 긍정적 가치가 있는 것이긴 하지만, 이런 상황에서 사람들은 기꺼운 마음으로 복종하지는 않을 것입니다. 만약 사람들이 배신하지 않는다고 해도 그것은 결코 그럴 생각이 없어서가 아니라 감히 할 수 없는 일이기 때문입니다. 맹자가 보기에 사람을 이끄는 가장 성공적인 방법은 권위가 두려워 어쩔 수 없이 복종하는 것이 아니라 마음으로부터 감화되어 자발적으로 추종하게 하는 것이었습니다. 그런데 사람들을 자발적으로 따르게 하는 일은 쉬운 일이 아닙니다. 이는 사람에게 영향을 미친다는 유학의 또 다른 중요한 개념인 '화化'와 관련되어 있습니다.

'교화教化'가 그 하나입니다. 《설문해자》에 근거하면, '화化'의 본뜻은 교육과 관련되어 있습니다. 갑골문과 금문(金文, 금석 문자)에서 '화化' 자는 두 사람(한 사람은 똑바로, 한 사람은 거꾸로 선 자세, '𠤎'와 같이 표기했다)으로 구성되어 있습니다. 아마도 이는 사람은 교육을 통해 변화한다는 것을 가리키는 뜻일 것입니다. 오늘날 우리는 "부드러운 바람과 잔잔한 비로 소리 없이 사물을 적신다[和風細雨, 潤物無聲]."는 말로 사람을 교육하는 과정을 빗대곤 합니다. 하지만 옛사람들이 말하는 '교教'는 단지 학교 교육에만 국한되는 것이 아니라 인격의 경지가 높은 사람이 타인에게 미치는 영향, 나아가 이상적인 인간관계 속에서 자연스럽게 교화되는 요소가 스며드는 것이었습니다. 《효경》에서 언급된 '교지화민教之化民'의 대체적인 뜻은, 솔선수범하여 사람을 감화시키고, 사람들의 마음이 서로 통해 화목하게 지내도록 한다는 것입니다. 여기서 말하는 '교화'란 몇몇 규정과 준칙을 만들어 학습하고 준수하도록 하는 것이 아니라, 진심으로 사람을 사랑하여 그 사람들이 사랑할 줄 알게 하는 것이고, 몸소 공정무사를 실천하여 사람들이 공평과 정의를 이해하게 하는 것이며, 먼저 겸손함과 예양을 실천하여 사람들이 상호 존중할 줄 알도록 하는 것이고, 예의로써 사람들이 화기애애하도록 하는 것이고, 정직하고 의연한 행위를 실천하여 사람들이 선악을 분별할 수 있게 하는 것을 모두 포함하는 말입니다. 《효경》을 읽다 보면 우리는 유가의 이상이 결코 사람들을 복종하게 하는 데 있지 않고, 실천으로 사람을 감화시켜 선으로써 사람을 길러내는 '이행육인以行育人', '이선양인以善養人'의 효과에 이르는 것임을 분명하게 알 수 있습니다.

이어 맹자는 '좋은 정치善政'와 '좋은 교육善教'을 구별할 것을 제안했는데, '선정善政'은 좋은 방법으로 조치하는 것이고, '선교善教'는 자신을 엄격하게 다스려 타인을 감화시키는 것을 가리키는 말입니다. 맹자는 "선정은 백성들이 두려워하게 하고 선교는 백성들이 사랑하게 한다. 선정은 백성들의 재물을 얻고 선교는 백성들의 마음을 얻는다[善政民畏之, 善教民愛之. 善政得民財, 善教得民心]."《맹자》〈진심〉고 말했습니다. 후세 사람들이 선전과 설교만을 앞세워 선인들의 교화 사상의 정수를 터득하지 못했다는 사실은 안타까운 현실입니다.

둘째는 '풍화風化'입니다. '화'의 또 다른 중요한 함의는 강제와 억지가 없는 상황에서 서서히 부지불식간에 변화되는 것을 가리킵니다. 《설문해자》는 '풍동충생風動蟲生'이라는 말로 생동감 있게 '화'의 뜻을 설명했습니다. 《설문해자》에 의하면 '風'은 '虫'과 '凡' 두 부분으로 구성되어 있는데, 그중 '범凡'은 발음을 대표하고, '충虫'은 뜻을 대표한다고 했습니다. '풍동충생風動蟲生, 고충팔일이화故蟲八日而化'란 봄이 되자 봄바람이 불고 벌레가 부화하기 시작한다는 뜻으로 새로운 생명이 무에서 유로 탄생함을 의미합니다. 봄바람이 주는 영양분이 작디작은 생물을 발육, 성장하게 하여 벌레가 되게 하고, 또 땅 위에서 기던 벌레가 하늘을 나는 곤충이 되게 한 것입니다. 바람[風]은 '형태가 없음에도 이르는 것[無形而致者]'(《설문해자주》)으로, 형태가 없는 가운데서도 만물에 영양을 주고 새로운 생명을 배태하고 기르는 것입니다. 이것이 '양養'에서 '화化'에 이르는 전형적인 과정입니다. 인간관계에서 흔적을 남기지 않고 다른 사람에게 좋은 영향을 끼치면 마치 봄바람을 맞은 것처럼 함께 있던 사람들에게 부지불식간에 변화가 발생하게 되는데, 이것이 바로 전형적인 '화化'의 과정인 것입니다. 공자는 "군자의 덕은 바람과 같고 소인의 덕은 풀과 같다[君子之德風, 小人之德草]."(《논어》〈안연〉)고 말했습니다. 《모시毛詩》에서 말한 "윗사람은 바람으로써 아랫사람을 교화하고, 아랫사람은 바람으로 윗사람을 풍자한다[上以風化下, 下以風刺上]."는 말은 군자의 덕은 바람이 풀을 움직이는 것처럼 뭇사람을 감화하여 물이 흐르는 것처럼 자연스럽게 받아들이고 피로함을 느끼지 않는다는 말입니다. "백성들은 날로 선한 데로 옮겨 가지만, 그렇게 만드는 사람을 모른다[民日遷善而不知爲之者]."(《맹자》〈진심〉)는 '화'의 과정을 형용한 것이라 할 수 있습니다. 좋은 정치란 다른 사람에게 배우라고 강요하는 것이 아니라 좋은 사회 기풍을 만들어 사람들이 하루하루 변하기를 좋아하는데도 누가 자신을 그렇게 했는지를 알지 못하는 정치라는 뜻입니다. 한나라의 정현鄭玄은 《주례》에 대한 주석에서 "풍風이란 성현의 다스림의 도가 이어져 백성들이 감화되는 것을 말한다[風, 言賢聖治道之遺化也]."고 했습니다. 옛날의 성현은 재위 시 솔선수범하여 사람들의 마음을 감화했고, 지금 비록 그들이 떠나고 없더라도 기풍은 여전히 전해지고 있다는 뜻입니다.

결론적으로 말하면, 유학자들은 군자의 이상적인 인간관계란 자신의 인격을 통해 새로운 생명을 양육하는 과정으로 여겼다는 점입니다. 그들에게 한 사람 한 사람의 생명은 그 자체가 목적이지 오늘날처럼 사사로운 목적을 위한 수단으로 삼지 않았던 것입니다. 맹자가 '이선양인以善養人'만을 강조하고 '이선복인以善服人'을 강조하지 않은 이유는 이선복인이 아무런 의미도 갖지 않은 것을 사람들에게 따르라고 강요하는 것이었기 때문입니다. 숭고한 미덕으로 천하를 감화시켜 사람들이 그 언행에서 마음의 자양분을 얻을 수 있도록 하고, 그들의 생명이 부지불식간에 건강하게 성장하도록 하는 것, 이것이 바로 군자가 사회와 교류하는 이상인 것이었습니다. 오늘날 더 넓은 관점에서 출발하여 우리는 이렇게 물을 수 있을 것입니다. 한 사회가 번창하고 한 민족의 문명이 진보하는 것은 주로 무엇에 달려 있는 것일까요? 혹시 경제, 정치, 법률만 있으면 되는 것은 아닌가요? 유가가 보기에 이들만으로는 충분하지 않았습니다. 유가는 백성들의 마음이 물이 흐르듯이 자발적으로 따르게 할 수 있는 훌륭한 도덕과 정조를 기르는 것이 더 필요하다고 생각했습니다. 이 때문에 이선양인과 교화와 풍화가 필요했던 것입니다. 이렇게 해야만 비로소 사람들의 마음속으로부터 강력한 도의道義의 역량이 형성되어 국가의 견고한 기초가 만들어지고, 정의로운 일을 추진하기 위한 기반이 다져진다는 것입니다. 이선양인은 이렇게 지극히 크고 깊은 의미를 가지고 있습니다.

◉ 제2강_존양存養, 마음을 쏟아 자신을 기르는 힘

제3강

자성 自省,
나를 허물고 한계를 뛰어넘는 힘

吾日三省吾身
매일 나 자신을 세 번 돌아보다.
《논어》〈학이〉

우리는 하루 세 번 반성하는가

여러분 모두는 하루 세 번 자신의 행동을 반성한다는 뜻의 '일일삼성—日三省'이라는 증자曾子의 명언을 들어 보았을 것입니다. 이 말은 《논어》의 〈학이〉에 나오는 말로 '나는 날마다 세 번 내 몸을 살피니, 사람을 위하여 일을 도모함에 충성스럽게 아니했는가? 벗과 더불어 사귀되 믿음을 잃지는 않았던가? 스승에게 배운 것을 익히지 아니했는가?[吾日三省吾身, 爲人謀而不忠乎, 與朋友交而不信乎, 傳不習乎?]'를 살핀다는 뜻입니다. 아마 여러분은 자성하는 습관을 길러 수시로 자신의 행위를 분석하는 것이 수신을 하는 유익한 방법 중 하나임을 알고 있을 것입니다. 하지만 통상적인 상황에서 우리에게는 자성할 마음의 여유와 시간이 없습니다. 진정 엄숙하고 진지하게 자아를 돌아보는 현대인은 아주 적습니다. 원인은 여러 가지일 수 있지만 그중 가장 중요한 것이 바로 바쁘다는 것입니다. 매일 눈코 뜰 새 없이 바쁜데 자성할 여유와 시간이 어디에 있겠습니까?

　사실 내가 보기에 바쁘다는 이유로 자신을 돌아보지 않는 것은 대부분 자성의 중요성을 인식하지 못했기 때문입니다. 바빠서 시간이 없다기보다는 반성하지 않는 생활 태도에 익숙해졌기 때문이라고 보는 것이 맞습니다. 만약 우리가 진정으로 마음을 가라앉히고 지난 세월을 돌아보며 자신의 삶의 가치와 의미를 생각한다면, 현재의 삶이 자신이 진정으로 원하던 삶인지를 생각하고 지난날 저지른 시행착오와 실패 그리고 그 좌절과 패배를 야기한 주요 원인을 생각해 보면서 의미 있는 인생을 살아갈 수 있을 것입니다. 만약 진정으로 자성하고자 한다면 시간은 많습니다. 인터넷을 하고, 동료와 잡담을 나누고, 게임을 할 시간은 넘쳐 나면서, 어찌 자성을 할 시간이 없겠습니까? 자성은 본래 어려운 일이 아닙니다. 어느 시간, 어느 장소, 어떤 경우에도 가능합니다. 잠자기 전에 할 수도 있고, 일하는 틈틈이 할 수도 있으며, 쉬는 시간에 할 수도 있고, 버스 안이나 지하철 안에서, 길을 걷거나 줄을 서면서도 할 수 있는 것입니다. 중요한 것은 우리가 마음을 안정시키고 철저하게 자성을 할 수 있는가에 있습니다. 정말 엄숙하게, 심지어 고통스러울지라도 일신상의 치명적인 문제를 마주할 생각이 있습니까? 만약 우리가 자성을 통해 자신의 치명적인 문제를 발견할 수 있고, 나아가 일생의 운명을 철저하게 바꾸어 더 의미 있는 삶을 살 수 있음을 인식하기만 한다면, 이보다 중요한 일이 도대체 어디에 있겠습니까?

　만약 우리가 진정으로 의미 있는 인생을 살고자 한다면 철저하게 안정을 취하고 진지하게 자아를 되돌아 볼 수 있어야 합니다. 자신의 인격에 무슨 결함이 있는지, 자신의 선택에 어떤 문제가 있는지, 스스로 자신의 생활을 혁명할 수 있는지 여부를 생각해 보아야 합니다. 《채근담》에 이런 구절이 있습니다.

> 바쁜 가운데에서도 일을 해야 할 때에는
> 항상 틈을 내어 미리 점검해 두면
> 실수가 절로 줄어들고,
> 수시로 잡념이 떠오를 때에는
> 고요할 때 미리 확고히 생각을 붙잡고 있으면
> 잘못된 마음이 절로 사라진다.
> [忙處事爲, 常向閒中先檢點, 過擧自稀,
> 動時念想, 豫從靜裡密操持, 非心自息.]

아무리 바쁜 생활 속에서도 짬을 내어 자신을 반성하고 점검할 수 있다면 잘못을 저지를 확률은 자연스럽게 줄어들 것입니다. 일을 하거나 사람을 대할 때에는 마음을 차분히 가라앉히고 침착하게 자신을 성찰하여 좋지 않은 생각이 자연스럽게 사라지도록 하는 것이 가장 좋습니다. 일단 일을 시작하면 몸과 마음을 오롯이 쏟아부을 수 있을 것입니다. 하지만 도가 지나치면 마음이 온통 일에만 쏠리게 되고, 이런 시간이 오래 지속되면 더 이상 자신을 돌아볼 틈이 없어져 마음이 완전히 마비되고 말 것입니다. 이런 상황에서는 설령 한가한 시간이 생겨도 마음은 한 순간도 편안하지 않을 것입니다. 이런 상태가 계속되면 자신이 아주 피곤하게 산다고 느끼게 될 것입니다. 《채근담》의 구절은 바쁘고 소란스런 일상생활에서도 마음의 평정과 맑은 정신을 유지해야 한다는 것을 말하고 있습니다.

언젠가 나의 무지를 알게 되는 때가 온다

그리스 철학의 아버지 소크라테스(기원전 469~399)는 인격이 매우 뛰어난 인물이었지만 신을 모독하고 청소년에게 위해를 끼쳤다는 이유로 사형을 당했습니다. 소크라테스는 법정에서 판결을 받기 전 수많은 청중 앞에서 다음과 같은 이야기를 했다고 합니다.

언젠가 소크라테스의 친구인 크세노폰이 아폴로를 섬기는 신전인 델포이 신전에 간 적이 있었습니다. 그는 신에게 물었습니다. "세상에 소크라테스보다 더 지혜로운 사람이 있습니까?" 신전의 여사제는 "없습니다."라고 대답했다고 합니다. 그는 이를 소크라테스에게 이야기해 주었습니다. 하지만 소크라테스는 아무리 생각해도 그 이유를 알 수 없었습니다. 그는 자신이 결코 세상에서 가장 지혜로운 사람이 아니고 세상에는 그보다 뛰어난 사람이 아주 많다는 사실을 분명하게 알고 있었던 것입니다. 그렇다면 신은 왜 소크라테스가 가장 지혜로운 사람이라고 말했을까요? 이에 대한 답을 찾기 위해 소크라테스는 지혜가 있다고 공인된 명사들을 찾아 가르침을 구했습니다. 그 결과 소크라테스는 크게 실망했습니다. 그가 찾아간 현인들은 한 가지 방면에서는 확실히 소크라테스보다 뛰어났지만, 다른 방면에서는 대부분 자신의 한계를 인식하지 못했기 때문입니다. 심지어 한 방면에서 성취를 이룬 것을 가지고 자신이 무소불능하다고 착각하는 사람들도 종종 있었습니다.

이에 소크라테스는 실망스러워하며 고심한 끝에 다음과 같은 결론을 내렸습니다. '만약 내가 가장 지혜롭다는 신탁이 정확하다면 단지 한 가지 가능성밖에 없다. 신 앞에서 나와 다른 현인들은 모두 무지한데, 나는 자신이 무지하다는 사실을 인정한 반면 다른 사람들은 이를 인정하지 않고 있다는 것이다!' 그래서 소크라테스는 신탁의 진정한 내용이 '인간들아! 자신의 지혜가 진정 아무런 가치가 없다는 사실을 아는 사람이 바로 너희들 중에서 가장 지혜로운 자이니라.'라는 것임을 깨달았습니다. 소크라테스의 명언 "너 자신을 알라."는 이렇게 탄생했습니다. 나아가 그는 죽기 전에도 사람들을 교육할 기회를 놓치지 않고 지나치게 잘난 체하지 말고 자신의 무지를 알아야 한다고 말했습니다. 소크라테스는 어머니가 산파였던 것을 빗대어 자신을 사람들이 사상을 낳을 수 있도록 도와주는 정신의 산파라고 생각했습니다.

자신의 무지를 대담하게 인정하는 일은 때론 아주 어려운 일입니다. 특히 일상생활에서 우리는 부지불식간에 자신이 세상에서 가장 독특하고 다른 사람들보다 뛰어나다고 생각하는 데 익숙해져 있습니다. 설령 주변 사람들 모두가 자신을 인정하지 않는다 하더라도 마음속으로는 이를 결코 받아들이지 않습니다. 그래서 어떤 사람들은 한 가지 장점을 가지고 다른 사람을 멸시합니다. 어떤 사람들은 잘생겼다는 이유로 동료들을 무시하기도 합니다. 어떤 사람들은 자신의 배경을 내세우며 잘난 척하고, 어떤 사람들은 자신의 잠재력이 크다고 생각하여 지나치게 자신만만한 모습을 보입니다. 어떤 사람들은 잔재주를 발휘하면서 자신만이 잘났다고 생각하고, 어떤 사람들은 조그만 성취를 이룬 것으로 인해 고집불통이 되어 남의 의견을 듣지 않기도 합니다.

　인생의 길 위에서 온종일 자아의 특별함에 도취되어 있다면 자연히 진정한 자아 반성은 이루어질 수가 없습니다. 왜냐하면 자신만이 옳다고 하는 심리의 지배를 받게 되면 자신이 갖고 있는 여러 문제점을 진정으로 인식할 수 없기 때문입니다. 이는 또 우리가 좌절이나 실패를 겪었을 때 격분하여 다른 사람에게 화를 내는 원인이 되기도 합니다. 여기서 우리는 소크라테스가 자신의 무지를 인정하려 들지 않는 부류의 사람들을 어떻게 알 수 있었는지 이해할 수 있습니다. 그들은 아마도 평소 자신의 명성, 지위, 가치를 마음에 두고 자신이 누구보다도 더 성공했고 더 고귀하며 가치 있는 사람이라고 여겼을 것입니다. 그래서 누군가가 이에 감히 도전을 하면 크게 화를 내는 것입니다. 소크라테스가 당시 수많은 명사들을 노하게 하여 목숨을 잃게 된 주요 원인은 바로 여기에 있었습니다. 소크라테스가 "너 자신을 알라."고 한 말은 분명 인간의 본성, 즉 보통 사람들의 자아 중심적 태도와 잘난 척하는 본성을 지적한 것이었습니다. 만약 우리가 의식적으로 자신을 반성하고 자제하지 못한다면 전적으로 이런 본성의 노예가 될 수밖에 없습니다. 여기에 바로 자성의 중요성이 있습니다. 《격언련벽》

중의 한 구절을 읽어보기로 합시다.

세상을 뒤덮을 공로도
교만함으로 무너질 수 있고,
크나큰 죄과도
참회로 벗어날 수 있다.
[蓋世的功勞, 當不得一個矜字,
彌天的罪過, 當不得一個悔字.]

마음을 자유롭게 풀어놓는 법

토마스 쿤(Thomas Kuhn, 1922~1996)은 1962년 출판된 《과학혁명의 구조The Structure of Scientific Revolutions》에서 과학 연구의 패러다임 문제를 제기했습니다. 쿤의 패러다임 개념은 동일 영역에 종사하는 과학자들이 몇 대에 걸쳐 점진적으로 축적하여 형성한 일련의 신념, 방법과 가정 등을 가리키는 용어입니다. 이러한 공동의 신념, 방법과 가정이 몇몇 사람들의 심사숙고를 거쳐 한 시기의 모든 과학자들이 과학 연구에 사용하는 기본 구조, 즉 패러다임이 되는 것입니다. 이런 과학 연구의 패러다임은 일단 형성되기만 하면 여러 방식으로 광범위하게 전파되어, 동일한 영역의 사람들이 공동으로 받아들여야 하는 규칙 혹은 표준이 되고, 많은 사람들이 말하지 않아도 아는 사유의 테

두리를 형성하는 것입니다. 그래서 기존의 패러다임을 돌파하는 사람이 없으면 진정한 과학 혁명이 일어나기는 어렵고, 기껏해야 구체 영역, 구체 문제에서만 돌파가 가능할 뿐이라고 말합니다. 쿤이 패러다임 개념을 제시한 이후 이 개념은 사회 각계의 광범한 관심을 불러 일으켰으며 오늘날에는 다른 영역에서도 보편적으로 사용하는 개념이 되었습니다.

만약 우리들이 패러다임이라는 표현을 좀 더 넓은 의미로 해석한다면 자성의 중요성을 이해하는 데 도움이 될 것입니다. 사람들은 저마다 자신의 인생 역정을 통해 대부분 자신만의 사유 패러다임을 형성하기 마련입니다. 구체적으로 말하면, 자신의 처세나 처신의 기본 방식, 사회 현상을 대하는 기본 입장, 인생의 기본 신념 등이 있겠죠. 이렇게 사유 패러다임은 우리들 각자의 세계관과 인생관의 기초를 형성하는 사유 틀의 총합과 같다고 할 수 있습니다. 그래서 사유 패러다임은 본능적으로 우리의 생각을 지배하고, 우리의 행위를 속박하고 제한하기도 합니다. 그런데 쿤이 지적한 것처럼, 패러다임이 사람들에게 받아들여진 이유는 사람들이 패러다임의 기초에 대해 이성적인 검토를 충분히 진행했기 때문이 아니라, 그 패러다임이 지금에 이르기까지 가장 유효한 것으로 인식되었기 때문입니다. 인생의 패러다임도 마찬가지입니다. 진지한 검토를 거쳐 형성되었다기보다는 개인의 선호, 직관 및 가정환경 등 각종 요소가 종합적으로 영향을 미쳐 형성되었다고 할 수 있습니다. 그런데 그것이 우리가 살아가는 기본 신념이 되면 우리는 그것이 유효하다고 믿거나, 적어도 지금까지는 '나 자신에게 있어서' 가장 유효하다는 생각을 갖게 됩니다. 혹 다른 사람들이 자신의 패러다임을 건드리기라도 하면 여전히 숙명론의 각도에서 자신의 패러다임을 변호하곤 합니다. "나는 원래 그래. 아마 이게 나의 운명인가 봐."

한편 본인의 사유 패러다임이 도대체 무엇인지 그 자신도 분명하게 인식하지 못하는 경우도 있습니다. 흔히 구체적인 문제에 부딪쳤을 때에야 비로소 사유 패러다임이 드러나기도 합니다. 그는 아마도 이렇게 말할 수 있습니다. "나는 이 문제를 해결하기 어려워.", "나는 성격에 치명적인 약점이 있어.", 이렇듯 한 사람의 사유 패러다임에는 자기가 알고 있거나 알지 못하는 많은 내용이 포함되어 있습니다.

그럼, 예를 들어 봅시다. 나는 일찍이 승부욕이 매우 강한 사람이었습니다. 구체적으로 말하자면, 모든 방면에서 다른 사람들보다 뒤떨어지지 않으려 했고, 체면을 중시했으며, 사람들 앞에서 누군가에게 굴욕이라도 당하면 마음속으로 언젠가 상대방을 꼭 이기겠다고 맹세했습니다. 또 일할 때는 다른 사람에게 끊임없이 실력을 증명하려 했고, 어떤 때에는 자신도 모르게 동료 혹은 친구들보다 더 뛰어나다고 생각하곤 했습니다. 이렇게 강한 승부욕이 나를 여러 해 동안 지배해 왔습니다. 그러던 어느 날 《채근담》의 아래 구절이 나에게 커다란 깨우침을 주었습니다.

선행을 하는 것은 자신을 높이고 남보다 뛰어나려고 하는 것이고
은혜를 베푸는 것은 이름을 얻고 친구를 사귀고자 하는 것이며,

공부를 하는 것은 온 세상을 깜짝 놀라게 하고자 하는 것이고
절개를 세우는 것은 남다른 점을 드러내어 보여주고자 함이다.
[爲善而欲自高勝人, 施恩而欲要名結好,
修業而欲警世駭俗, 植節而欲標異見奇.]

'자고승인自高勝人', '요명결호要名結好', '경세해속警世駭俗', '표이견기標異見奇'의 뜻은 이해하기 어렵지 않을 것입니다. 처음 이 구절을 보고 나는 '승부욕이 강하고 이기는 것을 좋아하는 심리는 나뿐만 아니라 많은 사람들이 공통적으로 가지고 있는 특성이구나!'라는 생각을 했습니다. 승부욕이 나의 독특한 가치를 증명하기 위한 감정이라고 한다면 이런 심리가 보편적으로 존재한다는 사실 자체로 내가 느끼는 감정이 결코 독특하지 않다는 것을 증명하고 있다는 생각에 이르게 된 것입니다.

이 사건은 '항상 남을 이기려고 하는' 사유 패러다임에 무의식중에 지배되어, 지금까지 나에게 어떤 문제가 있다고 생각해 본 적이 없던 내가 과거의 사유 패러다임에서 벗어날 수 있는 계기가 되었습니다. 지금은 그 속에서 빠져 나와 어떻게 이런 사유 패러다임에 지배되었는지를 반성하고, 나 자신의 성격적 결함을 분명하게 인식할 수 있게 되었습니다. 결국 나는 지난 몇 년간의 생활 방식에 문제가 있음을 깨닫게 되었습니다. 여러 해 동안 나는 승부욕 때문에 일에 대한 지나친 의욕을 표출했고, 그 결과 삶을 즐기지 못했습니다. 일하는 것이 나의 전부를 차지했고, 생활은 마른 낙엽처럼 무미건조했습니다. 동시에 나

는 과거에는 내가 안중에 두지도 않았거나 나보다 못하다고 여겼던 동료나 친구들이 사실은 삶을 이해하며 하루하루를 즐겁게 살고 있다는 것을 깨달았습니다. 이리하여 나는 의식적으로 인생의 재미를 만들어 내기 위해 자신을 조율하고, 일의 성패에 대해서도 평상심을 가지고 대하려고 노력하기 시작했습니다. 비록 과거의 사유 패러다임에서 완전히 벗어났다고는 말할 수 없어도 적어도 자신의 문제를 직시할 수 있게 된 것입니다.

아마도 여기서 말한 바를 행하기는 아주 어려운 일일 것입니다. 대다수의 사람들이 승부욕을 갖고 있고, 다른 사람 밑에 있는 것을 달가워하지 않아야 분발의 동력이 생기고 일에서도 성공할 수 있다고 생각하고 있기 때문입니다. 다시 말해 세상을 살아가는 데 있어 승부욕이 없다면, 어찌 열정이 있는 인생이라 할 수 있겠습니까? 나는 학생들로부터 이런 유형의 문제 제기를 항상 들어 왔습니다. 이는 매우 단편적인 관점일 수 있습니다. 《채근담》이 우리들에게 말하려는 것은 분발하지 말라고 하는 것이 아니라 더 나은 방법으로 분발하라는 것입니다. 만약 이기려는 방식만으로 분발한다면 인생의 경지와 행복이 일정한 한도 내에서만 돌고 도는 것으로 고정되고 만다는 것이죠. 사실상 우리는 평생 더 많이 얻을 수 있고, 삶의 질을 더 높이며, 인생의 행복을 더 오래 유지할 수 있는 원동력을 가지고 있습니다.

이로 인해 나는 무의식중에 자신을 지배하는 사유 패러다임을 인식하고 연구하는 것이 인생에서 가장 의미 있는 일의 하나이고, 자성의 기본 임무여야 한다고 생각하게 되었습니다. 왜냐하면 우리를 지배하는 사유 틀을 분명하게 파악할 수 있어야 그것에 대한 좋고 나쁨을 인식할 수 있기 때문입니다. 그리고 그런 사유 패러다임이나 틀을 분명하게 하지 않으면 무의식중에 우리의 행위에 심각한 영향을 미쳐 인생의 운명을 결정하기 때문입니다. 만약 이들 좋지 않은 사유 패러다임이나 틀을 분명하게 인식하지 못한다면, 아마도 영원히 자신의 한계를 극복할 수 없을 것이고, 나아가 삶에 커다란 근심을 초래할 문제를 안고 있어도 죽을 때까지 자신의 문제를 깨닫지 못하게 될 것입니다. 매번 《채근담》, 《소창유기》, 《위로야화》 등의 책을 읽을 때마다 나는 항상 그 속에서 뿜어져 나오는 지혜의 빛에 몸서리칩니다. 그리고 그때마다 나의 패러다임의 한계를 다시 한 번 생각하곤 합니다.

보이지 않는 곳에서 먼저 나를 살피는 법

《좌전》에 소개된 고사 하나를 소개하겠습니다.

공자 원元, 공자 상인商人, 제齊 소공昭公은 모두 춘추 시대 제 환공桓公의 아들이었습니다. 기원전 613년, 제 소공이 죽자 공자 상인은 소공의 아들인 조카 사舍를 죽이고 형인 공자 원을 찾아가 군주의 자리를 양보하려 한다고 말했습니다. 그러자 공자 원이 대답했습니다.

"나를 그냥 내버려 두어라! 너는 군주가 되려고 애쓴 지 오래인데 어째서 나에게 양보하려 하느냐? 나는 신하로서 너를 섬길 수 있다. 너는 어찌 마음속에 유감을 남기려 하느냐?" 이렇게 해서 공자 상인이 군주의 자리에 올랐습니다. 그가 바로 의공懿公입니다.

그런데 의공이 공자로 있을 때 병촉의 아버지와 땅을 가지고 다투었으나 얻지 못한 적이 있었습니다. 그래서 그는 군주의 자리에 오르자 아버지의 시신을 묘에서 꺼내어 발목을 자르는 형을 가하고, 병촉을 종으로 삼았습니다. 또 염직이라는 사람의 아내를 빼앗아 차지하고는 염직을 수레 옆에서 호위하는 시종으로 삼았습니다.

그러던 어느 여름날, 사단이 일어났습니다. 의공이 교외에 있는 연못에서 수영을 하고 있을 때 못가에 있던 병촉이 갑자기 대나무 회초리를 들고 염직을 때리며 말했습니다.

"남이 처를 빼앗아도 화내지 않는 놈을 때린다고 해서 그게 무슨 대수겠느냐?"

그러자 염직이 분노하여 말했습니다.

"제 아비의 발을 잘라도 원한을 품지 않은 자와 비교하면 누가 더 치욕스러운가?"

이에 그 둘이 공모하여 의공을 죽이고 시체를 대밭에 버려두고 도망가 버렸습니다. 사서에는 의공이 노 문공 18년 5월(기원전 618년)에 죽었다고 기재되어 있습니다.

이렇듯 의공의 죽음은 표면적으로 보면 수하인 두 사람에게 죄를 지었기 때문입니다. 그러나 조금만 더 생각해 보면 그가 욕심과 아집, 마음속에 유감을 남기지 않는 성향 때문에 죽었음을 알 수 있습니다. 무릇 자신이 가지려고 한 것은 반드시 손에 넣어야 하고 손에 넣지 못한 것은 다른 사람도 갖지 못하도록 하는 탐욕이 있었던 것입니다. 그는 지나치게 자기 생각만 했습니다. 공자 원은 이미 의공의 고질병을 말해 주었습니다. 하지만 마음속 깊숙이 숨겨진 고질병을 어찌 의공 자신이 분명하게 알 수 있었겠습니까? 《채근담》에는 이런 구절이 있습니다.

간장에 병이 들면 눈이 보이지 않게 되고,
신장에 병이 들면 귀가 들리지 않게 된다.
병은 남이 보지 못하는 곳에서 생기지만,
남들이 볼 수 있는 곳에서 드러난다.
그러므로 군자는 밝은 곳에서 죄를 얻지 않으려면,
먼저 어두운 곳에서 죄를 짓지 말아야 한다.
[肝受病, 則目不能視, 腎受病, 則耳不能聽.
病受於人所不見, 必發於人所共見.
故君子欲無得罪於昭昭, 先無得罪於冥冥.]

이를 자세히 음미해 봅시다. '남이 보지 못하는 곳[人所不見]'은 어디를 말하는 것이고, '남이 볼 수 있는 곳[人所共見]'은 또 어디를 말하는 것일까요? 나는 이 말이 소크라테스의 '자신의 무지를 알라.'고 한 명언에 대한 가장 좋은 주해라고 생각합니다. 이 구절의 대체적인 의미는 밖으로 드러난 행위에 문제가 생겼을 때 그 근원은 마음속 깊은 곳에 숨어 있으며 그것이 드러날 때에는 이미 문제는 걷잡을 수 없이 커진 후라는 이야기입니다. 예컨대 의공의 속마음은 그가 일련의 행위를 하기 전에는 아무도 알아채지 못했습니다. 그러나 누군가가 그것을 알아보았을 때는 이미 늦은 것입니다. 또 의공처럼 항상 자신의 잇속만을 챙기려는 사유 패러다임을 가진 사람들은 사람들로부터 원하는 것을 얻고자 할 때 자신이 정당치 못한 방법을 사용하고 있음을 결코 인식하지 못합니다. 강렬한 욕망에 이끌려 본능적으로 일련의 행위를 저지르는 것입니다. 그런 사람은 심지어 이런 잇속을 당연한 것으로 인식하고 자기 욕심을 차리는 행위를 자신의 인생 가치를 증명하기 위한 합당한 방식으로 생각하는 경향이 있습니다. 이 때문에 목적을 이루면 기뻐하고 목적을 이루지 못하면 낙담합니다. 이렇게 자신의 행위가 정상이라고 보기 때문에 다른 사람의 의견은 무시하고 또 자신에 대한 비판을 받아들이거나 반성하는 태도를 취하지 않는 것입니다. 요컨대 그런 사람은 자신의 마음속 깊은 곳에 있는 진실한 생각을 마주할 수 없습니다. 즉 자신의 사유 패러다임에서 벗어나, 오랫동안 자신을 지배해 온 사유 패러다임을 분명하게 평가하고 검토하지 못하는 것입니다. 그래서 '병은 남이 보지 못하는 곳에서 생기지만, 남들이 볼 수 있는 곳에서 드러난다.'고 말하는 것입니다.

"그러므로 군자는 밝은 곳에서 죄를 얻지 않으려면, 먼저 어두운 곳에서 죄를 짓지 말아야 한다[故君子欲無得罪於昭昭, 先無得罪於冥冥]."라는 문장에서 '밝은 곳昭昭'이란 사람들이 모두 보는 바를 의미하고, '어두운 곳冥冥'이란 사람들이 보지 못하는 곳을 말합니다. 소크라테스는 '너 자신을 알라.'는 말을 통해 자신의 무지를 깨달아야 한다고 말했고, 증자가 '오일삼성오신吾日三省吾身'하라고 말한 이유도 한 개인의 속에 있는 것은 다른 사람이 알 수 없고 자신조차도 분명하게 대면할 수 없기 때문입니다. 제 의공이 신복들의 손에 죽은 것처럼 역사상 여러 풍운아들이 성공 바로 직전에 실패했습니다. 우리는 그들의 고사를 보면서 속으로 기뻐하며 자신은 그들처럼 저급한 잘못을 저지를 리 없다고 생각할 것입니다. 만약 정말 이렇게 생각한다면 그것이야말로 지나치게 자신을 과신하는 것입니다. 이는 그들을 얕보기 때문이기도 하지만, 적어도 이런 생각 자체는 자신이 그들보다 더 뛰어나다는 점을 증명할 근거를 찾았기 때문일 텐데, 이것이야말로 자신을 모르고 자기 생각에만 빠져 있다는 명백한 증거가 아닐까요? 사람의 마음 깊은 곳에 있는 병의 근원은 정도가 다르거나 표현 방식은 다를지언정, 모두에게 똑같이 존재하는 것입니다. 어떻게 자신과는 상관없는 일이라고 경솔하게 말할 수 있겠습니까? 그러므로 먼저 어두운 곳에서 죄를 짓지 않는다는 '선무득죄어명명先無得罪於冥冥'은 사실 쉬운 일이 아니라 심각한 자성을 필요로 하는 일인 것입니다.

차마 드러내지 못한 마음속을 들여다보는 법

프로이트(Sigmund Freud, 1856~1939)는 20세기 위대한 사상가 중의 한 사람으로 현대 심리학의 시조입니다. 그는 젊어서 의식과 잠재의식을 구분하는 학설을 발표했습니다. 그는 사람의 심리 활동에는 충분하게 관찰할 수 있는 영역이 있는 반면 관찰할 수 없거나 관찰하기 아주 어려운 지점이 있음을 지적했습니다. 전자는 의식 범주에 속하고 후자는 잠재의식 혹은 무의식 범주에 속합니다. 평상시 우리들이 이성적이지 않다고 여기는 욕망이나 사회 규범에 반하는 충동은 항상 그 싹을 드러낼 때마다 곧바로 억압되어 점차 우리의 의식 속에서 소멸하고 잠식된다는 이론입니다.

프로이트는 잠재의식에 남아 있는 것들은 쉽게 관찰하기는 어렵지만 사람들의 성격에는 심각한 영향을 끼친다고 생각했습니다. 왜냐하면 그것은 마음속 깊은 곳에 자리 잡고 있는 가장 강력한 욕구를 반영하고, 의식적이든 무의식적이든 사람들의 행위 방식을 강하게 지배하기 때문입니다. 반면 개인의 잠재의식 안에 있는 욕망을 풀어놓으면 놓을수록 마음 깊은 곳의 억압은 점차 감소하게 되고 성격이 더욱 건강해진다고 했습니다. 바꾸어 말하면 한 개인의 잠재의식에 자리 잡은 욕망이 한 차례 좌절과 억압을 받게 되면 그의 성격은 쉽게 왜곡된다는 것입니다. 가장 극단적인 상황이 바로 인격 장애이고, 정신병입니다. 잠재의식에 자리 잡은 욕망은 자주 비정상적인 것, 즉 이성적이지 않거나 사회 규범에 부합하지 않는다고 여겨져 억압되기 때문에 사람들의 성격에는 어느 정도 건강하지 않은 요소가 있게 마련입니다.

프로이트가 정신병을 치료한 방법 중 하나는 환자가 꿈속에서 지난날 겪었던 일들을 말하게 한 후 환자의 마음을 억압하는 근원을 정확하게 인식하도록 도와주는 것이었습니다. 일단 환자의 속마음을 억압하던 것들이 사라지자 자연스럽게 건강이 회복되었습니다. 나는 프로이트가 제시한 것처럼, 사람들에게는 저마다 오랫동안 감히 직면하지 못하여 풀어지지 않은 응어리가 있을 수 있다고 생각합니다. 이러한 억압된 응어리들이 성격의 정상적인 발전을 해치고, 심신의 건강이 파괴되어도 자각하지 못하게 하는 것입니다. 만약 우리가 마음속에서 과거 감히 대면하지 못한 것들을 끄집어내어 의식적으로 그것을 직시하려고 노력하고, 나아가 이성적인 심리 상태로 그것을 대할 줄 알게 된다면, 훌륭한 자성의 방식을 경험한 것이라 할 수 있습니다. 오늘날 심리치료가 하나의 전문 분야가 되어 유행하는 것은 다 이유가 있다고 생각합니다. 이러한 현상은 프로이트 등이 개창한 현대 심리학의 기초 위에서 사람들이 자신의 내면을 인식할 수 있도록 도움을 주고 있습니다.

명대 유학자 여곤呂坤의 《신음어》에는 다음과 같은 말이 있습니다.

눈이 흐려져서 눈앞이 어른거릴 때는 무엇을 보아도 잘못 보게 되고,
귀에 병이 있어 귀울림이 있을 때는 무엇을 듣더라도 잘못 듣게 된다.
마음속에 어떤 사물에 대한 선입견이 있을 때는 무엇을 처리하든지
잘못 생각을 하게 된다.
이러한 까닭에 마음이라는 것을 비워두는 것이 중요하다.
[目中有花則視萬物皆妄見也, 耳中有聲則聽萬物皆妄聞也,
心中有物則處萬物皆妄意也, 是故此心貴虛.]

여곤(1536~1618)의 자는 숙간叔簡이고, 호는 심오心吾 또는 신오新吾이며 스스로를 포독거사抱獨居士로 불렀습니다. 명대 만력萬曆 연간 진

사進士가 되어 관직은 좌시랑左侍郎에 이르렀습니다. 《신음어》는 여곤이 수신하는 과정에서 체득한 내용을 기록한 책입니다. 이 책은 그의 30년간의 피와 땀의 결정체로 '아파 신음할 때마다 항상 고통 받는 바를 스스로 한스럽게 여겨 기록했다[病時呻吟, 輒志所苦以自恨].'는 말에서 유래했습니다. 이에 근거하면 이 사람은 자나 깨나 마음을 다스리는 것을 가장 중요한 일로 여겼고, 항상 자신을 살피고 반성하며 매일 느낀 소회를 기록하는 방식으로 자아를 분석했음을 알 수 있습니다.

위의 구절은, 우리 인간사에서 그릇된 판단이 계속되는 까닭은 마음속에 먼저 자리를 차지하고 있는 것이 방해하기 때문이라고 말하고 있습니다. 소위 목중지화目中有花, 이중지성耳中有聲, 심중유물心中有物은 다 '어두워[冥冥]' 사람이 보지 못하는 것에 속합니다. 그래서 마음이 비어 있지 않고 선입견으로 가득 차게 되면 자연히 자신의 문제를 정시할 수 없고, 나아가 마음속 병의 근원을 발견할 수 없다는 것입니다. 이런 관점은 프로이트의 무의식 학설과 같다고 할 수 있습니다. 즉 정신병자에게 자신의 무의식 세계에 쌓인 응어리를 해소하도록 유도하여 마음속의 망견妄見, 망문妄聞, 망의妄意를 제거하는 효과를 얻을 수 있다고 보는 것입니다. 동시에 프로이트는 정상인과 정신병자 사이에는 본질적인 구별이 존재하지 않는다고 보았습니다. 그의 이론에 따르면 사람들은 저마다 자신의 무의식 세계의 시달림을 받고 심리적 억압을 느껴, 이로 인하여 모두 망견, 망문, 망의가 있다는 것입니다. 이런 관점으로부터 우리 각자는 자신의 무의식 세계를 인식할 줄 알아야 하고 점진적으로 자신의 망견, 망문, 망의를 없애 나가면서 심리적 건강을 유지할 필요가 있는 것입니다.

유가의 '자성' 사상은 현실 생활 속에서 심리학이 맡은 역할과 매우 유사합니다. 오늘날 《대학》,《중용》,《논어》,《맹자》 등의 유가 경전과 《채근담》,《신음어》,《소창유기》,《증국번가서曾國藩家書》 등을 반복해서 읽다 보면 중국 고대의 수신 사상이 자신의 심리를 어떻게 분석하고 조절하는가를 이해하기 위한 학문이었음을 알 수 있습니다. 비록 고대 유학자들이 현대의 심리학 용어를 사용하고 있지는 않지만, 유가의 자성 학설은 개개인들이 스스로의 심리치료사가 되도록 가르치는 것이라 할 수 있습니다. 특히 증자나 맹자의 '자성'과 관련된 구절을 읽고, 《채근담》의 '야심인정독좌관심夜深人靜獨坐觀心'과 같은 구절을 읽을 때에는 자아를 인식하고 자아를 조정하며 자아를 분석하는 능력을 배양하는 것이 옛 선비들의 정신세계에서 얼마나 중요한 위치를 차지했는지를 알 수 있습니다. 우리들 스스로 자신의 심리치료사가 되는 것은 당연한 일이지 않겠습니까?

여러분 스스로 자신의 심리치료사가 되어 보십시오. 여러분 자신의 마음 깊은 곳에서 가장 심하게 아픔을 느끼는 것은 무엇인지, 지난 수년 동안 감히 직시하지 못한 기억은 무엇이고, 어떤 사건이 가장 참기 힘든 일이었는지를 생각해 보기 바랍니다. 혹은 관점을 바꾸어 무엇이 지금 가장 강력하게 자신을 지배하는 소망이고, 혹은 다른 사람들의 인정을 받지 못하는 바람인지 생각해 보십시오. 이러한 문제들에 대해 마음을 다해 생각하고 있는지, 나아가 이성적 태도로 이 문제를 대하고 근원을 찾아내어 정식으로 인정하고 받아들일 수 있는지를 생각해 보십시오. 이러한 자기 성찰은 진정으로 커다란 용기가 필요한 일입니다. 하지만 이렇게만 할 수 있다면, 우리의 마음은 한결 가뿐해질 것입니다.

아직 이를 때 마음은 더 맑다

프로이트 심리학에 따르면 인간의 잠재의식은 비록 숨겨져 드러나지 않지만, 바다 밑의 빙산처럼 거대하고 깊이를 추측하기 어렵습니다. 이 때문에 현실에 반영되어 드러난 문제에 대해 조금이라도 세심한 주의를 기울이지 않으면 그 배후에 있는 것들은 등한시하기 쉽습니다. 우리는 항상 문제가 심각해져야 뭔가 잘못되고 있음을 겨우 깨닫게 됩니다. 현실 생활에서 흐트러진 언행이 나타난다는 것은 정신세계의 심각한 문제를 반영하고 있음에도 불구하고 이를 인식하지 못하고 근본적인 원인이 무엇인지를 진지하게 고민하지 않는 것입니다. 또한 어떤 경우에는 자신의 정신세계에 문제가 있음을 발견하고서도 사안의 엄중함에 대한 인식이 결여되어 진지하게 문제를 직시하지 않기도 합니다. 또 사안의 엄중함을 확실히 인식했다고 하더라도 일이 바쁘다는 이유로 미뤄두거나 혹은 오랫동안 자성하는 습관이 몸에 배지 않아 결국 이러한 자각이 일순간 사라지고 더는 자성의 대상이 되지 않는 경우도 있습니다.

예를 들어 '투현질능妬賢嫉能'이란 현명한 사람을 시기하고 능력 있는 사람을 미워한다는 뜻의 말입니다. 사람들은 다 투현질능이 좋지 않다는 것을 알고 있습니다. 그러나 알고 있다고 해서 현실 생활에서 이로부터 자유로울 수는 없습니다. 우리가 정말로 누군가를 시기할 때에도 우리는 자신이 그러한 상태에 있다는 것을 인식하지 못하고, 오히려 '그 사람이 뭐가 그리 잘났어?'라고 생각할 수 있기 때문입니다. 여러분이 오랜만에 옛 동료들을 만났다고 가정해 봅시다. 그 자리에서 뜻밖에도 동료 중 하나가 큰 집을 샀다는 이야기를 들었습니다. 그 집이 여러분이 사는 집보다 훨씬 크다고 가정합시다. 아마도 여러분은 마음이 편치 않고 평정을 잃을 것입니다. 그것이 바로 질시인데도 알아채지 못할 것입니다. 그가 자신의 능력으로 집을 산 이상 무슨 질투할 것이 있겠습니까? 그러나 여러분은 인정하지 않을 것입니다. '내가 어디가 그보다 못한가? 무엇 때문에 그는 나보다 더 좋은 집에 살까?' 여러분은 아마 그가 이룬 성취를, 수단과 방법을 가리지 않고 오직 돈이라면 무슨 일이든지 한 결과라고 생각할 것입니다. 아마도 그의 사람됨에 이런저런 문제가 있다고 지적할 것입니다. 그런데 여러분이 생각하는 것처럼 그가 그렇게 엉망인 사람일까요? 설령 그런 분석에 근거가 있다고 해도 여러분은 아직 자신의 성격 문제를 인식하지 못하고 있습니다. 이것이야말로 여러분 심리 상태 전반의 문제인 것입니다.

　　이런 견지에서 역사상 수많은 간신들에 대해 생각해 봅시다. 우리들은 어릴 적부터 책이나 영화, 드라마를 보면서 이들 간신들이 어떻게 투현질능하여 좋은 사람들에게 해를 끼쳤는지를 이야기하며 멸시했을 것입니다. 사실 자세히 생각해 보면 우리와 이들 간신 사이에 정말로 본질적인 차이가 있을까라는 의문을 갖게 됩니다. 만약 우리에게 투현질능의 문제가 있다고 한다면 설령 차이가 좀 있다고 해도 본질적인 차이라고 할 수는 없습니다. 이런 가능성을 배제하지 않는다면, 우리가 간신배처럼 더러운 이름을 날리지 않는 이유는 아마 우리에게 간신배와 같은 능력이 없기 때문이고, 그래서 간신이 될 기회가 없었기 때문일 수도 있습니다. 그렇지 않을까요? 몇몇 사람들이 다소 돈을 벌거나 혹은 사업상 조금 성공했다고 자신의 본분을 망각하고 우쭐거리며 정신을 차리지 못한다고 해도, 그 성취는 역사상의 간신들에 비하면 매우 초라한 수준일 것입니다.

다른 예를 들어 봅시다. 여러분은 '문과즉희聞過則喜' 즉 자신의 결점을 지적해 주면 오히려 기뻐하는 미덕에 대해 들은 적이 있을 것입니다. 우리는 어려서부터 문과즉희 해야만 끊임없이 자신을 개선할 수 있다고 들어 왔습니다. 그런데 사실은 어떤가요? '문과' 즉 자신의 잘못을 지적받는 일은 아주 난감한 일입니다. 많은 경우 사람들은 비판을 받으면 자신의 잘못을 인정하기보다는 오히려 잘못을 지적하는 사람에게 문제가 있다고 의심하기 마련입니다. 아주 간단한 예로 부모의 잔소리를 들을 때 어떤 때는 부모가 생각이 너무 많아서라고 생각하고, 그 잔소리들 대부분이 전혀 필요 없는 것이라고 여길 수 있습니다. 또한 동료나 상사의 꾸지람을 들으면 기분이 심하게 상할 수도 있습니다. 뭔가 다른 꿍꿍이가 있고, 누군가가 배후에서 흉계를 꾸민다고 의심할 수도 있습니다. 혹은 상사가 한쪽 말만 듣고 소인배에 의해 오도되었다고 여길 수도 있습니다. 혹은 상사의 인품에 문제가 있어 사적으로 보복한다는 등의 의심을 할 수도 있습니다. 사실 평소에 자성하는 습관을 기르지 않았다면 다른 사람의 비평을 들어도 근본적으로 대수롭지 않게 여기게 될 것인데, 어떻게 '문과즉희'를 쉽게 이야기할 수 있겠습니까?

 이러한 사례들로 보면 진정으로 자성할 줄 아는 일은 결코 쉽지 않은 일임을 알 수 있습니다. 그래서 선인들이 '오경 잠자리에서 성체를 살핀다[從五更枕席上參勘性體]'(《채근담》)고 이야기한 것입니다. '성체性體'란 사람의 본성, 즉 심성 본래의 모습을 말합니다. '참감參勘'이란 일종의 진지한 자아반성입니다. 왜 오경(하룻밤을 다섯 단계로 나누었을 때 다섯째 부분, 새벽 3시~5시) 잠자리에서 이런 일을 해야 할까요? 선인들은 이때가 '아직 기가 움직이지 않고 정이 생기지 않았기[氣未動, 情未萌]' 때문이라고 이야기했습니다. 날이 밝으면 눈코 뜰 새 없이 바쁘고 마음이 조급할 텐데 언제 마음을 바로하고 자성할 수 있겠습니까? 설령 자성한다고 해도 기분의 영향을 받아 분별력이 떨어지고 판단착오를 일으키기 쉽습니다. 자성이 어려운 이유는 바로 이 때문이고, 그래서 고인들은 매일 세 번 반성하라고 했던 것입니다.

 현대 심리학에는 자아의식과 심리건강, 인격성장의 연관성에 관한 연구가 많아서 우리가 자성의 중요성을 인식하는 데 많은 도움이 됩니다. 현대 심리학에 따르면 자아의식은 개성의 중요 내용이고, 그것은 사람의 성격과 개성의 특징을 결정할 뿐만 아니라 사람들의 욕구, 흥미, 기호, 이상, 신념 등 개개인의 성향에 커다란 영향을 끼칩니다. 그래서 자아의식은 사람을 성공과 실패로 이끄는 방향계이고 나침반입니다. 적극적 자아의식은 정확하게 자신을 인식하고 관리할 수 있도록 도움을 주어 좌절과 실패에 부딪혔을 때에 적시에 자신을 조율하고 상처를 어루만져 마음의 어두운 그림자로부터 벗어날 수 있게 합니다. 반면 소극적 자아의식은 실패와 좌절에 부딪혔을 때 낙담하고 기가 죽어 자포자기 하게 합니다. 선인들이 자성을 이야기한 것은 실제로는 사람들이 스스로의 마음을 들여다보는 능력을 배양하는 데 도움을 주고자 한 것이었고, 자아의식과 자아조절, 자기 해방감을 느낄 수 있는 능력을 키우기 위함이었습니다. 이로써 현대 심리학이 제기한 이치가 유가의 자성 사상과 완전히 일치함을 이해했으리라 생각합니다.

한 걸음 물러서야 하늘이 보이기 시작한다

인도와 태국에 가면 어디서나 조그만 기둥에 가는 쇠사슬로 1,000킬로그램이 넘는 육중한 코끼리를 붙들어 맨 광경을 볼 수 있다. 코끼리 사육사들은 이들 코끼리를 어렸을 때부터 가는 쇠사슬로 묶어 어린 코끼리가 아무리 힘을 써도 벗어날 수 없게 만들었다. 이렇게 해서 이들 코끼리는 이 쇠사슬을 영원히 벗어날 수 없는 족쇄로 인식하게 되었고 이후 1,000킬로그램이 넘는 거구로 성장했을 때도 여전히 쇠사슬에 묶여 있게 된 것이다. 사실 이들 코끼리가 조금만 힘을 쓰면 바로 쇠사슬을 끊어 버릴 수 있을 것이지만 이를 생각조차 하지 못한다. 그래서 주인들은 코끼리가 쇠사슬을 벗어날 것이라는 걱정을 하지 않고 있다.*

이 이야기는 우리들에게 습관의 힘을 이야기하고 있습니다. 인간은 일단 어떤 사고에 익숙해지면 특별한 자극을 받지 않는 이상 보통은 그것을 바꾸려 하지 않습니다. 수신 방면에서도 이런 문제가 똑같이 존재합니다. 스스로에게 비교적 높은 기대치를 부여하여 부지런히 생각하고 자성하는 사람을 제외한다면, 대부분 어려서부터 양성된 사유 방식에 따라 생활하고 사람들을 대하게 됩니다. 설령 자신의 성격 혹은 사유 방식에 문제가 있음을 발견한다고 하더라도 꼭 그것을 고치려 하지 않습니다. 이를 고칠 생각이 있다고 해도 충분한 노력을 기울이지 않거나 일이 많다는 이유 등으로 큰 변화를 꾀하지 못하곤 합니다. 특히 성년이 된 이후 생활의 압박이 커지면 성격 수양에 시간을 내기가 더욱 어렵게 됩니다. 이렇게 자성이 충분히 이루어지지 않기 때문에 어려서부터 형성된 생각의 틀과 사유 방식에 한평생 머물게 되어 큰 변화를 꾀할 수 없는 상황이 만들어지는 것입니다. 이렇게 되면 어려서부터 형성된 사유 습관에 어떤 치명적인 문제가 있다고 해도 평생 그것을 분명하게 인식하지 못할 수도 있습니다. 자기 성격의 한계에 대해 스스로 돌파할 방법을 찾지 못하고 때때로 스스로 원망하며 탄식하거나, 자신의 운명을 탓할 뿐입니다. 성격의 한계를, 돌파할 수 있

---

* 황건, 〈장동도시〉, 2007년

는 존재로 인식하고 바로잡을 수 있는 대상이라고 생각하는 사람은 의외로 적습니다. 《채근담》에 이런 구절이 있습니다.

> 비둘기는 방울소리를 싫어하여 높이 날지만
> 날개를 접으면 방울소리는 절로 멈춤을 알지 못한다.
> 사람은 그림자를 싫어해 빨리 달리지만
> 그늘진 곳에 있으면 그림자가 절로 사라짐을 알지 못한다.
> [鴿惡鈴而高飛, 不知斂翼而鈴自息,
> 人惡影而疾走, 不知處陰而影自滅.]

매우 아름답고 이해하기 쉬운 이 구절은 사유의 급전환에 대해 말하고 있습니다. 우리가 평소 난센스 퀴즈를 풀 때처럼 '자성' 방면에서도 똑같은 사유의 전환이 필요합니다. 이는 우리에게 자아인식이 충분하지 않거나 혹은 성격상 결함으로 야기된 문제는 생각을 조금만 바꿔도 극복할 수 있는 대상임을 일깨워 줍니다. 스스로 사유의 고정관념을 바꿀 용기가 없기 때문에 평생 근심과 걱정에 사로잡히는 것입니다. 스스로 '한 걸음 물러서서 드넓은 바다와 하늘을 바라보자[退一步海闊天空].'고 말해 봅시다. '한 걸음 물러서는 것'이 바로 사유의 급전환입니다. 사유의 급전환을 거쳐야 비로소 더 높은 곳에 설 수 있고 더 멀리 볼 수 있게 되는 것입니다.

제4강

정성 定性,
고난 속에서도 나를 지키는 힘

知止而後有定.
머물 곳을 안 다음에 안정할 수 있다.
《대학》

번아웃 신드롬에 시달리는 시대

1961년 미국 작가 그레이엄 그린Graham Greene은 《번아웃 케이스A Burnout Case》라는 소설을 출간했습니다. 이 소설은 뛰어난 능력을 가진 한 건축가가 직업적인 성공을 뒤로하고 종국에는 아프리카 밀림으로 도피하는 이야기를 다루고 있습니다. 이 건축가는 사업적으로는 큰 성공을 거두었지만 일로 인한 정신적인 고통과 괴로움이 너무 커 결국에는 마음과 정신이 모두 고갈되어 어쩔 수 없이 자신이 이룬 모든 것을 버리고 떠났습니다. 1974년 미국의 정신분석학자인 프뤼덴 버그Freuden Berger는 처음으로 번아웃 신드롬Burnout Syndrome이라는 개념을 제시했습니다. 오늘날 심리학 전문 용어가 된 번아웃 신드롬은 때론 '신경쇠약'으로 일컬어지기도 하며, 무거운 업무 스트레스하에서 심신이 고갈되고 탈진된 느낌을 묘사하는 용어입니다. 직무탈진과 관련한 연구 범위는 서비스 업계에서 점차 교사, 엔지니어, 군인, 관리자 등으로 확대되어 미국과 유럽, 나아가 아시아 국가로까지 확산되고 있습니다.

　연구자들은 번아웃 신드롬을 '개인의 능력과 자원을 넘어서는 외부 세계의 과도한 요구에 대응할 수 없을 때 나타나는 생리, 정서, 감정, 행위 등의 방면에서 심신이 탈진되는 상태'로 간주하고, 다음 세 가지 방면에서 설명하고 있습니다.

① 의욕상실: 고갈의 개인적인 차원으로, 정서와 감정이 극도의 피로 상태에 처해 감정이 메마르고 일에 대한 열정을 완전히 상실한 상태를 나타낸다.
② 무관심: 고갈의 인간관계 차원으로, 소극적, 부정적, 무감각한 태도로 자기 주변 사람들을 대하고, 동정심은 말할 것도 없고 타인을 마치 생명이 없는 물건처럼 대하는 상태를 나타낸다.
③ 성취감 저하: 고갈의 자아 평가 차원으로, 자신이 하는 일의 의미나 가치에 대해 평가 절하하고, 자아효능감 self efficacy 을 상실하여 항상 일을 감당할 수 없다고 여기고 이로 인해 업무상 성취감을 느끼지 못하고 더 이상 노력하려 하지 않는 상태를 나타낸다.

　베이징 푸퉁普通 대학교의 쉬옌許燕 교수는 번아웃 신드롬을 이렇게 묘사했습니다.

번아웃 신드롬에 빠진 사람은 마치 물을 떠난 물고기처럼 질식의 고통을 겪는다. 그들은 자신의 지식이 다 소진되어 버린 것처럼 공허감을 느낀다. 그래서 더 이상 일이 자신에게 요구하는 것을 만족시킬 수 없다고 생각한다. 주의력을 집중하지 못하니 사고의 효율이 떨어지고 새로운 지식을 흡수하는 일에 적응하지 못한다. 개인 성취감이 떨어지면 자아효능감이 떨어지고 자아평가가 내려간다. 항상 맡은 일을 감당할 수 없다고 자신을 의심하며 스스로 무능하다고 느낀다. 실패를 두려워하여 위축되고, 이로 인해 집중력이 떨어지고 더 이상 노력을 하지 않고 소극적으로 태업을 하거나 결근을 한다. 이직의 경향이 심해지고 나아가 직업을 바꾼다. 조사에 따르면, 현대인이 번아웃 신드롬에 빠지는 시간은 갈수록 짧아지고 있다. 어떤 경우에는 일한 지 8개월이 지나면 업무에 싫증을 느끼기 시작한다. 또 1년 이상 일한 화이트칼라의 40퍼센트가 넘는 사람들이 직장을 옮길 생각을 한다고 한다. 번아웃 신드롬에 빠진 직장인들은 불면, 걱정, 초조함 등 생리상의 질병, 심리상의 부적응 및 행위상의 장애를 겪는다. 만약 적시에 처리하지 않으면 자신에게 예기치 못한 상해를 가져오게 될 것이다.

비록 중국에서는 번아웃 신드롬 문제가 20세기 말에 이르러 주목을 받고 있지만, 조사 결과는 전 세계에서 보편적으로 만연하고 있음을 보여 줍니다. 조사 대상자들 중 상당수의 사람들이 중간 정도의 직무탈진을 보여 주고 있고, 어떤 사람은 심각한 직무탈진에 시달리고 있으며, 또 여성이 남성보다 훨씬 두드러지게 괴로워한다는 것입니다. 그중 번아웃 신드롬이 비교적 높게 나타나는 직업군은 교사, 의료 종사자, 경찰, 언론 종사자 등입니다. 어떤 사람은 심지어 번아웃 신드롬이 21세기의 신종 유행병이 될 것이라고 예측하기도 했습니다. 이 외에도 관련 신문은 만성피로 증후군 역시 도시 신흥업종 종사자군에서 발병률이 비교적 높고, 과학기술, 언론, 광고, 공무원, 연예계, 운전기사 등 업종에서 발병률이 절반보다 높은 것으로 보도했습니다. 또한 대다수의 사무직이 아건강(亞健康, 특별한 질병은 없으면서 피로, 통증, 수면장애, 소화불량, 우울감 등의 만성적인 증상을 겪는 상태)에 처해 있다고 합니다.

도대체 무엇이 직무탈진을 날로 보편적이고 엄중하게 만들었을까요? 크리스티나 마슬랫Christina Maslach은 다음 여섯 가지 요소를 제시했습니다.

① 업무 하중과 강도, 시간에 대한 압박감과 업무의 복잡성
② 일상적인 업무에서 자아 통제력의 결핍
③ 낮은 급여를 받거나 자신이 원하지 않은 일을 어쩔 수 없이 하는 것
④ 조직과 인간관계에서의 냉담함
⑤ 공평함, 신뢰, 개방성, 존경의 결여
⑥ 회사나 조직이 자신의 핵심 가치에 부합되지 않은 일을 하게 하는 것

오늘날 우리들은 현대사회가 물질문화는 물론 정신문화에서도 고

대에 비해 훨씬 더 발전했다고 자랑스럽게 생각하는 경향이 있습니다. 그런데 막상 우리의 현실 상황을 돌아보면 현대인의 삶의 질이 반드시 옛날 사람들보다 낫다고 할 수 없어 보입니다.

나 자신에게서 소외되지 않기 위해

그럼 이제부터 옛날이야기를 하나 해 보겠습니다. 송나라 때 이학자로 유명했던 정이程頤는 친구인 장재張載로부터 편지 한 장을 받았습니다. 장재는 편지에 자신이 최근 수양을 하며 체험한 경험을 글로 써서 정이의 가르침을 청했습니다. 정이는 이 편지를 읽고 다음과 같이 답장을 썼습니다.

> 논한 바는 대체로 고심하고 있는 힘을 다한 모양은 있지만, 너그럽고 온후한 기상은 없습니다. …이치를 깨우쳤는지 여부를 알려면 마음 위에서 이를 살펴보아야 합니다.
> [所論大槪, 有苦心極力之象, 而無寬裕溫厚之氣. …欲知得與不得, 於心氣上驗之.]
>
> -《근사록》

이 구절의 대체적인 뜻은 이렇습니다. '그대가 쓴 내용은 비록 괜찮기는 하지만 글의 행간을 보니 그대가 이 글을 쓰기 위해 고심하고 심혈을 기울이느라, 정력이 고갈되고 심신이 초췌해진 것을 알 수 있습니다. 왜 이런 고생을 하시나요? 당신은 말끝마다 인성의 커다란 도리를 찾았다고 하지만 그대 자신이 이처럼 고생스럽게 살아가고 있는데, 어찌 이것이 자신과 남을 속이는 것이 아니겠습니까?'

정이의 이 말은 분명 큰일을 한다고 하면서도 현실에서의 생활은 그렇지 못한 사람들을 풍자하고 있습니다. 그는 양생의 각도에서 이런 수행 방식을 부정하고 있습니다.

여기서 '고심극력지상苦心極力之象'과 '관유온후지기寬裕溫厚之氣'는 선명한 대비를 이룹니다. 전자는 외재적 목표를 위해 눈앞의 현실을 희생하며 스스로를 고생스럽게 하는 것을 표현한 것이고, 반면 후자는 일을 할 때 넉넉한 여유를 갖고 마음을 활짝 열어 일 자체를 즐기는 모습을 표현한 것입니다. 정이는 또 자기 인생의 수양과 경지가 어떤지를 알고자 한다면, 그냥 자신의 심기를 점검하면 바로 알 수 있다고 말하고 있습니다.

여기서 '득得'은 처신의 측면에서 정말로 그런 느낌을 가졌는지를 묻는 것입니다. 예를 들어 신을 신어 보면 그것이 맞는지 아닌지를 금방 알 수 있습니다. 인생의 도리를 생각할 때도 마찬가지입니다. 만약 도리를 깨달은 후 마음이 충실하고 활력을 느끼며 전에 없던 희열과 홀가분함을 느낀다면 그것이 정말 깨달은 것이라는 뜻입니다. 그래서 '생각에 깨달음이 있으면 마음속에 기쁨이 넘쳐 마치 비가 온 듯한 흡족함이 있다[思慮有得, 中心悅豫, 沛然有裕].'고 설명하는 것입니다. 반면 인생의 도리를 생각하는 과정에서 몸과 마음이 지칠 대로 지치고 말로 다하기 어려운 고생을 해야 한다면 그것은 진정으로 생각이 깨인 것이 아니라 힘이 미치지 않은 일을 겨우 해낸 것으로, 자신과 남을 속이는 것일 뿐이라는 이야기입니다. 때문에 그는 장재에게 '마음을 차분히 가라앉히고 말없이 마음속을 헤아리며 꾸준하게 사색을 계속한다면 아마도 저절로 깨닫게 될 것이다[潛心黙識, 玩索久之, 庶幾自得].'라고 충고한 것입니다. 여기서 '완색玩索'은 반복적으로 음미한다는 뜻입니다.

《자치통감》의 저자 사마광司馬光은 당시 재상으로 정이와는 친분이 깊었습니다. 어느 날 정이는 사마광이 《자치통감》을 편찬하기 위해 매일 밤을 꼬박 새며 어떤 경우에는 밤새 불을 밝히며 깊은 생각에 잠겨 초조와 불안에 괴로워한다는 이야기를 들었습니다. 정이는 자신의 학생에게 사적인 자리에서 이렇게 말했다고 합니다.

"사마광, 이 사람은 그야말로 아주 비참한 인물이다. 어쩌면 세상을 그렇게 피곤하게 사는가! 세상을 사는 데 도대체 얼마나 정력이 넘치기에 그렇게 스스로를 소모하며 살아간단 말인가!"

정이가 보기에는 어떤 일에 종사하든지 넉넉하고 온화하며 태연자약한 마음 상태를 유지할 수 있어야 의미 있게 사는 것이었습니다. 바꾸어 말하면 일을 성취하기 위해 심신의 건강을 손상시키면 설령 더 큰 성취를 얻더라도 의미가 없다는 것입니다. 사람들이 신경쇠약이나 심신 피로에 시달리며 아침에 저녁을 장담하지 못하는 수준으로 힘든 삶을 살고 있다면, 이는 처음의 바람과는 어긋난 것이라는 이야기입니다. 옛사람들은 이를 '편집偏執'이라고 하고 반드시 '집착을 버리라[去執].'고 가르쳤습니다.

이를 오늘날 서양 철학의 '소외alienation' 개념을 빌어 설명해 보겠습니다. 소외란 인성과 대립하는 일에 종사하는 것을 가리킵니다. 이는 일의 목적이 좋지 않은 것을 말하는 것이 아니라, 생명의 실질을 희생하며 추구하는 일에는 가치가 없음을 말합니다. 정이가 비판한 것은 바로 이런 소외 혹은 편집적으로 일하는 태도였습니다. 이것이 바로 오늘날 화이트칼라 계층이 보편적으로 겪고 있는 현상이지 않겠습니까?

정이는 사람이 세상을 살 때는 언제 어디서든 가능한 한 의미가 있어야 한다고 보았습니다. 우리가 무엇을 배우고 무엇을 하든지 장래의 목표를 위해 현재를 희생해서는 안 된다는 것이 정이의 생각이었습니다. 오늘날 많은 사람들은 미래의 필요나 목표를 위해 매일 분투하며 눈앞에 있는 시간을 수단으로만 여기고 오늘의 괴로움은 더 나은 미래를 위한 희생이라고 말하곤 합니다. 그 결과 무수한 현재는 과거가 되고 우리는 계속해서 장래를 위해 눈앞의 현재를 희생하며 살아가고 있는 것입니다. 그리고 마지막에 가서는 늦게 되고, 그제야 자신이 미래를 위해 현재를 희생한 것이 얼마나 부질없는 일이었던가를 깨닫게 됩니다. 간신히 견디고 견뎌 생명의 끝자락에 이르러도 여전히 장래를 위해 눈앞의 현재를 희생하는 팔자를 벗어나지 못합니다. 물론 어떤 경우에는 다른 선택이 없어 부득이하게 현재를 희생해야 할 때도 있습니다. 하지만 사실상 상황은 꼭 그렇게 단순하지만은 않습니다. 만약 우리가 진정으로 생명의 소중함을 인식한다면 아무리 어쩔 수 없다고 해도 매 순간의 현재를 더 의미 있게 살아가려고 노력해야 합니다. 왜냐하면 사람의 생명은 바로 무수한 현재로 이루어진 것이기 때문입니다.

이따금 유명 인사들이 크게 성공해서 이름을 떨치고 백만장자가 되었는데도 뜻밖에 출가하여 여생을 보낸다는 이야기를 듣곤 합니다. 그 이유를 살펴보면, 그들은 속세의 각종 물욕이 덧없는 것이고 인생에서 추구한 것들이 결국에는 마음에 피로와 번뇌만 남긴다는 사실을 깨달았기 때문입니다. 그들은 만약 출가하지 않으면 겹겹이 쌓인 물욕에서 벗어나지 못할 것이라는 느낌을 받았을 것입니다. 이름을 날리고 돈을 버느라 몸과 마음이 지칠 대로 지쳐 심리적 에너지가 고갈되고, 심지어 요절하고야 마는 요즘의 엘리트들과 비교해 본다면 이들의 선택이 반드시 잘못되었다고는 말할 수 없을 것입니다.

기러기 지나가면 연못은 그림자를 붙들지 않는다

송대는 유학이 크게 발전한 시기입니다. 흔히 '북송오자北宋五子'라고 불리는 주돈이(周敦頤, 1017~1073), 장재張載, 정이, 정호程顥, 소옹(邵雍, 1011~1077) 등 다섯 명을 대표로 하는 학자들이 이 시기 도가와 불교 사상을 흡수하여 유가 사상을 새로운 단계로 발전시켰습니다. 그들은 심心, 성性, 이理, 기氣 등 중요 개념을 운용하여 유가 사상을 새롭게 설명하고 송·명 시기 지배적 지위를 점한 이학理學의 형성을 이끌었습니다. 이들 모두가 심성 수양을 특별히 중시했기 때문에 그 사상을 심성 유학이라고 부르기도 합니다. 이 다섯 사람은 동시대에 살았고, 그들 사이에는 적지 않은 학문상의 교류와 토론이 있었습니다. 당시 관중(關中, 지금의 섬서성) 지역의 대학자로 유학 방면에 조예가 깊었던 장재는 어느 날 정호에게 '정성定性'의 문제에 대해 가르침을 청했습니다. 장재가 제기한 문제는 정신없이 바쁜 와중에도 태연자약하고 흔들리지 않는 심성을 유지할 수 있는가에 대한 것이었습니다. 사람은 안정되었을 때는 심성이 어지럽혀지지 않지만 일단 일이 생겨 스트레스를 받게 되면 아주 쉽게 마음이 어수선해지기 마련입니다. 생활의 스트레스를 강력하게 받으면서도 여전히 마음에 안정과 여유를 가질 수만 있다면 진정으로 외물外物에 의해 피로해지지 않을 수 있게 되는데, 어떻게 이런 지점에 도달할 수 있는가가 바로 문제의 핵심이었습니다. 정호는 그의 문제 제기에 흥미를 느껴 특별히 글 하나를 써서 보내 주었습니다. 훗날 이 문장이 송·명 이학사에 널리 전파된 《정성서定性書》가 되었습니다. 정호가 어떻게 장재에게 답장을 했는지를 소개하고자 합니다.

정호는 외물로 인해 피로하지 않기 위한 관건은 삶의 경지를 한 단계 높여 마음(도량, 포부, 기개)을 활짝 트이게 하는 것(도량을 넓히는 것)이라고 생각했습니다. 만약 마음에 품은 뜻이 커서 족히 모든 사물을 받아들일 수 있다면 자연히 '정역정靜亦定, 동역정動亦定'할 수 있다고 여겼습니다. 그는 일상생활에서 뜻밖의 일을 당하면 곧 마음이 어지러워지는 까닭은 인생에 너무 많은 미련을 품기 때문이라고 생각했습니다. 그리고 이들 미련이 우리와 외부 세계를 구분하고 심지어 대립시켜 타인의 눈과 평가에 너무 민감하게 만들고, 늘 외계의 반응에 따라 마음이 파동을 치도록 만든다는 것이었습니다. 그래서 좌절과 실패를 겪으면 곧바로 마음이 붕괴된다고 설명했습니다. 이는 심리 수용 능력이 떨어질 때 아주 잘 드러납니다. 무언가를 얻으려 할 때 마음은 그것을 얻을지 못 얻을지에 매달리게 됩니다. 또 이름을 날리고 싶을 때 이름을 얻을지 못 얻을지에 매달리게 되고, 급하게 일을 이루고자 할 때 마음은 효율의 유혹에 빠지게 됩니다. 이런 상황이라면 우리의 심리 수용 능력은 떨어지지 않겠습니까? 한번 생각해 봅시다. 만약 우리가 정말 개인의 이해득실에서 벗어날 수 있다면 마음이 외부의 제약을 받겠습니까? 의식상의 문제를 해결하지 못하여 마음이 옹색해지고 인생의 미련이 생긴다면, 문제가 생겼을 때 아무리 '정성定性'을 하려 해도 영원히 소망을 이룰 수 없을 것입니다. 이를 진정으로 해결하는 길은, 일이 생겼을 때마다 부랴부랴 서두르는 데 있는 것이 아니라 그 근원부터 손을 써서 의식의 문제를 해결하는 데 있는 것입니다. 이렇게 하려면 각종 명리를 중요하게 생각하지 않고, 미련의 속박에서 벗어나 자신과 외부 세계를 진정으로 하나로 융합해야 하는 것입니다. 그래서 정호는 이렇게 이야기했습니다.

천지의 상도는
그 마음이 만물에 두루 미치게 하여 사심이 없는 것이며,
성인의 상도는
그 정이 만물에 순응하여 사사로운 정이 없는 것이다.

[天地之常, 以其心普萬物而無心,
聖人之常, 以其情順萬物而無情.]

-《정성서》

이 구절은 우리들에게 사사로운 정이 생길 때는 그 정을 잊고, 사사로운 마음이 생길 때는 무심하라고 타이릅니다. 무슨 뜻일까요? 우리는 비록 '유심有心'하고 '유정有情'한 존재이지만 여기에 제약을 받아서는 안 된다는 것입니다. 이를 이르러 '세상을 벗어난 마음[出世之心]으로 세상에 얽매인 일[入世之事]을 한다'고 하는 것입니다. 이렇게 해야 정情은 비로소 침착함을 간직할 수 있고, 마음心은 외물 때문에 피로하지 않게 되는 것입니다. 만약 유심과 무심 사이를 넘나들 수 있고, 유정과 무정 사이에서 유유자적할 수 있다면 허둥대지 않아도 만족함이 있고, 힘들이지 않고도 여유롭게 일을 처리할 수 있을 것입니다. 이렇게 되어야 최고의 경지에 이르렀고 수양의 공부가 진정 완숙해졌다고 말할 수 있는 것입니다.

성긴 대숲에 바람이 불어오되
바람이 지나가면 대숲은 소리를 머금지 아니하고,
차가운 연못 위로 기러기 날아가되
기러기 지나가면 연못은 그림자를 붙들지 않는다.
그와 같이 군자는
일이 생기면 비로소 마음이 일고,

◉ 제4강_정성定性, 고난 속에서도 나를 지키는 힘

일이 끝나면 마음도 따라서 빈다.
[風來疎竹, 風過而竹不留聲.

雁度寒潭, 雁去而潭不留影.

故君子, 事來而心始現, 事去而心隨空.]

-《채근담》

이는 정호의 정성 사상에 대한 가장 뛰어난 해석이라 할 수 있습니다. 이 얼마나 고상한 인생의 경지입니까!

이제 다시 한 번 심리적으로 쇠약해진 현대인에 대해 살펴봅시다. 요즘 대부분의 현대인들은 자신의 가치 전부를 공성명취功成名就, 즉 공을 세워 이름을 떨치는 일에 기탁합니다. 그 결과 언젠가 좌절을 겪게 되거나 혹은 어려움이 눈앞에 다가오면 전에 없던 커다란 심리적 압박을 느끼게 됩니다. 만약 일에서의 성취 외에 인생을 걸만 한 다른 무언가를 찾지 못한 채, 어느 날 그 포부를 실현할 방법이 더 이상 없다고 느끼게 되면 곧 풀이 죽고 기가 꺾여 정신은 붕괴하게 됩니다. 이는 많은 현대인들이 정신적으로 기탁하는 것이 다른 많은 어떤 것이 아니라 단지 한 가지 즉, 공명에 있음을 설명합니다. 이것이 분명 현대인의 천박함과 범속함을 드러내는 것입니다. 그리고 이런 천박함과 범속함은 전통의 상실로 인해 영혼 전반에 공허함을 야기했습니다. 옛사람들은 이런 정신 상태를 '편집偏執' 탓으로 돌렸습니다. 정호의 '정성定性' 사상으로 이해하면 용심用心과 용정用情의 과도함으로 인해 오히려 인정과 물욕의 제약을 받은 것입니다. 여러분은 아마 현대인의 심리 쇠약의 객관적 원인에 대해 100여 가지 이상의 이유를 댈 수 있을 것입니다. 하지만 더 근본적으로 이야기하면, 문화가 타락하지 않고 수신 지혜를 상실하지 않았더라면 현대인의 심리 쇠약 현상은 크게 줄어들었을 것이라 예상할 수 있을 것입니다.

공자는 "군자는 마음이 평탄하여 넓디넓고[君子坦蕩蕩], 소인은 오래도록 근심만 한다[小人長戚戚]."《논어》〈술이〉고 말했습니다. 우리가 오래도록 근심만 하는 까닭은 마음에 떨쳐 버리지 못하는 것이 너무 많기 때문은 아닐까요? '공평무사하여 만물을 그대로 받아들여 따른다[廓然而大公, 物來而順應].'《정성서》는 것은 확실히 보통 사람이 할 수 있는 경지는 아닙니다. 여러분은 아마 "우리가 성인은 아닌데 어떻게 공평무사할 수 있겠는가?"라고 말할 수 있습니다. 절대 이런 오해를 하지 않기를 바랍니다. 정호가 말한 '대공大公'은 능히 편협한 자아를 외물보다 앞세우지 않고 사물의 마땅한 도리에 따라야 함을 가리킵니다. 이렇게 하면 마음의 경계가 넓어져 수많은 번뇌가 사라지고, 정서 또한 더 이상 쉽사리 영향을 받지 않음을 경험한다는 것입니다. 이렇게 해야 지난 1,000여 년 동안 수많은 사대부들이 인생의 이상으로 추구했던 '불이물희不以物喜, 불이기비不以己悲'*의 경지, 즉 외부의 일 때문에 기뻐하지도 않으며 자기 때문에 슬퍼하지도 않는 경지에 이를 수 있다는 것입니다.

---

* 송대 범중엄의 《악양루기》

◉ 제4강_정성定性, 고난 속에서도 나를 지키는 힘

선비의 경지

역사상 진정으로 큰일을 이룬 사람은 반드시 '성정性定'을 한 사람임을 역사는 증명합니다.

커다란 공업과 큰 계획은
항상 여유롭고 안정된 사람에게서 나오므로
꼭 바쁘게 살려 하지 마라.
행복한 징조와 커다란 복은
너그럽고 넉넉한 집안에 모여드는데
어찌 남에게 각박하게 대할 것인가!
[大烈鴻猷, 常出悠閒鎭定之士, 不必忙忙.
休徵景福, 多集寬洪長厚之家, 何須瑣瑣!]

-《채근담》

'열烈'은 공업이고, '홍鴻'은 크다는 뜻이며 '유猷'는 계획, 모략이라는 뜻입니다. 제갈량의 융중대가 바로 홍유이고, 등소평의 개혁개방 사상도 홍유라 할 수 있습니다. '휴休'는 즐겁고 행복하다는 뜻이고, '징徵'은 징조, '경景'은 크다는 뜻입니다. '휴징休徵'은 즐거운 징조이고, '경복'은 커다란 복이라는 뜻입니다. 인생에서 큰 성취를 이룬 사람은 우리처럼 온종일 눈코 뜰 새 없이 바쁜 일을 처리하느라 지친 사람이 아니라 여유 있고 한가하게 사는 사람이라는 것입니다. 진정으로 복을 받을 사람은 도량이 넓고 소박하고 너그러운 사람이지 금전적 이익을 시시콜콜 따지는 사람이 아니라는 것입니다. 이 구절은 우리에게 삶의 경지가 높고 낮음에 따라 그 사람이 이룰 성취와 받게 될 복의 크기가 결정된다고 이야기하고 있습니다. 이는 마치 진정한 싸움의 고수는 손수 칼을 휘두르며 싸움터에 나가거나 활솜씨가 뛰어난 사람이 아닌 것과 같습니다. 우리는 제갈량이 지략에 뛰어났다는 것을 다 알고 있지만 언제 그가 친히 칼을 휘두르며 적들과 싸웠습니까? 제갈량은 일찍이 관우, 장비를 '1만 명을 대적할 사람'이라고 했고, 그들의 무공은 제갈량보다 훨씬 셌습니다. 하지만 무공이 관우와 장비보다 100배나 낮은 사람이 그들을 지휘하여 100만 정병과 1,000만 인구를 가진 적국의 간담을 서늘하게 했습니다. 모택동의 군사적 지휘 능력에 대해 우리는 탄복하지만, 언제 그가 직접 총을 들고 적군과 싸웠습니까? '장막 안에서 책략을 세워 천리 밖의 승부를 결정한다'는 것은 일대일로 싸워서 이기는 재능이 아니라 뛰어난 책략, 천재적인 식견과 넓은 포부가 있어야 가능한 것입니다.

동진東晉의 재상 사안(謝安, 320~385)의 됨됨이와 품격은 '대열홍유大烈鴻猷, 상출유한진정지사常出悠閑鎭定之士, 불필망망不必忙忙'이라는 구절을 가장 잘 이해할 수 있게 해 줍니다. 사안은 동진 시기 진군(陳郡, 지금 하남 태강) 사람으로 처음 왕도王導 등 조정의 중신들이 그의 능력을 높이 사 여러 차례 관직에 불렀으나 완곡하게 거절한 사람입니다. 그는 일찍이 회계의 동산東山에 여러 해 동안 은거하며 벗인 지도림支道林, 왕희지王羲之, 허순許詢, 손작孫綽, 이충李充 등의 명사들과 자연을 벗 삼아 시문을 즐기며 성정을 도야했습니다. 그는 일찍이 대서예가 왕희지와 야성治城에 오르며 "여유롭고 편안한 마음으로 세상에 높은 뜻이 있음을 생각한다[悠然遐想有高世之志]."는 글을 지었다고 전해지고 있습니다. 사안이 입조하여 관리가 된 것은 40여 세였습니다. 사안은 관리가 된 후 환온桓溫의 왕위 찬탈을 저지하였고 유명한 비수淝水의 전투를 지휘했습니다. 비수지전은 그의 이름을 천고에 남긴 전투입니다. 383년 북방을 통일한 전진前秦의 부견符堅은 10만 대군을 이끌고 맹렬한 기세로 남하하여 일거에 남방을 평정하고 천하를 통일하고자 했습니다. 사안은 이 위급한 상황에서 명을 받고 8만 정병을 파견하여 적을 막게 했습니다. 하지만 사안은 군대를 파견만 하고 친히 전선으로 나가 군사들을 독려하지 않고 가족과 친구를 데리고 건강성建康城에서 20리 떨어진 동산에서 바둑을 두고 있었습니다. 마침내 전선의 첩보가 전해졌을 때 그는 첩보를 슬쩍 옆에 놔두고 계속 바둑을 두었습니다. 그러자 주위 사람들이 참지 못하고 물었습니다. "지금 전방의 전투는 도대체 어떻게 되고 있습니까?" 사안은 가볍게 "애들이 이겼나 봅니다."라고 말하고는 계속해서 바둑을 두었다고 합니다. 만약 여러분이 이 전쟁의 총지휘관이라면 어떻게 행동했을지를 생각해 보십시오. 여러분은 분명 이 전쟁이 생사존망의 대전임을 알고 있습니다. 일단 패전하여 나라가 망하면 신세를 망치고 심지어는 목이 달아날 것입니다. 단지 이 점만 생각해도 간담이 떨리고 혼비백산하기에 충분합니다. 만약 이 전쟁을 여러분이 지휘한다고 가정하면 심각한 표정으로 뒷짐을 지고 긴장된 걸음걸이로 왔다 갔다 하며 전방의 소식을 알아보려 계속해서 전쟁터에 사람을 보내 소식을 물을 텐데, 어찌 한가롭게 바둑을 둘 생각을 할 수 있겠습니까? 그러기에 옛사람은 아래의 시로 사안을 칭송했습니다.

40년 동산 높은 곳에 머물며
한 자루의 대나무로 부견을 무찔렀네.
지금 돈대 위에 소슬하게 비가 내리니
마치 당시 어찌 했는지를 노래하는 듯하네.
[高臥東山四十年, 一堂絲竹敗苻堅.
至今墩下瀟瀟雨, 猶唱當時奈何許.]

옛사람들은 어떻게 이렇게 대범하게 초탈할 수 있었고, 생사존망의 역사적 전환점에서도 침착하고 냉정할 수 있었을까요? 그들은 일의 성취를 추구하는 동시에 그 성취 바깥으로 벗어날 수 있었기 때문입니다. 그들은 눈앞에 던져진 사유의 틀에서 벗어나 문제의 바깥으로 나갈 수 있었습니다. 보통 사람들이 마음속에 갖고 있는 문제는 옛 영웅호걸들의 마음에서는 아무 문제가 되지 않았던 것입니다. 중국 역사에는 이 방면의 전형들이 매우 많습니다. 예를 들면 우리가 잘 아는 장량(張良, ?~기원전 186)이 그렇습니다. 그의 책략은 한 고조 유방이 항우의 초나라를 물리치고 한나라를 건립하는 데 결정적인 역할을 했습니다. 장량은 원래 한韓나라의 공자로 젊은 시절 진시황 암살을 시도했으나 성공하지 못하고 이후 숨어 지내다 적송자赤松子를 만나 깨우침을 얻었습니다. 적송자는 도인이었습니다. 적송자의 영향으로 그는 유방을 도와 공을 이루고 천하에 이름을 날릴 수 있었습니다. 하지만 그는 이후 논공행상에서 높은 관록을 거절하고 물러나 서한 조정의 모든 정치투쟁에서 벗어날 수 있었고, 그래서 한신과 같은 살신지화의 비극을 겪지 않고 명철보신할 수 있었던 것입니다. 《노자》, 《장자》를 읽은 사람들은 대체로 도가가 명리名利를 쫓지 않고 공성신퇴(功成身退, 공을 이루었으면 몸은 후퇴한다는 뜻으로, 성공을 이루고도 그 공을 자랑하지 않음)를 주장한다는 것을 알 것입니다. 이는 그들이 맹목적으로 탈속을 추구하기 때문이 아니라, 눈앞의 이익과 개인의 욕망에 쉽게 사로잡혀 자신을 이익과 욕망의 노예로 만들고, 결국에는 분명 눈코 뜰 새 없이 바빠져 심신이 고갈될 것임을 알았기 때문입니다. 눈앞의 이익을 위해 심신을 학대하는 것은 도가가 보기에 한 치 앞을 보지 못하는 행위였습니다. 그렇기 때문에 도가는 사람들이 상상하는 것처럼 그렇게 근거 없이 탈속을 추구하지 않았습니다. 오히려 역사적으로 보면 도가의 인물 중 세상에 뛰어든 사람이 많았습니다. 단지 그들은 세상에 뛰어들었어도 일 밖으로 나와야 한다고 주장했습니다. 이를 통해 비로소 대범하게 자유로운 생활을 누릴 수 있었고, 느긋하고 침착하게 큰일을 할 수 있었던 것입니다. 사실 도가가 명리를 가볍게 여기고 탈속하는 것은 그들이 일반인보다 한 발 앞서 이런 이치를 간파했기 때문입니다. 하지만 몇몇 사람들은 도가의 탈속 사상을 업신여기고 실제 생활에서 자기가 만든 수많은 마음의 함정을 보지도 생각하지도 않고 있다는 사실을 전혀 알지 못합니다. 그러다 결국 진흙 구덩이에 빠진 나귀처럼 한평생 뒹굴다 스스로 헤어나지 못하는 것입니다. 그런 사람들이 정말 도가의 탈속 사상을 조소할 자격이 있는 걸까요?

여기서 다시 처음의 이야기로 돌아가 보면 우리는 확실히 너무 바쁘고 자질구레한 일에 얽매여 살고 있다는 사실을 알 수 있습니다. 우리는 아주 사소한 일로 사람들과 다투고 조그만 이익 때문에 온갖 수를 다 짜내곤 합니다. 우리들은 자신의 영욕에 대해 항상 염려하며 이를 떨쳐버리지 못합니다. 조금이라도 억울한 일을 당하면 격분하여 제정신을 잃고 노기충천합니다. 어떤 경우 사람들과 갈등하고 관계를 원만하게 맺지 못하는 것 또한 허영심이 너무 강하기 때문일 수 있습니다. 한편으로 우리는 평범한 것을 달가워하지 않고 마음은 늘 하늘보다 높은 곳에 붕 떠 있습니다. 하지만 다른 한편으로 우리의 속은 좁고 편협하여 경망스럽기까지 합니다. 중요한 일을 할 경우 우리는 쉽게 마음의 통제를 잃곤 합니다. 우리는 옛사람의 경지에 이르렀을까요? '유한진정지사悠閑鎭定之士'는 그렇게 쉽게 될 수 있는 것이 아닙니다. 이를 위해서는 자신의 성격상의 약점을 깊이 이해해서 처신과 처세에 있어 자유자재로 거둬들이기도 하고 놓기도 하며 여유롭게 인생의 항로를 이끌어가는 힘이 필요합니다.

멈출 때를 안다는 것

옛사람과 비교해서 현대인은 인생수양 방면에서 특히 굳건한 신념이 결핍된 듯합니다. 《대학》에는 '멈춤을 안 이후에 정함이 있다[知止以後有定].'라는 명구가 있습니다. 이에 따르면 현대인의 큰 문제 중 하나가 '멈춤을 알지 못하는 것[不知止]'이라고 말할 수 있습니다. 이는 욕망에는 그침이 없고, 그런 이유로 마음이 항상 편안하지 못한 상태를 이르는 말입니다. 사람의 마음이 안분安分을 알지 못하면 설령 명리 방면에서 커다란 성취가 있다고 해도 여전히 지족知足할 줄 모르게 됩니다. 욕망이 큰데 인생이 뜻대로 이루어지지 않으면 심리적 압박도 자연히 커질 것입니다. 남녀 관계를 통해 이를 이야기해 봅시다.

80년대 내가 대학에 다닐 때는 서양 문화를 극도로 숭상하던 시기였습니다. 남녀 관계에서도 이런 것들이 표출되었습니다. 다 알고 있는 것처럼 서양 사람들은 남녀 관계에서 자유롭고 개방적이어서 서로를 구속하지 않습니다. 당시 중국 사회 전체에는 서양의 생활 방식을 배우자는 조류가 널리 퍼져 있었습니다. 그런데 흥미로운 점은 후에 내가 미국에 갔을 때 알게 된 것인데, 일상생활에서 미국인들은 우리 젊은이들처럼 성에 대해 호기심과 충동으로 충만하지 않았습니다. 이를 발견하고는 크게 놀랐습니다. 비록 미국의 이혼율이 높다고 하지만, 나는 이것이 그들의 생활 방식에 대한 이해와 관련이 있는 것이지 우리가 생각하는 것처럼 성에 대한 호기심과 충동에서 비롯된 것이 아니라는 생각을 하게 되었습니다. 그런데 이런 행위 방식을 중국에서는 욕망의 해방이라는 각도에서 받아들였고, 모든 의미가 변해 버렸습니다.

전에 한 미국인 교수를 만나 상당히 진지한 이야기를 나눈 적이 있습니다. 그는 부인과 결혼한 지 수십 년이 되었고 두 아이를 키우고 있었습니다. 그 오랜 시간 중에 그와 부인 사이에는 갈등과 충돌이 아주 심할 때가 있었다고 합니다. 그런데 신앙의 문제 때문에 그는 어떤 상황에서도 이혼을 고려할 수가 없었습니다. 그가 믿는 종교가 애초에 이혼을 금지했기 때문입니다. 이렇게 다른 선택을 할 수 없게 된 이상 현실에 적응하는 것이 그의 유일한 출구였습니다. 그는 어쩔 수 없이 자신을 바꾸기로 결정하고, 강력한 의지로 인내하고 적응하며 상대에 관심을 갖기 시작했습니다. 그는 이것이 정말 커다란 고통의 과정이었고 매우 어려운 일이었음을 강조했습니다. 자신의 성질대로 이혼할 수 없었기 때문에 부득불 괴롭지만 자신을 변화시키기로 결심한 것이었습니다. 과정은 비록 고통스러웠지만 결국 지금은 그 고통 속에서 성장하고, 삶에 대한 책임을 인식하게 되었으며, 생명의 가치에 대한 이해도 훨씬 높아지게 되었다고 이야기했습니다. 이 단계를 지난 지금 그는 아주 행복하다고 말했습니다. 이 교수는 신앙의 힘으로 부부관계에서 '어디서 멈추어야 하는지'를 알게 되었던 것입니다. 이것이 바로 그의 성공 비결은 아니었을까요?

이 교수와의 진실한 대화로 인해 나는 오늘날 수많은 남녀 사이에 일어나는 감정 문제의 근원이 어디에 있는지에 대해 다시 한 번 생각하게 되었습니다. 혹 그것은 인생의 욕망을 추구하는 과정에서 어디서 멈추어야 하는지를 알지 못하는 것과 관련된 것은 아닐까요? 이런 생각이 수많은 남녀의 감정 문제에 얼마나 엄중한 결과를 초래하는지를 직시한 사람이 있을까요? 현실에는 쌍방이 성숙하지 못한 상태에서 맺어진 잘못된 결혼이 존재합니다. 적절하지 않은 욕망으로 인해 서로 상처를 주는 일도 얼마든지 있습니다. 이기심, 욕심, 허영으로 인해 부부 사이에 갈등이 일어나는 경우도 있습니다. 우리는 번지르르한 논리들로 자신의 몇몇 행위를 변명할 수는 있습니다. 그러나 생활은 어디까지나 냉정한 법이어서 그때마다 자신의 무지 때문에 대가를 치러야 합니다. 한 개인이 이성 관계에서 어떤 방식을 택할지는 전적으로 자신에게 달려 있습니다. 언뜻 상식을 벗어난 듯이 보이는 행위들도 도덕적 잣대만으로는 평가할 수 없습니다. 그렇다고 해서 이것이 각자가 자신의 감정을 합당하게 처리할 줄 알고 있다는 것을 의미하지는 않습니다. 더욱이 개개인들 모두가 이성관계를 수신과 양성養性의 학문으로 대하고, 이것이 지속적인 행복을 가져온다는 것을 이해한다는 것은 더욱 아닙니다. 그러나 오늘날 남녀 관계와 혼인에 대한 사람들의 태도가 극도의 혼란에 처해 있고, 우리의 내면세계가 일시적인 감각만을 추구하고 있다는 것을 반드시 인정해야 할 것 같습니다. '멈추고 난 이후에야 정함이 있다[知止以後有定].' 문제는 생활 속에서 어떻게 정확하고 합당하게 자신의 위치를 결정해야 하는지를 모르는 데 있는 것은 아닐까요?

복잡한 생활에서 마음을 흐트러뜨리지 않으려면

나는 시간이 나면 인터넷 바둑을 즐기곤 합니다. 처음에는 가벼운 오락 정도로 시작한 바둑이지만, 일단 두기 시작하면 상대와 승부를 다투느라 그 속에 빠져들어 오랜 시간 동안 헤어 나오지 못하곤 합니다. 처음에는 느긋하게 시작했던 오락이 시간을 허비하는 피로전으로 변해 버린 것입니다. 이 외에도 바둑을 둘 때 한 가지 특징이 있는데 사람들과 승부를 겨루는 것을 좋아한다는 점입니다. 상대가 바둑돌을 놓으면 나는 지체 없이 반격을 하고, 어떤 때에는 상대가 바둑돌을 놓자마자 곧바로 손을 씁니다. 그러다 결국 마음을 통제하지 못하고 오히려 상대에 코가 꿰어 끌려 다니곤 합니다. 후에 대마(大馬, 많은 점으로 넓게 자리를 잡은 말)가 잡히기라도 해서 물러달라고 요청해도 상대가 한사코 물러주지 않으면 정말 후회막급할 따름입니다. 이렇게 해서는 바둑을 오래 두어도 실력이 향상되지 않는다는 것을 결국 깨닫고, 고수가 되려면 상대에 끌려 다녀서는 안 되고, 나아가 바둑을 가벼운 오락으로만 여기고 심신의 건강을 훼손하는 중독으로 변하게 해서는 안 된다는 점을 생각하게 되었습니다. 그래서 나는 다음 몇 가지 원칙을 세웠습니다.

첫째, 급하게 돌을 놓지 않고 반드시 먼저 상대의 의도와 다음 수를 알아본다.

둘째, 돌을 놓기 전에 먼저 전체 국면을 생각한다.

셋째, 돌을 놓기 전에 다음 수가 부분과 전체 국면에 초래하는 영향을 생각한다.

이 몇 가지 원칙을 따랐다면 아마 이기는 경우가 많았을 것입니다. 가장 큰 문제는 이 세 가지 원칙을 엄격하게 따르는 것을 스스로 보증

할 수 없다는 데 있었습니다. 오래된 습관을 바꾸고 새로운 습관을 세우다는 것은 매우 어려운 일이었습니다. 그래서 나는 자신에게 또 다른 원칙을 부여했습니다. 마음이 심란하거나 머리가 복잡할 때는 바둑을 두지 않는다는 것이었습니다. 어떤 경우에도 승부를 위해서는 바둑을 두지 않고, 바둑을 둘 때 심신을 유쾌하게 하려고 노력했습니다. 반드시 한가하고 편안한 기분으로 바둑을 두고 그것을 즐기려고 하면서 정력과 시간을 소모하는 피로전은 갖은 방법으로 피하고, 일단 이런 경향이 나타나면 즉시 바둑을 그만두었습니다. 만약 이렇게 할 수 없다면 바둑을 두지 않고 정신이 소모되는 것을 피했습니다. 결국 나는 바둑을 두는 일이 자제력을 기르는 과정임을 깨닫게 되었습니다. 바둑을 두면서 자제력을 기를 수 있다면 다른 방면에서도 자제력이 키워질 것입니다. 이 뿐만 아니라 평소에 지나치게 승부에 연연하여 심신 건강을 해치는 피로전으로만 변하지 않게 할 수 있다면, 바둑은 확실히 성정을 배양하고 함양하고 도야할 수 있는 오락이라는 것을 깨닫게 되었습니다.

바둑이 양생 활동으로 변할 수 있는 것처럼 평소의 일상적인 일을 포함한 많은 활동들이 양생 활동으로 변할 수 있습니다. 유감스러운 것은 현대인은 문화적 타락 때문에 일찍부터 실리적 필요에 따라 활동의 가치를 이해하는 데 익숙해져 있어, 모든 활동을 어떤 실리적 목표를 달성하는 수단으로만 여긴다는 것입니다. 《채근담》의 사상에 따르면 '나의 진기를 평온하게 하는 것[寧吾眞體]'뿐만 아니라, '나의 원기를 길러야[養吾圓機]' 합니다. 무슨 뜻일까요? '진체眞體'란 우리의 진실한 본성을 뜻합니다. 소란스러운 가운데서도 평온함을 찾을 수 있게 되면 그 평온함 속에서 자신의 본성을 파악할 수 있는데, 이것을 바로 '영오진체寧吾眞體'라 합니다. 단 영오진체만 있다고 해서 충분한 것이 아닙니다. 영오진체의 최종 목표는 현실로 돌아가 현실 생활에서도 원활하게 자신을 파악하는 것입니다. 어디까지나 우리는 심산유곡에서 세상과 떨어져 사는 도사들처럼 전적으로 현실 생활로부터 도피할 수는 없습니다. 어떻게 현실 생활 속에서 자신의 심성을 배양하는 법을 배울 것인가가 바로 양오원기養吾圓機의 문제인 것입니다. '원기圓機'란 서로 다른 환경과 일에 맞추어 자신을 조정하고 자신의 심성이 흐트러지지 않게 하는 능력을 갖추는 것을 가리킵니다. '원圓'은 둥글고 원만하다는 뜻으로 원활하게 융통성이 있다는 뜻이고, '기機'는 임기응변의 능력을 말합니다. 영오진체가 소란스러움에서 고요함을 취하는 것이라면 양오원기는 각자 복잡한 사정에 맞추어 마음을 다스리고 성격을 단련함으로써 다른 환경에서도 스스로 적응할 수 있는 능력을 배양하여 심성이 흐트러지지 않게 하는 것입니다. 주희, 왕양명 등이 말한 '재사상마在事上磨' 즉, 일을 하는 와중에 갈고 닦는다는 말은 양오원기와 같은 뜻입니다. 그것이 추구하는 이상은 피안이나 탈속이 아닌 이 세상, 속세로 돌아와 세속의 압박과 일, 그리고 예측하지 못한 일에 직접 대면하면서도 '발이개중절發而皆中節' 즉 희로애락이 생겨도 다 절도가 있게 되고, 점차적으로 '종심소욕從心所欲, 불유구不逾矩' 즉 마음이 하고자 하는 대로 해도 정도를 넘지 않는 것입니다.

바둑을 통해 자신의 성격을 고치는 일은 전형적인 재사상마의 과정입니다. 만약 바둑을 두면서 자신을 잘 파악하고 절제할 수 있다면 다른 일에서도 자제력이 커지는 것을 알게 될 것입니다. 이처럼 우리가 생활에서 경험하는 갖가지 상황에서 마음을 바로잡고 태연자약한 태도를 간직할 수 있다면 그것이 바로 양오원기이고, 또 공자가 말한 '종심소욕, 불유구'에 근접하는 일일 것입니다.

인생의 네 가지 덫

젊은 시절 중국 전통에 대한 기본 소양은 갖추지 못한 채 자부심이 강했던 나는 고전이라면 무조건 무시했던 때가 있었습니다. 훗날 나이가 들면서 삶의 좌절도 겪고, 인정세태人情世態의 쓴맛, 단맛을 맛보면서 비로소 고전에 의탁하고자 하는 마음이 생겼습니다. 그러던 중 한 고서에서 재財, 색色, 명名, 위位 네 가지는 예나 지금이나 이를 꿰뚫어 보는 사람이 아주 적다는 글을 보게 되었습니다. 세상을 둘러보면 가지각색의 사람들이 있는데, 뛰어난 사람이든 미미한 사람이든 이 네 글자의 마수에서 거의 벗어나지 못한다는 것이었습니다. 결론적으로 이 네 글자는 사람들 대부분이 일생 동안 번뇌하는 근원이라는 것이었습니다. 당시 나는 이 말에 승복할 수 없었습니다. 그리고 나 자신에게 의미가 있는 여러 욕망을 생각하며 이 네 가지 외에 또 다른 가치가 있지 않을까 하는 생각을 거듭했습니다. 하지만 결국 나의 욕망은 이 네 범주를 벗어나지 않음을 깨닫게 되었습니다. 이는 나 자신을 상당히 놀라게 했습니다. 지금 여러분도 자신의 욕망에 대해 한 번 분석해 보시기 바랍니다.

먼저 '재財', 즉 재산을 살펴봅시다. 오늘날 흔히 이야기되는 연봉, 부수입, 사업 소득, 주식, 펀드, 부동산 등은 모두 재산을 얻기 위한 것입니다. 세상에서 재물을 구하지 않는 사람은 거의 없을 것입니다. 이른바 《사기》에 나오는 '사람은 재물 때문에 죽고, 새는 먹을 것 때문에 죽는다.'는 것이 딱 맞는 말인 것이죠. 이 '재'라는 글자에 우리가 얼마나 많은 심혈을 쏟아 부었습니까?

다음은 '색色'입니다. 이는 넓게 남녀관계 혹은 감정 문제로 이해해도 좋습니다. 남자든 여자든 아마도 평생 동안 회피할 수 없는 문제가 애정 문제일 것입니다. 많은 사람들에게 있어 이런 감정 문제는 연애, 결혼과 관련되어 있고, 나아가 성욕의 문제로까지 이어집니다. 오늘날 우리 사회의 이혼율은 아주 높습니다. 그리고 수많은 사람들이 감정 문제로 괴로워하고 있고, 특히 젊은이들에게 커다란 문제가 되었습니다. 사춘기를 지나 청춘의 시기를 보내면서 우리는 사랑, 성, 감정, 결혼 등으로 인해 얼마나 골치 아파하고 괴로워하고는 했습니까? 우리는 성장하면서 어떻게 이성을 대하고 연애를 하며 사랑으로 가득한 생활을 할 것인지에 대해 배우지 못했습니다. 부모님이나 선생님들은 이 문제에 대해 유익한 깨우침을 주지 않았고, 이로 인해 우리는 이성을 상대하는 과정에서 많은 오류를 범하고 우여곡절을 겪게 된 것입니다. 동시에 이 과정에서 자신의 성격적 결함이 드러나 상대에게 상처를 주기도 하고 결국 자신도 상처를 받게 되었습니다.

세 번째 욕망은 '명名'입니다. 여기서 '명'은 결코 미디어에서 말하는 '유명 인사'에 국한되는 것만은 아닙니다. 명이란 유명해지고 싶어 하는 모든 심리를 포괄하는 개념입니다. 예를 들면 자기 고향에서 유명해지거나, 친구나 동료, 사장 앞에서 면이 좀 서고, 업계에서 이름을 날리는 등 명예를 추구하는 행위를 말합니다. 또 다른 예를 들면, 일부러 강한 척하고, 항상 체면을 차리고, 사람들 앞에서 웃음거리가 되는 것을 두려워하고, 사사건건 다른 사람들과 비교하면서 자신이 더 낫다고 주장하는 것들도 '이름'에 연연하는 심리이며, '명'과 관계가 있습니다. 여러분들도 성공하여 유명해지는 것을 항상 꿈꾸지 않습니까? 우리 모두는 한평생 능력을 맘껏 발휘하여 화려하게 성공하기를 희망합니다. 사실 우리의 잠재의식 속에 명리를 추구하는 마음이 어느 정도는 있지 않겠습니까? 당연히 명성이나 이름을 추구하지 않는 사람들도 있을 수 있습니다. 하지만 그렇다고 하더라도 다른 사람들의 마음 속에 자신의 이름이 어떻게 비춰지는지를 전혀 개의치 않는다고는 할 수 없을 것입니다.

네 번째는 '위位'입니다. 직위, 지위, 신분 등이 모두 '위'에 해당합니다. 직위의 문제는 동시에 명리名利와 관련되어 있습니다. 혹은 지위를 추구하는 것은 대부분 명예나 이익, 나아가 색 방면에서 유리한 위치를 구하기 위한 것입니다. 때문에 이 항목은 앞의 세 가지 항목에 부속되는 것으로 볼 수 있습니다. 하지만 '위'가 명, 리, 색을 달성하기 위해 매우 중요한 역할을 하기 때문에 이것을 독립 항목으로 여길 수 있다는 것이죠.

한번 물어봅시다. 여러분 인생의 최대 욕망은 재, 색, 명, 위 이 네 글자의 범주를 넘어서고 있습니까? 이들이 여러분의 인생에서 추구하는 대부분은 아닌가요? 우리들 모두 이들을 부지런히 추구했기 때문에 그것이 인생을 번뇌하게 하는 주요 원천이 된 것입니다. 현실 생활에서 어느 누가 이 네 가지를 거절할 수 있다고 말할 수 있겠습니까? 유가는 정情과 색色을 거부하라고 주장하지 않고 나아가 명리를 부정하지도 않습니다. 다만 사람들에게 적절하게 대응하는 방법을 배워야 한다고 주장하고 있습니다. 왜냐하면 이들 욕망을 잘 다루지 못하면 결국 자신을 상하게 하기 때문입니다. 식물처럼 사람도 먹고 마시지 않고는 살 수 없습니다. 그렇다고 이것이 폭음하고 폭식하는 것과 같다고 할 수는 없습니다. 같은 이치로 우리들 자신도 아마 재, 색, 명, 위 이 네 가지를 거부할 수는 없을 것입니다. 다만 이런 욕구를 어떻게 적절하게 잘 처리하느냐에 따라 불필요한 정신적인 고뇌와 심리 문제를 피할 수 있는 것입니다.

영욕에 놀라지 않고
한가로이 저 뜰 앞에 꽃이 피고 지는 것을 본다.
가고 머무름에 마음을 두지 않고
무심히 하늘을 떠도는 구름을 바라본다.
[寵辱不驚, 閒看庭前花開花落,
去留無意, 漫隨天外雲卷雲舒.]

-《소창유기》

마음이 이런 경지에 도달하면 희로애락이 다른 사람에 의해 바뀔 리 없고, 다른 사람이 자신을 좋아하든 그렇지 않든, 어떤 영욕을 마주하든 마음의 평정이 무너질 리 없다는 뜻입니다. 이는 재색명리를 마치 창밖의 화초를 보는 것처럼 한가롭고 여유롭게 대할 수 있기 때문입니다. 인생에서 이런 경지에 도달할 수 있다면 자연히 긴장과 초조함으로 괴로워하지 않을 것입니다. 어떤 풍파가 발생하더라도 여유롭고 담담한 마음으로 대면할 수 있는 것이죠. 이로부터 우리는 고대 유학자들이 최종적으로 무엇에 관심을 가지고 있었는지를 알 수 있습니다.

오늘날 중국의 무신앙 문제에 관한 담론이 종종 회자되는 경우가 있습니다. 많은 사람들은 신앙의 상실이 중국인의 정신 세계의 커다란 문제라고 생각합니다. 이 문제에 대해 유가에서는 신앙이란 우리의 생명 밖에 있는 사람이 땅 위에 어떤 것을 세우고 신앙의 대상이 되는 것을 가리키는 것이 아니라는 입장을 가지고 있습니다. 오히려 유가는 지금의 생활에 맞추어 자신의 심신의 상태와 심리적 체득, 특히 생명의 의미에 대해 체험하는 것이 신앙이라고 해석합니다. 신앙을 외재화하고 객관화하는 것은 신앙에 대한 중국 문화 고유의 특성이 아닙니다. 만약 여러분이 한사코 인생의 궁극적인 이상이 무엇인지를 묻는다면《소창유기》의 위의 구절이 인생의 최종 목표에 대한 중국식 입장을 대표하는 것이고, 인생에서 최고로 여기는 이상에 대한 이해라고 말하고 싶습니다. 그것은 일종의 초탈, 즉 소탈한 생활 방식을 추구하며 명리를 중시하지 않는 인생의 경지이며, 정신의 무한한 자유와 행복한 인생을 체험하는 과정인 것입니다. 이로 보건데 현대인이 앓는 번뇌와 정신질환은 인위적인 것이며 인생의 수양과 경지가 충분이 이루어지지 않은 탓이라 할 수 있습니다.

　나는 이전에 한 일본 기업가의 강좌를 들은 적이 있었습니다. 그는 강연에서 주로 자신의 참선 경험을 회고했습니다. 그는 우연한 기회에 참선을 체험하고, 그로부터 생명의 기적이 시작되었다고 말했습니다. 그는 처음 선방에 들어갈 때부터 전혀 다른 세계로 들어가는 느낌을 받았다고 합니다. 이 특별한 분위기로 인해 인생의 번뇌를 잊고, 마치 온몸의 먼지가 떨어져나간 것처럼 가뿐해지며, 무한한 고요함과 평온함 속에서 생명의 자유를 체험했다고 합니다. 그는 참선을 통해 세속 생활의 비속함을 인식하고, 전에 없던 가뿐함과 희열을 느낀 것입니다. 그는 참선한 지 7일째 되던 날 태어난 후 처음으로 대지 위를 걷고 있는 자신의 발걸음 소리가 낭랑하게 울려 퍼지는 소리를 들었는데, 그 소리는 마치 대지의 또 다른 쪽에서 흘러나오는 듯했다고 말했습니다. 그는 여태껏 당시처럼 맑은 정신으로 생활한 적이 없었고, 또 생명의 행복과 의미를 느껴본 적이 없었음을 깨닫게 되었습니다. 이는 정말 생명의 재탄생이었습니다. 이로부터 그는 매월 며칠간 시간을 내 선방에 가 참선을 했는데, 어떤 경우에는 일주일간 참선을 했다고 합니다. 이 강좌는 나에게 커다란 자극을 주었습니다. 당연히 우리는 세외도원을 찾아 1년 내내 선방에 머무를 수는 없습니다. 다만 여기서 중요한 점은 참선의 경험이 왜 이 기업가에게 거대한 변화를 불러 일으켰을까 하는 데 있습니다. 평소 물욕과 일에 빠져 안정된 마음으로 자신을 찬찬히 돌아볼 시간과 마음의 여유가 없기 때문에 환경을 바꾸고 나서야 냉정하게 자신을 직면하고 초탈할 수 있었던 것이 아닐까요? 단지 선방에 앉아 참선하는 것만으로 자신을 바꾸기는 어려울 것입니다. 아무튼 현실 생활로 돌아와야 하고, 기업을 경영하려면 부득불 계속해서 현실적인 문제를 대면해야 하기 때문입니다. 이를 진정으로 해결할 수 있는 방법은 인생에 대한 식견을 높이고 '재사상마'하는 노력에 달려 있다고 할 수 있을 것입니다. 만약 여러분이 선방에 들어가 '영오진체'했다면, 현실 생활로 돌아와서는 '양오원기'하는 것이 반드시 필요할 것입니다.

제5강

치심 治心,
자신을 살펴 하늘의 기운을 얻는 힘

學問之道無他,
求其放心而已矣.
학문의 길이란 다른 것이 아니라,
그 잃어버린 마음을 찾는 것일 뿐이다.
《맹자》〈고자〉

성공을 위해 자유를 포기하는 사람들

통계에 따르면 심장동맥질환 사망률이 최근 10년간 급격하게 상승하고 있다고 합니다. 과거에는 돌연사를 야기하는 질병이 노년층의 전매특허였지만, 지금은 청년층에까지 만연하고 있습니다. 최근에는 청장년층을 대상으로 대사 증후군이 유행하고 있다고들 합니다. 야근이 잦은 회사원, 휴식할 시간이 없고 불규칙한 식사에 길들여진 미디어 종사자, 오랜 시간 운전하느라 비만에 노출된 운전기사 등 이 분야의 종사자들이 누적된 피로, 충동적인 감정, 전해질 교란, 과도한 긴장 등으로 고혈압, 고지혈증 등 대사 증후군에 시달리고 있습니다. 전문가들은 현재 적지 않은 청장년층이 장기간에 걸친 불규칙한 생활과 커다란 심리적 스트레스, 심장, 간, 신장 등 인체 주요기관의 지속적인 기능 장애로 인해 죽음에 이를 수 있다고 경고하고 있습니다.

현대인들이 이처럼 커다란 심리적 스트레스를 느끼는 이유는 무엇일까요? 이는 외부 환경, 특히 사회적 풍조뿐만 아니라 심리 소양과 관련이 있다고 할 수 있습니다. 몸만 피로한 것이 아니라 마음의 피로는 훨씬 심각합니다.

    과로로 인해 돌연사하는 현상을 이해하도록 도와주는 것이 바로 오늘날 유행하는 '슈퍼맨 증후군'입니다. 슈퍼맨 증후군은 각 업종에서 특출한 성취를 이룬 엘리트들이 정신적으로 심각한 괴로움을 겪는 것을 가리키는 말입니다. 엘리트병이라고도 할 수 있는 이 증후군은 아마도 두 단어로 개괄할 수 있을 것입니다. 즉 '피곤한 마음'이 그것입니다. 엘리트는 표면적으로는 자신의 영역에서 잘나가는 사람으로 뭇 사람들의 선망과 추종을 받는 자리에 있는 사람들입니다. 하지만 실제 그들의 정신 상태를 살펴보면 보통 사람들이 상상하기 힘든 거대한 스트레스를 받고 있으며, 심리적으로는 장기간 아건강 상태에 처해 있음을 알 수 있습니다. 남에게 뒤지지 않으려는 심리가 마치 전갈처럼 매 순간 엘리트들의 정신을 물어뜯고 그들의 심신을 고달프게 하는 것입니다. 엘리트들은 통상 강한 책임감을 갖고 있고 진지하고 성실하게 일을 하며 다른 사람을 위해 자신을 기꺼이 내어주는 것과 같은 인상을 가지고 있습니다. 하지만 사람들이 보통 주목하지 못하는 것이 있습니다. 엘리트들이 내세우는 책임감이란 사실 항상 남보다 앞서려고 하는 마음과 자신의 사회적 지위와 대중적 이미지를 지나치게 중시하는 태도와 관련이 있습니다. 아래의 몇 구절은 신문보도에서 발췌한 내용으로, 엘리트들의 심리를 잘 묘사하는 글입니다.

◉ 제5강_치심治心, 자신을 살펴 하늘의 기운을 얻는 힘

• 언제나 훌륭하게, 최상의 태도를 유지하라. 이것이 엘리트가 취해야 할 자세이다. 커다란 사회적 관심도는 일종의 추동력이면서도 압력이다. 많은 엘리트들의 특수한 사명은 항상 다른 사람보다 뛰어나야 한다는 것이다. 다른 사람은 잘못할 수 있어도 엘리트는 그래서는 안 되고, 다른 사람은 병이 날 수 있어도 엘리트는 병이 나서는 안 된다. 이렇게 버티다 결국에는 끊어지고 만다. 많은 엘리트들이 보기에 사회에는 무형의 손과 보이지 않는 잣대가 있어 그들을 채찍질하며 평가한다. 어떤 지위에 있더라도 그에 맞는 스트레스와 초조함이 있기 마련이다. 놓으려 하지도 않고 기준을 낮추려고도 하지 않는다. 결국 마지막으로 자신을 고통 속으로 이끈다. 이는 엘리트의 고통이다. 다만 다른 것이 있다면 어떤 사람은 고통 속에서 무감각해지고, 어떤 사람은 고통 속에서 미쳐 버린다는 것이다.*

오늘을 사는 현대인들에게 있어 삶의 조건은 갈수록 나아지고 있고, 하는 일도 점점 다양해지고 있습니다. 하지만 우리의 마음이 어떤 것에 의해 주재되는지를 잠시라도 살펴보게 되면 왜 우리가 정신적으로나 육체적으로 그렇게 많은 문제를 갖게 되었는지를 알게 될 것입니다. 이제는 정신 차려야 할 때입니다!

능히 부귀를 가벼이 여기어도

---

* 중국 주간지 〈남방주말〉의 2005년 기사

부귀를 가벼이 여기는 그 마음까지 가벼이 여기진 못하고,
명예와 의로움을 중히 여겨도
또한 명예와 의로움을 중히 여기는 그 마음까지 중히 여기진 못한다.
[能輕富貴, 不能輕一輕富貴之心.
能重名義, 又復重一重名義之念.]

《채근담》의 이 구절은 사람의 승부욕을 분석한 말입니다. 사람은 얼핏 돈과 지위에 대해 전혀 개의치 않고 의기와 명예를 중시하는 듯이 보일 수 있습니다. 하지만 그 기저에 숨은 욕망까지 완벽하게 조절하기는 어렵다는 이야기입니다. 이는 사람의 마음에서 가장 미묘하고 복잡한 것이고 또 스스로 자각하고 없애기가 쉽지 않은 심리입니다.
《명심보감》에는 이런 구절이 있습니다.

마음이 편안하면 누추한 집도 평온하고
정서가 안정되면 나물국도 향기롭다.
세상의 일이란 고요한 가운데 바야흐로 드러나고
사람의 정이란 담백한 가운데 비로소 자라난다.
[心安茅屋穩, 性定菜羹香.
世事靜方見, 人情淡始長.]

마음이 불안하면 '평온한[穩]' 감각이 있을 리 없습니다. 욕망이 너무 크면 옛 선비들처럼 안빈낙도하며 나물의 뿌리를 씹으면서도 감칠

맛을 느끼는 생활을 할 수 없습니다. '성정채갱향性定菜羹香', 즉 정서가 불안정하면 당연히 나물국의 향기를 맡을 수 없습니다. '세사정방견世事靜方見, 인정담시장人情淡始長.' 이는 진정으로 안정된 마음으로 살펴야 인생살이의 오묘함을 깨달을 수 있다는 말입니다. 우리는 이렇게 묻지 않을 수 없습니다. 기계의 부품처럼 시대의 수레바퀴에 따라 이리저리 굴러다니며 눈코 뜰 새 없이 바쁘다는 이유로 멍한 상태에서 일생을 보내는 것이 과연 바른 삶인가? 또 마음의 평정도 없고 자아를 상실한 삶을 현대화가 우리들에게 가져다 준 위대한 성과라고 할 수 있는가? 오늘날 우리는 오직 금전적 이익만을 생각하고 안빈낙도는 생각하지 못하며, 오직 업적을 남겨 이름을 날리는 것만 생각하고 세상에 이름이 나지 않으면서도 묵묵히 살아가는 삶은 생각하지 못하고 있습니다. 돈과 명예가 없다고 해서 잘살지 못하는 것은 아닌데도, 돈과 명예가 없으면 잘못 살고 있다고 생각합니다. 그래서 우리는 평범한 자연의 뜻을 오랫동안 음미하고 소박하며 조용하게 체득할 수 없었던 것입니다.

저의 한 친구가 한국에서 생활하다 돌아와 한국의 기업에 관한 이야기를 한 적이 있습니다. 그는 한국의 기업은 내부 서열이 엄격하고 연공 서열을 중시하여 일반적인 대학 졸업생은 다 남보다 먼저 출근하면서 자신의 입지를 다진다는 것이었습니다. 동시에 그는 한국 기업의 내부 관리가 질서정연하고 효율이 높다고 이야기했습니다. 그는 한국의 대기업은 일반적으로 직원을 해고하지는 않지만 이것이 직장 생활에 부담이 없다는 것과는 다르다고 했습니다. 직원들은 회사를 집과 같이 소중히 여기지 않으면 직장 생활 하기가 쉽지 않다는 것이었습니다. 때문에 분명 아홉 시 출근이 회사 규정이지만, 대다수의 사람들은 여덟 시가 되면 다 출근을 하고, 퇴근 시간도 여섯 시지만 통상적인 경우에는 하던 일을 다 마쳐야만 집으로 돌아간다는 것이었습니다. 이는 자발적으로 '자유'를 포기한 현상으로 서양 사람들은 이해할 수 없는 일입니다.

이와 비교하면 중국은 개혁개방 이래로 지식인들의 창업 열풍이 불어 하나같이 모두 직장을 옮기거나 회사를 차려 사장이 되려고만 했습니다. 이 때문에 평생 한 기업에서 일하는 사람이 적었습니다. 사람들마다 다른 사람 밑에서 일하는 것을 원하지 않았기 때문에 새로 설립된 상당히 많은 회사들이 선순환 상태에 진입하기도 전에 일찌감치 도산하고 말았습니다. 또 '주식 합작제' 기업도 오랫동안 합작을 지속하지 못하고 해산하여 각자의 길로 나아갔습니다. 또 다른 중국 특유의 현상은 시장경제 경험이 오래되지 않아, 무엇이 합당한 비즈니스 규범인지를 알지 못한다는 것입니다. 남에게 사기를 치는 행위가 보편화되고, 돈이 많으면 자랑스럽게 여겨 서로 다투고, 반면 도의에 부합하는 것을 영예로 생각하지 않게 되고 말았습니다. 누군가가 이를 이렇게 설명했습니다. 중국은 장기간 자본주의 경제를 '끝없이 탐욕을 부리며 돈에 눈이 멀어 염치라고는 하나도 없는' 그림으로 묘사했습니다. 이 때문에, 어느 날 중국이 자본주의 시스템을 도입했을 때 사람들은 자연스럽게 끝없이 탐욕을 부리며 돈에 눈이 멀어 염치라고는 하나도 없고 의리를 분별하지 못하는 행위를 당연하게 생각하게 되었습니다. 나아가 상인, 기업가도 직업의 신성함과 개인의 존엄이 필요하다는 사실을 알지 못한 것입니다. 이렇게 사람들이 돈만을 쫓아다니느라 경쟁이 갈수록 격렬해지고 심지어 너 죽고 나 살자고 덤벼드는데, 이런 상황에서 심리적 스트레스가 어찌 크지 않겠습니까? 만약 우리가 이러한 자본주의에 대한 단편적 시각을 바꾸기만 하면 자본주의가 비교적 성숙한 사회에서는 똑같은 경쟁 환경에서라도 심리적 스트레스가 우리보다는 훨씬 적다는 사실을 발견할 수 있을 것입니다.

유가에서 말하는 수신의 학문은 원래 명리, 즉 돈과 명예를 거절하라고 하지 않았습니다. 대신에 돈과 명예에 대해 정확하게 대면하여 분별심을 갖도록 요구했습니다. 공자는 "음식과 남녀의 정은 인간의 가장 큰 욕정이니 삼가야 한다[飮食男女, 人之大慾存焉]."《예기》〈예운〉라고 했고, 또 "군자는 자신이 죽은 이후에 이름이 불려지지 않을까 걱정한다[君子疾沒世而名不稱焉]."《논어》〈위령공〉라고 했습니다. 맹자 또한 사람들이 이利를 구하는 것은 정상적인 것이라 생각했습니다. 단지 '둘을 다 가질 수 없을 때[二者不可得兼]' 의와 이 사이에서 선택을 해야 한다고 주장했습니다. 많은 사람들이 송·명 이래의 유가들이 주장한 '존천리存天理, 멸인욕滅人欲'이 일체의 정상적인 생리적 욕망을 버리라는 문장이라고 잘못 이해하고 있는데, 이는 완전히 오해입니다. 글을 읽어 보면 그들이 애초에 그런 뜻으로 한 말이 아님을 금방 알 수 있습니다. 구체적으로 말하면 이 글은 '인욕'이란 정상 한도를 넘어서는 욕망 혹은 자신만의 이익을 생각하는 것으로 한정지어 정의내린 것입니다. 예를 들어 송대 학자 사량좌謝良佐는 《맹자》에 나온 '어린아이가 우물에 빠지려고 한다[孺子將入於井].'는 구절을 인용하여 무엇이 천리이고 무엇이 인욕인지를 설명했습니다.

> 한 사람이 길을 가다 한 아이가 우물에 빠지려는 것을 보고 곧 아이를 구했는데, 만약 그가 이렇게 한 것이 양심의 자연스런 발로였다고 한다면 이는 천리이다. 만약 아이의 부모 형제로부터 환심을 사기 위한 것이거나 타인의 호감을 얻기 위해 혹은 아이를 구하지 않았다는 오명을 쓰지 않기 위해 한 행동이라면 그것이 바로 인욕이다.
> ―《상채어록上蔡語錄》

주희는 일찍이 음식을 예로 들어 무엇이 '존천리存天理, 멸인욕滅人欲'인지를 설명했습니다. 그는 '먹고 마시는 일은 천리이지만 맛있는 음식을 찾는 것은 인욕이다[飲食者, 天理也. 要求美味, 人欲也].'(《주자전서》)라고 말했습니다. 이에 따르면 공자가 말한 '칠십이 되어 마음이 하고 싶은 대로 하여도 법도를 어기지 않는다[七十而從心所欲, 不踰矩].'(《논어》〈위정〉)는 말은 결코 공자 자신이 욕망이 없었다는 것이 아니라 오랜 기간 수련을 거쳐 욕망이 발현되어도 모두 절도가 있었다는 '발이개중절發而皆中節'의 단계에 도달했음을 말하는 것입니다.

몸을 너무 바쁘게 하는 것은 좋지 않지만
한가로울 때 바쁜 일이 생기면

또한 게으름이 생기는 것을 방지할 수 있다.
마음을 놓아서는 안 되지만
가다듬은 후 놓으면
또한 순수한 본성을 격발할 수 있다.
[身不宜忙, 而忙於閑暇之時, 亦可儆惕情氣.
心不可放, 而放於收攝之後, 亦可鼓暢天機.]

　　이 구절도 《채근담》에 나오는 말입니다. 이는 몸의 바쁨과 한가함, 마음에 품는 것과 놓는 것의 관계 문제를 어떻게 처리할 것인지에 대한 설명입니다. 명리를 위해 몸을 희생하고 정신을 소모하느니 마음을 고요히 하고 자신이 진정 좋아하는 일을 하는 것이 낫고, 다른 사람의 눈에 비친 이미지와 지위를 위해 온갖 정력을 쏟아 몸과 마음이 지칠 대로 지치는 것보다는 몸 이외의 것은 버리고 안빈낙도하고 물아일체의 행복을 누리는 것이 낫다는 것입니다. 그래서 인생에서 가장 큰 행복을 찾고자 한다면 마음의 여유와 자유를 추구해야 한다는 것입니다. 소위 '망어한가忙於閑暇'에서 가리키는 것은 설령 바쁘다고 해도 여유로운 마음을 가져야 한다는 뜻이고, '심불가방心不可放'이 가리키는 것은 명리를 쫓는 일에 마음을 매몰하지 말라는 뜻으로, 여기서 '방放'은 길을 잃는다는 의미입니다.

배움의 목표는 잃어버린 마음을 찾는 것

여러분은 아마도 옛사람들이 명리를 가볍게 여기고 물아양망物我兩忘의 경지를 즐긴 것이 오늘날 현실에는 근본적으로 적합하지 않다고 이야기할 것입니다. 우리가 극심한 경쟁사회에서 살고 있는 만큼 조금이라도 긴장을 늦추면 아마도 시대에 뒤떨어진 낙오자가 될 것이며, 옛사람들처럼 유유자적할 여유가 없다고 이야기할 것입니다.

그런데 과연 정말 그럴까요?

먼저 나는 한 가지를 강조하고자 합니다. 과거의 엘리트들은 우리가 생각하는 것과는 달리 생존의 스트레스가 무척이나 컸고, 심지어는 우리보다 더욱 격렬한 경쟁에 시달렸다는 점입니다. 예를 들면 미국 하버드 대학교 송사宋史 전문가 피터 볼Peter Bol의 추산에 따르면, 송대의 과거 시험에서 매년 시험에 합격한 숫자는 총 응시 인원의 1퍼센트 내외였고, 진사에 합격한 인원은 응시한 인원수의 1,000분의 1 내외였다고 합니다. 이 비율을 오늘날 대입시험의 합격률과 비교해 보면 아주 낮은 수치임을 알 수 있을 것입니다. 당시의 부족한 물자, 어려운 생활 여건, 낙후된 의료 조건, 짧은 평균 수명과 결부시켜 보면 과거 합격은 일생의 운명을 바꿀 수 있는 기회였고, 당시 교육 받은 사람들 사이의 경쟁은 오늘날의 격렬함에 비해 훨씬 심했다고 할 수 있을 것입니다.

과거에 교육 받은 사람들이 느꼈던 부담 혹은 직면했던 경쟁의 극렬함은 다른 사료에서도 찾아볼 수 있습니다. 고대의 황제는 아무 때나 한 개인의 직위를 박탈하거나 죽일 수 있었습니다. 관리사회의 암

투, 무력을 갖춘 지방과 강호의 세력 등도 아무 때나 한 개인의 생명을 빼앗을 수 있었습니다. 이상과 포부를 가진 사대부는 대체로 벼슬길이 순탄치 않았고, 심지어 그중 적지 않은 사람들이 유배되어 결국 타향에서 객사하기도 했습니다. 이런 사람들 중에는 우리가 익히 아는 이백, 두보, 범중엄, 정이, 소동파, 구양수, 백거이, 왕양명 등이 포함되어 있습니다. 하지만 그들의 작품과 발자취를 통해 알 수 있는 흥미로운 사실은 그들이 실의에 빠졌을 때 인생의 기개를 잃지 않고 사회에 대한 책임감과 사명감을 버리지 않았다는 점입니다. 오히려 어떤 이는 맡은 일을 더욱 성실하게 수행하여 사람들을 감동시키는 수많은 일화를 남겼고, 어떤 이는 산수山水에 정을 기탁하여 인생의 감개를 토로하는 불후의 명작을 썼으며, 또 어떤 이는 더욱 분발하여 조용히 실력을 기르고 인생의 경지를 크게 넓힌 이후 더 큰 발전의 초석으로 삼았습니다. 범중엄이 직위가 낮아졌을 때에도 '먼저 천하의 근심을 걱정하고 나중에 천하의 즐거움을 즐긴다[先天下之憂而憂, 後天下之樂而樂].', '환경 때문에 기뻐하지도 않고 자신 때문에 슬퍼하지도 않는다[不以物喜, 不以己悲].'라는 명언을 남길 수 있었던 것은 벼슬길이 순탄치 않았음에도 마음 깊은 곳에서 자신을 편안하게 정리했음을 말해 주는 것입니다. 이런 마음의 편안함이 있었기에 자연히 번아웃 신드롬 혹은 신경쇠약에 빠지지 않을 수 있었던 것입니다.

당연히 과거 총인구에서 교육을 받은 사람들의 수는 오늘날에 비해 훨씬 적었을 것입니다. 하지만 이것이 격렬한 경쟁이 존재하지 않았다는 것을 의미하는 것은 아닙니다. 피터 볼의 추산에 따르면 남송시기에는 매년 대략 45만 명이 과거에 참가했다고 합니다. 이 숫자가 맞는다면 당시 전 중국에서 교육 받은 사람의 총수는 분명 100만보다 적지는 않았을 것인데, 이는 결코 작은 숫자는 아니었습니다. 그렇기 때문에 나는 어느 사회든 생존의 스트레스와 격렬한 경쟁이 없는 사회란 없고, 다만 다른 시대나 다른 문화에서 수양한 사람들은 동일한 스트레스와 경쟁적인 심리상태에 직면하여 다른 처리방식을 가지고 있었다고 생각하는 쪽입니다.

《채근담》을 읽어 본 사람들은 이 책이 결코 속세를 벗어나 세외도원의 생활을 즐기라는 것이 아니라, 바쁜 세상사 속에서도 좋은 심성을 유지하고 바쁨 속에서도 흐트러지지 않도록 하는 법을 어떻게 체득해야 하는지를 말하고 있음을 알 것입니다. 다시 말하면 유유자적하고 초탈한 마음으로 일할 수 있어야 비로소 진정한 성취를 이룰 수 있다는 것입니다. 《채근담》은 적극적으로 세상에 참여하여 일하는 것을 반대하는 책이 아닙니다. 오히려 어떻게 가장 합당한 방식으로 일에서 성취를 추구할 것인지, 그리고 일의 성취가 어떻게 진정으로 심신 건강과 생명의 의미에 유익한 방향으로 나아가도록 하는 것인지를 보여 주려 하는 책인 것입니다.

이어 왜 마음이 피로한지 한 번 분석해 보기로 합시다. 앞에서도 말했듯이 몸이 바쁘다고 마음이 꼭 피로한 것은 아닙니다. 근심이 너무 많거나, 혹은 불필요한 미련들이 우리의 마음을 지배할 때 마음이 피로한 법입니다. 심리적 문제의 대부분은 자세히 생각해 보면, 모두 근심을 떨쳐 버리지 못하기 때문에 비롯되는 것입니다. 근심을 떨쳐

버리지 못하는 것은 세속적인 욕망과 스트레스에 파묻혀 스스로 헤어나지 못하기 때문에 비롯된 것입니다. 옛사람들은 이런 상황을 '본심本心'을 잃은 것이라 불렀고, 때문에 학문을 하는 주요한 목표는 자신의 본심을 다시 찾는 데 있다고 주장했습니다. 맹자의 말로 하면 잃어버린 마음을 찾는 '구방심求放心'입니다.

자세히 생각해 보면, 여러분이 인생의 각 단계마다 반복해서 물욕 속으로 빠져들 수밖에 없었던 이유를 금방 찾을 수 있을 것입니다. 학생 시절 부모님들은 이렇게 말하곤 합니다. "지금이 인생에서 가장 중요한 시기야. 지금이 바로 인생의 앞날을 결정하는 시기인데, 조금이라도 방심하면 인생은 끝난다." 하지만 대학을 졸업하면 지금이 인생의 가장 중요한 시기라고 생각하게 됩니다. 이제 졸업하고 막 일을 시작하는 단계에 있기 때문에 여기서 한 발 잘못 내딛으면 인생 전체가 실패하거나 최소한 여러 우여곡절을 겪을 수 있기 때문입니다. 그런데 또 중년이 되면 중년이 인생의 가장 중요한 시기라고 생각하게 됩니다. 중년은 인생에서 혈기왕성하게 능력을 발휘할 수 있는 시기이고, 일을 하는 데 있어서도 절정기에 속하기 때문에 인생과 사업의 성패는 중년에 결정된다고 생각하기 때문입니다. 또 중년이 지나면 아마도 중년 이후야말로 인생에서 가장 중요한 시기임을 깨닫게 될 것입니다. 한평생을 얼마나 조화롭게 살 수 있었는지는 바로 이 시기에 전적으로 결정되기 때문입니다. 이 단계를 지나면 아무리 애써도 이미 늦었다고 생각하기 때문에 사업, 가정, 자녀, 건강 등의 문제로 인해 초조하고 불안하지 않은 날이 하루도 없을 것입니다. 그런데 노년이 되면 노년

이야말로 인생의 가장 중요한 시기라고 생각하는 이유가 다시 생길 것입니다. 이 시기는 인생의 마지막 시간이고 하늘이 언제라도 생명을 거두어갈 수 있는 시기이기에, 이보다 더 중요하고 더 아까운 시기는 없다고 생각할 것입니다. 당연히 이 시기는 초조함이 가장 심할 것입니다. 한편에서 자신의 능력에 한계가 있어 아무것도 바꿀 수 없다는 사실을 깊이 깨닫게 되기 때문이고, 또 다른 한편 걱정하고 초조해하며 시간과 정력을 쓰는 것조차 아까울 정도로 귀중한 시간이기 때문입니다. 동시에 노인들은 인생의 끝자락에서 어쨌든 마지막 날갯짓을 할 수 있다는 희망을 가지고 설령 조그만 희망이라도 보인다면 꽉 붙잡고 놓지 않을 것입니다. 어느 누가 쉽게 손을 떼고 떠나려 하겠습니까? 그래서 다시 한 번 기회가 오길 고대하며, 마지막 불꽃을 태울 수 있기를 갈망할 것입니다. 하지만 운명은 종종 무정해서 마음속에 우수와 고통만을 더하게 될지 모릅니다. 이때 누가 자신의 인생을 이해해 줄 수 있을까요? 때문에 우리가 현재 처한 인생의 모든 단계가 인생의 가장 중요하고 가장 결정적인 시기라고 말할 수 있는 충분한 이유가 있는 것입니다. 우리가 마음의 근심을 선택하는 한 늙어 죽을 때까지 영원히 근심은 끝나지 않을 것입니다.

앞서 말한 이유로 인해 우리는 일생 동안 분주함에서 벗어날 수 없을 것입니다. 고등학생일 때 가장 중요한 일은 원하는 대학에 가는 것이고, 대학에 들어간 후 가장 중요한 일은 좋은 일자리를 찾거나 유학 혹은 대학원에 진학하는 것입니다. 직장에 들어가면 승진하여 업무에서 재능과 포부를 펼치는 것이 중요합니다. 또 연애를 하거나 결혼 상대를 찾아 가정을 이루고 집을 사고 아이를 낳는 일이 추가될 것입니다. 가정을 이룬 이후 인생 최대의 임무는 아이를 성인으로 키우는 것이고, 또 하는 일마다 순조롭고 사업이 번창하여 많은 돈을 버는 것이 무엇보다 중요한 일이 될 것입니다. 아이가 자라 사회에 나가면 인생 최대의 일은 아이들이 가정을 이루고 기반을 잡아 아름다운 미래를 열어갈 수 있도록 도와주는 것이 될 것입니다. 이때가 되면 아마도 건강이 가장 큰 근심이 되었음을 알게 될 것입니다. 또한 아이의 성격 등 돕고 싶어도 힘이 모자라는 여러 문제를 떠안게 될 수도 있을 것입니다.

사실 문제의 관건은 일이 많거나 심리적 부담이 많은 것이 아닙니다. 중요한 것은 자신의 마음을 조절할 수 있는지 여부에 있다고 할 수 있습니다. 앞서 나는 선인들이 감당해야 했던 삶의 무게가 결코 우리보다 작지 않았음을 언급한 적이 있습니다. 특히 옛날 사대부들이 겪은 생명을 잃을지도 모를 우려와 앞날에 대한 걱정은 결코 우리보다 못하지 않았습니다. 그런데도 수신의 학문과 양생의 도가 그런 어려운 조건하에서 제시한 처방약이 아니라고 말할 수 있겠습니까? 과거와 똑같은 문제에 직면한 현대인들이 선인들의 학문이 시대에 뒤떨어졌다고 여길 이유는 없는 것입니다.

사람이 닭이나 개를 잃어버리면
곧 찾을 줄 아나,
잃어버린 마음은

찾을 줄을 모른다.
학문의 도는 다른 것이 아니다.
그 잃어버린 마음을 찾는 것뿐이다.
[人有鷄犬放, 卽知求之, 有放心, 而不知求.
學問之道無他, 求其放心而已矣.]

-《맹자》〈고자〉

  이것이 바로 《맹자》의 명언 '구방심'입니다. '방심'이란 잃어버린 마음입니다. 맹자가 말한 의미는 만약 집에서 닭이나 개를 잃어버렸다면 지체 없이 그것을 찾아 나설 것인데, 닭이나 개보다 1만 배 더 귀중한 것을 잃어버렸는데도 우리는 그것을 찾아 나서지 않는다는 말입니다. 한 번 생각해 보길 바랍니다. 만약 갑자기 지갑이 없어졌거나 휴대전화를 잃어버렸다는 것을 알았다면 조급해할 것인지 그렇지 않을 것인지? 여러분은 아마도 곧바로 뜨거운 가마솥 안의 개미처럼 허둥대며 잃어버린 물건을 찾아 나설 것입니다. 《맹자》는 지갑이나 휴대전화보다 1만 배 더 귀중한 물건을 잃어버렸는데도 몇 년이 됐는지도 모르고 여태껏 그것을 찾으려고 한 적이 없다는 사실을 깨우치는 것입니다. 이 물건이 바로 마음입니다. 여러분은 마음이 돈지갑이나 휴대전화보다 1만 배 이상 귀중한 것임은 부정하지 않을 것입니다. 지갑을 잃어버렸다면 뜨거운 가마솥 안의 개미처럼 안절부절 못할 텐데 마음을 잃어버리고도 태연자약하다면 그것이 바로 우리 자신의 잘못이 아니겠습니까?

◉ 제5강_치심治心, 자신을 살펴 하늘의 기운을 얻는 힘

그래서 맹자는 마지막 결론으로 "학문의 도는 다른 것이 아니라 잃어버린 마음을 찾는 것일 뿐이다."라고 한 것입니다. 그가 말한 '학문'이란 오늘날 학교에서 배우는 교과목 같은 것이 아니라 더 나은 인간이 되기 위한 학문을 말합니다. 이런 학문을 하기 위해서는 자신에게 가장 중요한 것, 즉 마음에 초점을 맞추어야 합니다. 잃어버린 마음을 찾으려면 그것을 잘 지키고 소중히 여겨 나은 방향으로 발전하게 해야 합니다. 학문을 하는 배경을 결코 학교에 한정하지 않고, 일과 일상생활에서 매 순간 체현할 수 있어야 하는 것입니다.

부귀영화에 매달리지 않기 위하여

명나라 여곤은 "조그만 마음 하나가 금수만도 못한 수많은 죄를 저지를 수 있다[只是一點方寸之心千過萬罪, 禽獸不如]."(《신음어》)라고 이야기했습니다. 우리의 몸은 머리부터 발끝까지, 오장육부부터 이목구비까지, 아무런 죄도 짓지 않습니다. 만약 우리가 어떤 잘못을 저지른다면 문제는 분명 신체 기관에서 비롯되는 것이 아니라 바로 우리 마음에서 나온 것입니다. 우리와 태평성대를 이끌었던 요 임금과 순 임금 사이에 차이가 있다고 한다면 그것은 결코 신체 기관에서 드러나는 것이 아니라 바로 마음에서 드러날 것입니다. 때문에 수천 년 동안 성현이 했던 모든 일은 결국에 가서는 단지 한 가지 일, 바로 '마음을 다스리는 일[治心]'이라고 해도 과언이 아닐 것입니다.

마음은 다스림이 필요합니다. 옛사람들은 '인심人心'은 통상 태어날 때부터 완전무결하다고 생각하지 않았습니다. 그래서 절대 '될 대로 되겠지' 내버려두도록 하지 않았습니다. 여곤은 일찍이 "30년의 심력을 들였어도 '위僞' 자 하나도 없애지 못했다."고 토로한 적이 있습니다《신음어》. 이로 보건데 그는 마음을 다스리는 공부가 아주 깊었음을 알 수 있습니다. 앞서 여곤이 말한 구절에 따르면 '치심治心'은 인생에서 첫 번째 가는 중요한 일이어야 합니다. 우리 현대인과 옛사람과의 가장 큰 차이는 바로 우리 현대인들이 '치심'을 인생의 가장 중요한 일로 여기고 행한 적이 없다는 점입니다.

여곤의 관점에서 흔히 말하는 '슈퍼맨 증후군'을 분석해 보면 현대인의 병의 근원은 상당 부분 마음을 다스리지 않는 데서 기인함을 알 수 있습니다. 현대인들은 매일 사업과 장래, 인관관계, 돈을 벌고 쓰는 데 정력을 소비하고 잠시라도 '치심'을 할 생각을 갖고 있지 않습니다. 여곤의 논리에 비추어 보면 이는 경중이 뒤바뀌어 주요한 것과 부수적인 것을 구분하지 못하는 것입니다. 본래 인생에 있어 가장 중요한 일인데도 신경을 쓰지 않고 내버려 두면 결국에는 반드시 벌을 받게 될 것입니다. 어떤 벌이냐고요? 마음을 다스리지 못하면 마음의 병이 날로 엄중해질 것입니다. 가볍게 표현하면 과도한 긴장과 심리적 스트레스가 커지고, 강하게 표현하면 건강에 여러 문제가 생겨 병을 몸에 달고 살게 되는 것입니다.

수퍼맨 증후군이 생겨나는 것은 엘리트의 역할의식과 관련되어 있기도 하지만 오늘날 우리 사회 곳곳에서 성행하는 성공과 돈에 급급한 정서와도 관련되어 있다고 할 수 있습니다. 한 작가는 이렇게 말했습니다.

"만약 한 사회가 이처럼 돈과 성공에 목매달지 않고 또 그런 욕망을 자극하지 않는다면, 한 개인에게 성공을 위해 20~30년의 시간을 허락할 수 있을 것이다. 하지만 오늘날의 현실은 우리 젊은이들에게 겨우 5~7년의 시간만을 허용할 뿐이다."

이렇게 성공과 돈에 급급한 정서는 오늘날 우리들이 극복해야 할 커다란 마음의 병은 아닐까요? 물론 오늘날 성공과 돈에 목말라 하는 것은 일종의 사회적 트렌드이고, 그 트렌드를 따르지 않고 살아간다는 것은 아주 어려운 일이긴 합니다. 하지만 마음의 병이 생명에 미치는 커다란 영향을 고려한다면, 누구라도 눈앞의 성공과 이익에서 벗어나 생명을 소중히 여기는 선택을 할 이유를 찾을 수 있을 것입니다.

앞서 말한 것처럼 인생의 매 단계마다 우리들에게는 항상 바빠야 하는 이유가 있기 마련이고, 그 자체가 바로 자신에게 정신적인 족쇄를 채우는 일인 것입니다. 그래서 대부분의 심리적 부담이란 전적으로 인위적인 것으로, 근본적으로 말하면 마음의 병을 야기하는 문제인 것입니다. 이러한 이유 때문에 옛사람의 치심 이론을 중시할 필요가 있는 것입니다.

마음을 마무리하면 일은 저절로 마무리 된다

그럼 잠시 옛날이야기를 하나 해 보겠습니다. 춘추 시기 진晉나라에 선진先軫이라는 유명한 대부가 있었습니다. 그는 진 문공文公 중이重耳가 춘추 시기 두 번째 패자가 되는 데 결정적인 역할을 한 삼군의 대장이었습니다. 그런데 기원전 627년, 문공이 세상을 떠났다는 소식이 전해지자 야심만만한 진秦나라 목공穆公은 진晉나라에 알리지도 않고 진나라 국경을 넘어 정나라를 공격했습니다. 이는 패자霸者인 진나라의 권위에 도전하는 행위였습니다. 이에 진晉나라는 삼군 대장 선진의 주동 하에 정나라를 습격하고 돌아가는 진秦나라 군대를 효산殽山에서 거의 전멸시키고 맹명시孟明視 등 대장 세 사람을 생포했습니다. 이 전투가 역사적으로 유명한 진秦과 진晉의 효산殽山 전투입니다. 그런데 당시 새로 진晉의 군주가 된 양공襄公의 생모는 진 목공의 딸 문영文嬴이었습니다. 그녀는 아버지의 나라를 위해 양공에게 말했습니다. "이 전쟁은 전적으로 맹명시 등이 부추켜 시작된 것입니다. 그들을 풀어주면 진秦나라 군주가 엄벌에 처할 것입니다. 군주(양공)가 직접 죽이는 것보다는 훨씬 낫지 않겠습니까?"

이리하여 진 양공은 중신들과 상의 없이 곧바로 진나라 포로들을 석방했습니다. 다음 날 아침 조회 때, 선진은 진나라 포로에 대해 알아보다가 양공이 이미 맹명시 등을 사사로이 석방했음을 알게 되었습니다. 순간 그는 대노하여 그 자리에서 양공에게 큰소리로 항의했습니다.

"용사들이 구사일생으로 적을 원原에서 사로잡았는데 군주는 어찌 부인의 말을 믿고 호랑이를 산에 풀어주었습니까? 아! 이제 진나라는 끝났습니다!" 그리고 양공의 체면을 고려하지도 않고 '흥' 하고 소리치며 조정을 떠났습니다. 양공은 문제가 심각한 것을 인식하고 곧바로 사람을 보내 추격했으나 포로들은 이미 황하를 건너 자기 나라로 돌아간 후였습니다.

아무리 선대의 공신이며 공이 많은 신하라 하더라도 신하된 자가 대전에서 군주를 무시하는 발언과 행위를 한 것은 큰 문제를 일으킬 만한 사안이었지만, 이 일은 그냥 넘어가는 듯 했습니다. 그런데 이해 8월 적인狄人들이 진나라 국경을 침입한 적이 있었습니다. 그때 적을 막기 위해 출전한 선진이 말했습니다.

"나는 군주를 모욕하고도 벌을 받지 않았는데, 감히 스스로를 벌하지 못하겠는가?"

그는 말을 마치고 갑옷과 투구를 벗고 단기필마로 적진에 뛰어들어 용감하게 전사했습니다. 적들도 그의 용기에 감탄하여 그의 시신을 진나라에 돌려주었는데, 얼굴이 언뜻 보기에 산 사람과 같았다고 합니다.

여기까지는 《좌전》에 나오는 이야기입니다. 그러면 여기서 선진을 죽음으로 이끈 원인이 무엇인지를 한 번 분석해 보기로 합시다. 선진이 군주에 대해 하지 말아야 할 무례를 저질렀음을 의식했고, 양심의 가책과 자책감으로 죽음을 선택하여 이로부터 해방되고자 한 것이 직접적 원인이었음이 분명합니다. 하지만 누군가는 선진의 행위가 너무 극단적인 것이었다고 물을 수도 있을 것입니다. 이왕 양공이 따지지 않기로 했는데 하필 스스로를 벌해야 할 필요가 있었을까요? 또한 자신의 목숨을 끝내는 것이 꼭 필요한 일이었을까요?

먼저 선진이 군신들 앞에서 공개적으로 군주에게 무례를 범한 것은 확실히 너무 지나친 일이었음을 인정해야 합니다. 오늘날이라도 만약 어떤 부하직원이 동료들 앞에서 감히 '흥' 하는 방식으로 상사에게 대응했다면 상사는 참을 수 없었을 것입니다. 선진의 직책은 진나라의 군대를 통솔하는 총사령관이었으니 당연히 자신이 분별을 잃었음을 알고 있었을 것입니다. 그런데 양공은 어떤 불만도 표현하지 않았고 어떤 처벌이나 보복을 가하지 않았습니다. 이것이 오히려 선진으로 하여금 더욱 어찌할 바를 모르게 만든 것입니다.

선진이 진나라에서 재능을 인정받아 승진하여 중임을 맡게 되는 과정을 자세히 살펴봅시다. 기원전 633년 진 문공 중이가 19년에 달하는 망명 생활을 끝내고 진나라 군주가 된 지 얼마 되지 않아 선진을 6경卿의 반열에 드는 '하군좌(下軍佐, 하군 부장)'*로 임명했습니다. 이전에 선진이 진나라에서 어떤 직책에 임명되었는지는 기록된 바가 없습니다. 문공이 선진을 발탁한 것은 전적으로 그의 인품과 능력을 높이 평가했기 때문일 것입니다. 다음 해 선진은 다시 중군대장으로 발탁되어 6경의 수장이 되었습니다. 선진은 일개 필부에서 단기간에 3군의 통수가 되었는데, 이는 중이를 따라 망명하며 고생했던 근신들을

---

* 이 당시 진나라 군대는 상군, 중군, 하군으로 구성되었고, 삼군의 대장과 부장이 6경을 구성했다. 그중 중군의 대장이 삼군을 통솔하는 대장이었다. 또 당시는 군정합일의 정치체계로 6경은 진나라에서 가장 중요한 대신들이었다.

뛰어넘는 일이었습니다. 선진은 진초晉楚의 성복전투城濮之戰 및 진진晉秦의 효산전투에서 용맹하게 싸워 진나라 군주의 은혜에 보답했습니다. 그는 탁월한 전략과 뛰어난 식견으로 춘추 시기 진나라가 장구한 패업의 기초를 닦는 데 커다란 공헌을 했던 것입니다.

이런 두 가지 상황을 종합해 보면 선진이 죽음을 선택한 까닭은 바로 그날의 행위가 진 문공의 신뢰에 부응하지 못한 일이었음을 느꼈기 때문일 것입니다. 그리고 그가 이처럼 깊은 가책에서 헤어나지 못한 까닭은 그의 마음이 너무 진실했기 때문이기도 할 것입니다.

다시 한 번 이를 해석해 보면, 일편단심 충심을 가진 선진이 일시적으로 부당한 일을 한 후 마음에 무거운 멍에를 지게 되고 그 양심의 가책으로 결국에 죽음을 선택한 것이라 할 수 있습니다. 즉 선진의 죽음은 전적으로 '마음'에서 비롯된 것이라 할 수 있습니다. 선진이 자신의 마음의 문제를 결코 회피할 수 없었던 것처럼 오늘날의 우리도 마음의 문제를 회피할 방법이 없는 것이 사실입니다. 만약 선진이 군주에게 대든 일에 대해 죄책감이 없었다고 한다면 분명 마음의 고통으로 힘들어 할 필요가 없었을 것이고 나아가 죽음을 선택하지도 않았을 것입니다. 그런데 여기서 관건은 죄책감의 유무란 결코 한 개인이 자유로이 선택할 수 있는 문제가 아니라는 것이고, 우리도 때론 어쩔 수 없이 이런 문제에 직면해야 한다는 사실입니다. 《채근담》에 '마음을 마무리하면 일은 저절로 마무리 된다. 이는 뿌리를 뽑으면 풀이 나지 않는 것과 같다[了心自了事, 猶根拔而草不生].'는 말이 있습니다. 선진은 마음으로부터 자신의 문제를 해결하지 못했고, 그래서 줄곧 죄책감에 시달리다가 결국 죽음에 이르게 된 것입니다.

중국 고대의 '치심' 이론에는 다음 두 가지 측면이 있습니다. 하나는 몸과 마음의 조화, 정신의 편안함, 마음의 자유라는 관점에서 치심을 이야기하는 것으로, 주로 온화한 마음을 기르는 '이정양생怡情養生'의 문제를 다루는 것입니다. 이 이론은 선진 도가가 처음 제기하여 위·진 현학玄學, 수·당 불교(특히 선종) 및 송·명 이학에서 발전을 이루었습니다. 두 번째는 인의도덕의 관점에서 이야기하는 것으로, 맹자가 말한 '군자는 인仁을 마음에 지니고, 예禮를 마음에 지닌다'는 '이인존심以仁存心, 이례존심以禮存心'이 그것입니다. 이는 선진 유가에서 제기되어 후세 유학자들이 발전시킨 관점입니다. 앞서 이야기한 강의는 주로 '이정양생'의 문제였는데, 본 절부터는 치심 이론의 다른 측면 즉 '인의도덕'의 문제를 살펴보겠습니다.

마음이 깨끗해야 비로소 큰일을 할 수 있다

누군가가 선진에게 이렇게 권했다고 가정해 봅시다.
"그대는 자책할 필요가 없네. 자책하지 않고도 훨씬 더 즐겁게 살 수 있네."
그리고 그 이유를 아래와 같이 제시한다고 해 봅시다.
첫째, 행복과 즐거움을 추구하는 것은 하늘이 모든 사람에게 준 당연한 권리이다.

둘째, 양심의 가책을 느끼지 않고 자책하지 않으면 인생은 훨씬 행복하고 즐거울 것이다.

셋째, 그러므로 그대는 응당 모든 가책과 자책을 그만두어야 한다.

누군가가 이렇게 선진에게 권했다고 해도 분명 아무런 효과가 없었을 것입니다. 문제는 선진이 행복과 즐거움을 추구하길 원하지 않았다거나, 이런 삼단논법의 논리를 이해하지 못했기 때문이 아니었습니다. 오히려 그의 마음이 도덕과 양심에 지배되어 모든 이성적인 생각이 앞서 이야기한 설득 앞에서 아무런 효력을 발휘하지 못했다는 데 있었습니다. 비록 선진과 동일한 운명에 처한 사람들이 다 그처럼 가책과 자책을 하지는 않을 것이라고 해도, 그가 죽음으로 보여준 행위는 그가 양심에 따라 사는 사람이고, 도덕성을 가진 사람이라는 것을 표명하는 것임은 분명한 사실입니다. 문제의 관건은 바로 여기에 있습니다. 사실상 우리들 개개인은 각자 도덕성과 양심을 가지고 있다고 할 수 있는데, 선진의 죄책감은 바로 이 보통 사람들의 도덕성과 양심을 체현한 것이라 할 수 있습니다. 우리는 매번 양심의 관점에서 일하려고 의식적으로 노력하지도 않고, 또 자신의 양심이 무엇인지도 분명하게 알지 못할 것입니다. 하지만 이런 사실이 결코 우리가 도덕과 양심의 지배를 받지 않는다는 것을 의미하는 것은 아닙니다. 마음이 내키지 않을 때 일을 하면 항상 실패할 수밖에 없고, 자신의 마음과는 싸울 수 없다는 사실을 부득불 인정해야 할 때가 있습니다. 우리는 항상 마음의 주인이 아니라 마음의 노예입니다. 이런 관점에서 말하면 선진은 양심의 부추김을 받았던 것입니다. 선진은 스스로 양심의 처벌을 받아들였을 뿐이고, 우리들 개개인도 이런 운명에서 벗어나기는 힘들 것입니다. 나쁜 짓을 많이 한 사람들이 꿈속에서도 깜짝깜짝 놀라고 밤에 바람이 불어 풀이 움직이는 것만 보아도 혼비백산하는 것 또한 양심의 징벌을 받은 것이 아니겠습니까? 이와 같이 양심의 문제란 원하느냐 원하지 않느냐 하는 문제가 아니라 어쩔 수 없이 대면해야 하는 문제라는 것입니다. 만약 자유롭게 선택할 수 있다고 한다면 나쁜 일을 저지른 사람들은 당연히 양심의 처벌을 피하는 것을 선택하여 더 이상 깜작 놀라 혼비백산하는 일은 없을 것입니다.

여기서 우리는 이렇게 제안할 수 있습니다. 도덕심과 양심이 어쩔 수 없는 것이라면, 적극적으로 도덕심과 양심의 본질을 인식하는 것이 아주 중요하고, 적어도 양심이 생겨나고 작용하는 법칙이 무엇인지를 인식할 수 있어야 한다는 것입니다. 이 문제에 대해 고대 유학자들이 제시한 관점은 최소 다음 두 가지 항목을 포함하고 있습니다. 첫 번째는 '이인존심以仁存心, 이례존심以禮存心'(《맹자》〈이루〉), 즉 마음을 다하는 '진심盡心'이 있어야 하는 일이 도리에 맞아 마음이 편하게 되고 양심의 처벌을 받지 않는다는 것입니다. 두 번째는 의義와 이利가 서로 함께 할 수 없을 때는 부득이 이를 버리고 의를 선택해야 한다는 것입니다. 이 두 가지 항목은 맹자가 가장 먼저 분명하게 제시하고 논증한 것입니다. 지금 이 두 가지를 간략하게 설명해 보겠습니다.

먼저 모든 일에 있어서 가슴에 손을 얹고 양심이 허락하는지 그렇지 않은지를 물어야 합니다. 마음이 깨끗해야 비로소 일을 할 수 있습니다. 맹자는 일찍이 저 유명한 '사단四端'설을 제시했습니다. 사단설이란, 사람에게는 모두 양심이란 것이 있는데, 단지 양심을 살피지 않아 무감각해진 사람이 있는 반면, 수양에 뜻을 두어 양심이 더욱 발전하고 인격 또한 건강해진 사람이 있다는 주장입니다. 때문에 자신의 양심을 키우는 것에 신경을 써야 하는데, 특히 양심이 맹아 상태에 있을 때 의식적으로 양심을 보호하고 확충하여 발전시킬 수 있어야 한다고 주장했습니다. 맹아 상태에 있는 양심을 그는 '사단'이라고 칭했는데, 측은지심惻隱之心, 수오지심羞惡之心, 시비지심是非之心, 사양지심辭讓之心이 바로 그것입니다.

그렇다면 생활 속의 많은 일들이 양심의 요구와 서로 충돌할 때, 특히 사적인 욕망이 팽창하여 도덕과 양심과는 정반대 방향으로 달릴 때는 어떻게 해야 할까요? 이때가 바로 인격을 시험하는 때로, 그 해결 방법은 의와 이의 구분을 명확히 하는 데 있습니다. 천성적으로 남을 해치고자 하는 사람은 별로 없습니다. 대부분은 자신의 욕망과 타인의 요구가 양립할 수 없을 때 도리에 어긋나는 일을 하곤 합니다. 이럴 땐 어떻게 해야 할까요? 자기 욕구를 채우기 위해 의를 잊지 말아야 하고, 때론 생을 버리고서 의를 취해야 합니다.

《채근담》은 "부당한 방법으로 남보다 유리한 조건을 가졌다면 정말로 자신이 유리하다고 생각하지 말라[討了人事的便宜, 必受天道的虧. 貪了世味的滋益, 必招性分的損]."고 했습니다. 한 방면에서는 유리할지라도 다른 방면에서는 대가를 지불해야 한다는 뜻입니다. 하늘은 보이지 않는 곳에 있는 주재자인데, 만약 여러분이 인간사에서 부당한 방법으로 남보다 유리한 조건을 차지한다면 그것이 바로 천도에 대한 불경인 것입니다.

그렇다고 곧바로 응분의 대가를 치를 것이라고 말하는 것은 아닙니다. 하늘은 단지 영혼 깊은 곳에서 불안을 체험하도록 하여 '양지(良知, 타고난 지혜, 양심)'의 견책, 즉 '필초성분적손必招性分的損' 하도록 할 것이라는 뜻입니다. 부당한 방법으로 차지한 이익은, 깨알처럼 작은 것일지라도 받는 손해는 수박처럼 커질 것이라는 이야기입니다. 자신의 세를 이용하여 남의 위에 서는 것을 좋아하고, 자신에게 속하지 않는 이익까지 챙기려 하는 사람들이 있는데, 결국에 하늘은 그들을 종일 걱정과 불안에 떨게 하고, 나아가 오랫동안 죄책감 속에서 살게 하여 삶의 질을 크게 떨어뜨릴 것입니다.

선진은 결코 탐욕스런 사람이 아니었습니다. 하지만 그의 성격에 있는 결함과 일에 대한 일정한 책임감이 그를 양심의 징벌에서 도망갈 수 없게 한 것입니다. 여곤이 말한 '오로지 이치와 올바름만이 내 마음을 기쁘게 하고, 매 걸음마다 편안하고 즐거운 경지를 누린다[惟理義之悅我心, 却步步是安樂境].'《신음어》)는 것은 바로 정리情理와 도의의 관점에서 일을 해야 자신이 한 일이 양심에 거리낌이 없어 마음이 편안해진다는 뜻입니다.

자신을 살피는 것이 하늘의 기운을 얻는 일이다

앞선 토론에 나왔던 맹자의 성선설을 여기서 대략 소개하고자 합니다.

맹자의 성선설은 인간의 자연적 속성이 선악과는 관계없다는 사실을 알지 못한 상태에서 탄생한 설이라는 비난을 받고는 합니다. 어떤 사람들은 인성은 선보다는 악 쪽에 가깝다거나 혹은 선도 포함하고 악도 포함하는 개념이라며 비판하기도 합니다. 하지만 이러한 비판의 대다수는 맹자에 대한 엄중한 오해에서 비롯된 것이라 할 수 있습니다.

사실 맹자는 오늘날의 의미로 인성의 본질이 선인지 악인지를 논한 적이 없었습니다. 맹자의 진정한 의도는 한 인간이 '착한 마음善念'을 보존하고 발양하여 진심을 다하기만 하면 진정으로 인성의 매력과 영혼 깊은 곳으로부터 오는 강력한 힘을 체험할 수 있으며, 생명의 존엄과 가치를 인식할 수 있다는 것을 설명하고자 한 것이었습니다. 앞서 이야기한 선진의 사례에서도 이를 설명할 수 있습니다. 이로부터 맹자가 그토록 유명한 '진심盡心' 학설을 주장한 원인을 이해할 수 있습니다. 맹자는 말했습니다.

> 자기의 본심을 끝까지 발휘하면
> 하늘이 부여한 본성을 알 수 있고
> 그 본성을 알면 하늘의 도리를 알 수 있다.
> 자기의 마음을 살피고 자기의 본성을 기르는 것이
> 하늘을 섬기는 방법이다.
> [盡其心者, 知其性也. 知其性, 則知天矣.
> 存其心, 養其性, 所以事天也.]
>
> -《맹자》〈진심〉

이 구절 속의 일부 내용은 제2강에서 이미 이야기했기에, 여기서는 그중 이야기하지 않은 부분에 대해 설명하고자 합니다. 이 구절은 앞부분의 진심, 지성, 지천과 뒤편의 존심, 양성, 사천 두 측면의 단계적 서술이며 대응하는 과정으로, 모두 심, 성, 천에 초점을 맞추고 있습니다. 그 과정은 아래와 같습니다.

진심盡心 → 지성知性 → 지천知天
존심存心 → 양성養性 → 사천事天

송·명 이래의 유학자들을 위의 구절을 지극히 떠받들고 이 기초 위에서 완정되고 방대한 수신 사상을 만들었습니다. 이로 인해 송·명 이학을 때론 '심성心性 유학'이라고도 부르곤 합니다. 첫 부분에서는 진심, 지성, 지천을 이야기하며, 진심에서 지성이 비롯되고, 나아가 지천으로 이어진다고 말하고 있습니다. 두 번째 부분은 존심, 양성, 사천을 이야기하고 있습니다. 그중의 존, 양, 사 이 세 단어는 모두 행위를 지칭하는 단어입니다. 그러므로 두 번째 부분은 행위에 중점을 두고 실제 생활에서 어떻게 해야 하는가를 말하고 있다고 할 수 있습니다. 하지만 지와 행은 모두 인격 수양을 목표로 심, 성, 천 이 세 가지 영역에 맞추어 말한 것이라 할 수 있습니다.

이른바 '진심'을 요즘말로 하면 최대한 양심의 요구에 비추어 일하라는 뜻입니다. 이렇게 매 순간 가슴에 손을 얹고 자문하며 일을 한다면 양심의 가책을 느낄 리가 없고 이 때문에 면목이 서지 않는 일은 하지 않게 될 것입니다. 이에 대해서는 앞에서 이미 이야기한 적이 있습니다. '진심'이어야 비로소 '지성'한다는 것은 더 이상 '성분적휴손性分的虧損' 즉 천성의 손실을 느끼지 않게 된다는 것을 의미합니다. 우리의 주변 생활에는 이런 예가 널려 있습니다. 예를 들어 매번 버스를 탈 때 무임승차를 하는 사람이 있다고 합시다. 그는 항상 주위를 두리번거리며 긴장할 것이고, 이런 긴장감이 그가 무임승차를 위해 지불한 '성분' 방면의 대가인 것입니다. 그런데 방식을 바꾸어 무임승차를 더 이상 하지 않는다면 그의 마음은 훨씬 편안해질 것입니다. 이런 편안함이 하늘이 그에게 주는 상이고, 그의 본성 혹은 양심의 요구에 부합하는 행위인 것입니다. 이때에 그는 더 이상 '성분적휴손性分的虧損'을 느끼지 못할 것이고, 그래서 '진심'하면 '지성'할 수 있다고 하는 것입니다.

같은 이치로, 항일전쟁 중 일본군에게 항복하지 않고 낭떠러지에 몸을 던져 죽는 낭야산의 다섯 명의 용사를 생각해 봅시다. 그들은 그런 선택이 그들의 본성과 양심의 요구에 합당하다고 느꼈기 때문에 죽음을 선택했습니다. 그리고 그들은 하늘의 보답을 받았습니다. 바로 우리가 '지성知性'이라고 부르는 인성의 숭고함, 장엄함, 위대함을 체험한 것입니다. '성性'은 하늘이 부여한 것입니다. 혹자는 '성'이란 우리의 자연스런 품성을 대표한다고 말하기도 합니다. 그러므로 죽는 순간의 위대한 체험은 하늘이 인성에 대해 내려준 상을 대표하는 것입니다. 그리고 이 점을 인식하는 것을 '지천知天'이라고 하는 것입니다.

상술한 과정으로부터 우리는 다음과 같은 결론을 내릴 수 있습니다. 마음을 다해 사람의 도리를 행하고 성실하게 일을 해야 비로소 인성의 매력을 체험할 수 있고, 하늘이 인간에게 내려준 풍부한 선물을 느낄 수 있다는 것입니다. 이것이 바로 존심, 양성, 사천하는 것입니다. 맹자가 말한 성선설의 요지는 바로 여기에 있습니다. 하늘은 우리를 부당하게 대하지 않습니다. 진심과 존심을 가지고 인생을 살면 영혼은 더 거리낌이 없게 되고 마음은 더 넓어지며 생명은 더 가치 있고 인성은 더 존엄해지는 것을 느끼게 될 것입니다. 양심의 소리에 따라 일을 하고, 마음을 다해 인간이 소유한 본질적 역량을 체험하며 인성의 존엄을 이해하고 생명의 매력을 느끼게 되면 '성분의 완만完滿' 곧 자기 자신의 훌륭함을 느끼게 될 것입니다. 이것이 바로 '양성養性'입니다. 여기서 인성의 법칙이 체현되는 것이고, 이는 인간이 거슬러서는 안 되는 것입니다. 이 법칙은 어디서 온 것일까요? 하늘로부터 온 은혜이고 우리가 선천적으로 타고난 품성이라고 할 수 있습니다. 이 점을 인식하는 것이 바로 '지천知天'이며, 이렇게 하늘이 부여한 규칙을 준수하는 것을 '사천事天'이라고 하는 것입니다.

제6강

신독 愼獨,
철저하게 자신과 마주하는 힘

莫見乎隱,
莫顯乎微,
故君子愼其獨也.
어두운 곳보다 더 잘 드러나는 곳은 없고,
미세한 곳보다 더 잘 나타나는 곳은 없다.
그러므로 군자는 자신이 홀로 있을 때 삼간다.
《중용》

조화롭게 산다는 것

1923년 프로이트는 자신의 유명한 정신분석이론을 발표했습니다. 그는 사람의 자아(인격)는 이드id-자아ego-초자아superego 세 가지 부분으로 이루어진다고 생각했습니다. 이드는 원시적 생명본능이며 태어나면서부터 갖고 있는 충동으로, 일체의 도덕과 규범의 제한을 받지 않고 끊임없이 본능적 욕망을 추구하는 것입니다. 반면 자아는 현실의 자아의식으로, 이드와 초자아 사이의 조절 밸브로서 둘의 관계를 조화시키는 역할을 합니다. 초자아는 외부 사회 규범과 도덕이 사람의 마음속에 내화된 것을 대표하는 것으로 행위에 소극적인 제한을 가하는 역할을 합니다. 이드, 자아, 초자아 삼자 사이의 관계는 한 개인의 심리적 건강 여부를 측정하는 기본요소입니다. 이 세 자아의 불안을 제거하고, 삼자 사이의 균형과 조화가 이루어져야지만 비로소 심리적 건강에 문제가 생기지 않는 것입니다. 이 이론에 비추어 오늘날 중국 사회가 심각한 심리적 질병을 앓고 있는 원인을 분석해 본다면, 두 가지 해석이 있을 수 있습니다. 첫 번째는 현재 중국인의 생리적 욕망이 너무 강해서 이드가 초자아에 커다란 충격을 준 것이라는 해석입니다. 두 번째는 오늘 우리 사회가 지나치게 많은 도덕 규범과 현실 조건의 제한을 가하여, 즉 초자아가 지나치게 강해서 이드가 장기간 억압받는 상태에 처해 있다고 보는 해석입니다.

 이런 해석은 표면상으로는 이치에 맞아 보이지만 사실 두 가지 중대한 한계를 가지고 있습니다. 먼저, 중국인의 심리를 괴롭히는 많은 욕망, 예를 들면 체면을 중시하고 허영심이 많으며, 남보다 앞서고자 하는 욕망은 주로 문화와 관련되어 있는 것이지 생리적 욕망이 아닙니다. 그리고 프로이트가 말한 '이드'란 인간의 생명에 대한 원초적 본능으로, 초기에는 성적 본능에서 이후 배고픔, 갈증, 죽음 등을 포괄하는 생리적인 욕구를 가리키는 용어인데, 오늘날 우리에게 정신적 고통과 심리적 어려움을 가져오는 욕망은 기본적으로 문화로 인해 생긴 것이지, 프로이트가 말한 이드의 세계는 아니기 때문입니다. 또 다른 측면은 있는 힘을 다해 욕망을 만족시키든지, 아니면 억압하든지, 이들 욕망을 어떻게든 처리하면 심리 세계의 균형과 조화를 다시 가져올 수 있을까에 대한 것입니다. 이는 이들 욕망 자체의 성질과 관련되는 것으로, 프로이트도 만족할 만한 해답을 내놓지 못했던 문제입니다.

 바로 이런 관점에서 출발하여 《중용》의 사상으로 당대인의 심리 질병을 해석하면 오히려 훨씬 효과적임을 알 수 있습니다. 《중용》의 관점에 따르면 현대인의 심리 건강 문제는 그들이 본성 혹은 진실한 자아에 대한 믿음을 잃어버린 데서 기인합니다. 여기서 사람의 본성 혹은 진실한 자아는 《중용》과 맹자가 말한 '성性'으로, 결코 프로이트가 말하는 '이드'가 아닙니다. 《중용》에서 말한 '성'은 본능적인 생리적 욕구가 아니고 성적 본능은 더욱 아닙니다. 오히려 그것은 수신과 '치중화致中和'를 통해 깨달을 수 있는 생명 본체 혹은 본원인 것입니다. 사람의 본성 혹은 진실한 자아가 무엇인지에 대한 깊은 이해를 갖고, 또 현실생활에서 그 본성 및 자아를 보존하고 발전시키는 행위를 선택할 때 비로소 마음의 질병을 제거할 수 있다는 것입니다. 이에 근거하면 현대인의 정신 문제와 심리 질병은 욕망이 현실 속에서 충분히 실현되지 못했기 때문이 아니라, 욕망과 욕망을 만족시키는 행위가 사람의 본성 혹은 진실한 자아를 해쳤기 때문이라고 할 수 있을 것입니다.

중이라는 것은 천하의 큰 근본이요,
화라는 것은 천하 사람들이 달성해야만 할 길이다.
중과 화에 이르게 되면 하늘과 땅이 제 자리에 있게 되고,
만물이 자라게 된다.
[中也者 天下之大本也, 和也者 天下之達道也.
致中和 天地位焉, 萬物育焉.]

-《중용》

여기서 반드시 주의해야 할 점은 중용을 '불온불화不溫不火' 정도의 평범한 도리나 모난 데가 없이 반질거리는 처세 철학 정도로 해석하

는 것입니다. 이는 완전히 사실과 부합하지 않는 해석입니다. '중中'의 본래의 의미는 '불편불의不偏不倚', 즉 어디에도 치우치지 않는 것이고, '용庸'이 가리키는 것은 상도常道, 즉 보편적인 도리이며 원리입니다. 여기서 '중'은 아직 외부세계와의 접촉이 없어 감정이 발생하지 않음으로 인해 인성이 정도를 벗어나지 않은 상태를 이르는 말입니다. 옛 사람의 주해에 따르면, '중'은 고요함靜을 나타냅니다. 즉 허정虛靜 속에서 마음에 사사로움과 욕심이 없으면 인성의 진실한 본원이 드러나게 되어 충분히 자신의 본성을 체험할 수 있다는 것입니다. 반면 '화'는 움직임動을 나타냅니다. 즉 사람이 행동을 시작한 후 모든 것이 조화를 이루고 이치에 맞게 행하는 것으로, 이는 개인의 심신의 조화뿐만 아니라 개인과 외부의 조화를 포함하는 말입니다. 송·명의 이학자들은 '중'을 생명 본연의 진실, 즉 생명 본체로 여기고, 항상 정좌를 통해 '아직 발현되지 않은 '중'을 보려고[觀未發之中]' 했습니다. '관미발지중'은 바로 생명의 본체를 되찾고자 하는 행위입니다. 하지만 고요히 있으면서 영원히 움직이지 않는 것은 불가능합니다. 그래서 움직일 때 만약 정서를 통제하지 못한다면 마음의 평정 상태가 깨지고 심신의 평형과 조화가 파괴되는, 즉 '불화不和'하게 될 수 있습니다. 이 때문에 '희로애락이 발현되어도 절도에 들어맞는 것', 즉 '발이개중절發而皆中節'할 필요가 있는 것입니다. '발이개중절'해야 비로소 내심의 평정을 지킬 수 있고 '수중守中'할 수 있는 것입니다. 의식적으로 마음의 평정을 지키려고 해야 정서를 조절할 수 있는데, 이를 '추화趨和'라고 합니다. 이로 보건데 '수중'과 '추화'는 서로 보완하며 협력하는 것입니다. '수중', '추화'

가 《중용》에서 말하는 '치중화致中和'입니다. 한편 '중'은 안으로 말하는 것을 가리키고, '화'는 밖으로 말하는 것을 가리킵니다. 또 다른 측면에서 '중'은 정靜을 대표하고 '화'는 동動을 대표합니다. 정과 동은 서로 의지하고 안과 밖은 서로 협력하며 공동으로 우리들 생명의 실제 상태를 구성합니다. 그래서 '중'과 '화'를 잘 붙들면 건강한 심리, 건전한 인격을 유지할 수 있을 뿐만 아니라 천지 운행의 법칙, 만물 생장의 원리, 즉 '천지위언天地位焉, 만물육언萬物育焉'에 부합할 수 있다고 한 것입니다.

이와 비교해 본다면, 프로이트의 학설이 인간의 본능적 욕구는 도덕 원칙이나 사회 규범과는 본질적으로 융합될 수 없는 것으로 가정하고 있음을 알 수 있습니다. 이런 가정은 처음부터 '나'를 사회와 대립되는 위치에 놓고 있는 것입니다. '본질적으로 다르다'고 하는 말은 그 자체로 영원히 대항한다는 의미입니다. 이런 가정은 서양 문화가 현 상태에 만족하지 못하고 항상 동태적으로 이를 초월하려는 성향을 지니고 있음을 반증합니다. 그런데 이 이론으로 인성을 이해하면 지나치게 단순화되어 앞에서 제기한 현대인의 심리 건강 문제를 해석하기는 어려워집니다. 《중용》, 《맹자》의 인성 개념과 프로이트의 개념은 확연히 다릅니다. 맹자도 인성에는 적지 않은 본능적 요소가 있음을 알고 있었습니다. 하지만 그는 이런 요소가 사람과 동물이 공통으로 지닌 것일 뿐, 인간됨의 특수성을 반영할 수 없는 것으로 보았습니다. 때문에 인성은 생리적 욕망의 총화가 아니라 우리가 진심盡心을 다해 터득해야 하는 것으로 생각했습니다. 맹자는 양심에 따라 행동할 때 무엇이 자신의 진실한 본성인지를 체험할 수 있다고 생각했습니다. 그렇게 자신의 진실한 본성을 체험할 수 있는 행위가 있어야 진정으로 심신의 건강에 유익하다고 생각했던 것입니다.

자세히 분석하면 프로이트의 인성론은 인성과 외재 규범이 서로 다르고 심지어 대립한다는 것을 발견한 이론입니다. 반면 맹자 혹은 중국의 인성론은 가치판단의 관점에서 출발하였기 때문에 인성에 부합하는 것이 곧 도덕 원칙이나 외재 규범과 일치하는 것이라는 결론을 얻었던 것입니다. 그래서 앞 장에서 말한 것처럼 '탐료세미적자익貪了世昧的滋益, 필초성분적손必招性分的損' 즉 세속의 이익을 지나치게 탐하면 반드시 인성의 손실을 초래한다고 생각한 것입니다. 프로이트의 학설에서 출발하면 내재된 본성과 외재한 현실 규범 사이에는 영원히 대립과 대항이 존재합니다. 때문에 설령 이드와 초자아 사이에 평형 관계가 형성되더라도 그것은 단지 일시적인 것이며 억지로 이루어진 것입니다. 하지만 맹자의 인성론은 그렇지 않습니다. 맹자는 진정으로 인성에 부합해야만 우주, 사회, 만물 전체와 조화롭게 발전할 수 있다고 생각했습니다. 이로부터 출발하면 진정 의미 있는 결론에 이를 수 있습니다. 어떻게 사회 규범과 도덕 원칙을 준수할 지에 대해 생각하느라 마음 쓸 필요가 없고, 오히려 가능한 한 양심에 의거하여 일을 하고 처신하는 데, 즉 진심盡心을 다하는 데만 신경을 쓰면 됩니다. 당연히 맹자와 프로이트의 인성론에는 하나의 공통점이 있습니다. 건강한 인격을 완성하기 위해서는 개인의 내면세계와 외재 규범, 인성과 도덕 원칙 사이의 조화와 균형이 필요하다고 생각하는 것입니다. 이처럼 맹자의 인성론은 심리 문제를 해결하는 방법에 있어 비교적 명확한 요구를 제시하고 있다고 할 수 있습니다.

마음 깊은 곳의 욕망과 마주하는 법

얼마 전 나는 최근 학기에 내 수업을 들은 3학년 학생에게서 편지 한 장을 받았습니다. 그는 편지에서 대학 3년간, 어떤 선택을 하고 무얼 추구해야 하는지에 대해 언제나 막막하고 곤혹스런 심정이었다고 서술하고 있었습니다. 나는 답신에 이렇게 썼습니다.

> 자네가 말한 문제는 지극히 개인적인 문제라 아마도 일반적으로 적용할 만한 방법을 제시하기는 어렵겠네. 내 생각으론 가장 중요한 것은 자신의 마음 깊은 곳에서 진정으로 바라는 인생의 이상이 무엇인지, 자네 스스로 이에 대한 대략적인 생각이 있는지를 분명히 하고, 그중 하나를 골라 명확한 계획을 세워 한 걸음 한 걸음 매진하는 것이 좋을 듯하네. 많은 사람들이 장래의 인생 목표와 방향이 불명확하기 때문에, 시류를 따르거나 주위 환경과 다른 사람의 영향을 너무 많이 받아 결국 자신의 진실한 자아에 이르지 못하는 것이라네. 그러니 뭘 하려고 해도 잘 되지 않는 것이겠지. 하지만 현실에서 사람의 정력이란 제한이 있어 여러 가지를 동시에 다 잘 고려하기는 불가능한 법이라네. 이때가 바로 한 개인의 인생의 의지를 시험하는 때이네. 만약

인생의 의지가 견고하다면 차라리 가장 버리기 싫은 것을 버리는 한이 있어도 자신이 진정으로 가치 있다고 생각하는 방향으로 나아가는 것이 필요할 듯하네.

그런데 생각지도 못하게 이 학생으로부터 바로 답신이 왔습니다.

> 저는 지금 마음 깊은 곳에서 진정으로 바라는 인생의 이상이 무엇인지가 분명하지 않습니다. 많은 경우 시류를 따르고 주변 사람들의 견해에 신경을 씁니다. 저는 도대체 무엇을 버리고 무엇을 추구해야 할지 잘 모르겠습니다. 저 자신은 그래도 운이 좋다고 생각하지만, 목표나 방향을 명확하게 할 수는 없습니다. 저는 아주 쉽게 다른 사람의 영향을 받는 사람이라고 생각되는데, 어떻게 지금의 상황을 바꾸어야 할지 잘 모르겠습니다.

편지의 내용으로부터 이 학생의 자아인식 능력이 상당히 뛰어나고, 이미 의식적으로 출구를 찾기 시작했음을 알 수 있습니다. 이는 아무 생각 없이 멍하니 시간을 보내는 사람보다는 훨씬 발전한 것입니다. 내가 그에게 가르쳐준 방법은 지나치게 다른 사람을 의식하지 말고 부단히 자신이 진정으로 하려고 하는 것이 무엇인지를 탐구하라는 것이었습니다. '자네는 반드시 몇 번이고 되풀이해서 가슴에 손을 얹고 자문해야 하네. 여기에는 잡념이 있어서는 안 되고, 진정으로 자신에 대한 책임을 다해야 하네. 왜냐하면 여기서 주위 사람이 할 수 있는 일은 아주 제한적이기 때문이네. 사람의 마음 깊은 곳에 있는 것은 오직 자신만이 알 수 있는 것인데, 다른 사람이 어떻게 대신할 수 있겠는가?'

그렇지만 자신의 마음을 정확하게 인식하는 것은 쉬운 일이 아닙니다. 한 학생은 수업 시간에 평소 '성의誠意'를 갖고 행동하는 것은 말은 쉽지만 정말 그렇게 하기는 무척 어려운 일이라고 토로한 적이 있습니다. 그 학생은 '성의'란 그 '뜻[意]'을 '맑게 하는 것[澄]'을 필요로 한다고 말했습니다. 즉 방해를 하는 다른 사물이 천천히 가라앉기를 기다려 진정으로 자신이 좋아하고 싫어하는 것이 무엇인지를 분명하게 보고 그 마음을 다하는 것이라고 설명했습니다. 하지만 가치 선택 앞에서 사람들은 마음속의 진실한 생각을 꼭 존중하는 것은 아닙니다. 뒤집어 말하면, 만약 가치를 따지면서 지나치게 외부의 평가에 의지한다면, 남들 앞에서는 자신을 저버리고 타인을 따르지만 뒤에서는 자신도 모르게 자신이 하고자 하는 일을 하게 될 것입니다. 이렇게 행위와 심리가 분열되면 말과 행동이 다르게 되기 쉽습니다. 이런 사람은 혼자 있게 되면 세속적 관념에 따라 남들 앞에서 인정한 일과 어긋나는 일을 한 것 때문에 끊임없는 가책에 시달릴 것입니다. 또 반대로 남들 앞에서 자신이 하고 싶지 않은 일을 하게 되면 자신을 억압하고 배반한 느낌을 갖게 될 것입니다. 그래서 자아를 부정한 사람, 즉 '진실하지 못한 사람[不誠之人]'이 되고, 결국 자신을 상실하고 생활의 동력을 잃게 되어 마음이 '부득기정不得其正', 즉 바름을 얻지 못하게 됩니다. 만약 진정한 시련을 만났는데 당사자가 여전히 자아부정 속에서 방황

한다면 어떻게 올바른 마음으로 어려움에 대응할 수 있을지를 생각해 보십시오. 여기서 《대학》은 마음속으로 직접 들어가 진정한 동력의 원천을 발굴하기 위해 군자에게 '신독愼獨'할 것을 요구했습니다. 즉 자기 마음의 진실한 호오好惡를 인식하고, 이러한 호오를 자신의 행위 기준으로 삼아 진정한 행위의 동력으로 삼을 것을 요구한 것입니다. 그리고 앞에서는 이렇게 하고 뒤에서는 저렇게 하는 짓은 하지 말라고 했습니다. 이런 행위는 자신을 배반하고 부정하여 인생의 안정감을 상실케 하는 것이라고 했습니다. 이 학생은 이렇게 썼습니다.

> '성의'의 관건은 진정 자신이 좋아하고 싫어하는 바를 분명히 하여 진실한 역량으로 일을 하는 데에 있다. 우리는 종종 표상만을 볼 뿐이다. 한 개인이 열심히 공부하는 것은 겉으로는 지식을 추구하는 듯하지만 아마도 사람들에게 칭찬받는 것을 좋아하기 때문일 수 있다. 한 개인이 시험에 떨어지는 것을 두려워하는 것은 그가 진정으로 주변의 질책과 비난이 두려운 것이기 때문일 수도 있다. 테니스 경기 보기를 좋아하는 것은 어쩌면 테니스를 치는 미녀를 보는 것이 좋아서일 수도 있다. 우유를 먹기 싫어하는 것은 아마도 전에 우유를 짜는 광경을 보고 위생적이지 않다는 생각을 했기 때문일 수도 있다. 그래서 우리의 호오 중에는 실제와 다른 것들이 많고, 진정한 원인을 발견해야 비로소 '성의' 즉 진실한 뜻을 알 수 있게 된다. 만약 자신을 발전시킬 진정한 원인을 발견하지 못한다면, 일단 그 실제 원인이 없어지는 순간 부저추신(釜低抽薪, 가마솥 밑에서 장작을 꺼낸다)과 같이

전진의 동력을 잃어버리게 된다.

만약 한 개인이 실재와 부합하지 않는 허망한 생각을 벗어나 진정 자신의 활발한 천성에 속하는 것을 찾을 수 있다면 그는 아마도 진성眞誠을 발현하여 자신의 진실한 본성에 비추어 행동하고 일할 것입니다. 이는 사실 아주 간단하고 아주 쉬운 일입니다. 이때가 되면 타인을 대하는 감정과 태도는 마치 영혼의 계곡에서 느긋하게 흘러나오는 샘물처럼 어떤 보탬이나 과장 없이 자연스럽고 친절하게 상대를 감동시킬 수 있게 될 것인데, 이런 것이 진정한 진성眞誠인 것입니다. 우리는 지금껏 자아를 대면하고 해부하는 능력을 배양하는 것의 중요성을 이해하지 못하고 사회적 필요와 도덕 규범의 각도에서 '진성'하라고 교육하기만 한 까닭에 결국 정반대의 결과를 초래했던 것입니다.

'사람의 마음은 위태롭기만 하고, 도를 지키려는 마음은 극히 희미한 것이다[人心惟危, 道心惟微].' 이 말은 《상서》〈대우모〉 중의 명구로 인간의 내면세계가 얼마나 복잡한지를 설명하려 한 말입니다. 이 구절에서 인심이 가리키는 것은 사욕과 탐심이고, 도심이 가리키는 것은 사람의 양지, 양심 혹은 사람의 마음 중 정리와 도의에 부합하는 요소를 가리킵니다. '인심은 사사롭기 쉽지만 공적이기는 어렵기 때문에 위험하고, 도심은 분명하지 않고 애매하기 쉽기 때문에 희미하다.'(채심,《서경집전書經集傳》) 이것과 현대인의 심리 질병은 커다란 관계가 있습니다. 때문에 심리 질병을 예방하고 제거하려면 사람들마다 각자 자신의 심리 문제를 분석하고 어떤 생각이 자신을 심리적 곤경으로 이끄는지를 인식한 후 적시에 마음속의 좋지 않은 생각을 떨쳐버려야 할 것입니다. 때문에 두루뭉술하게 현대인의 욕망을 비판하는 것으로는 결코 개인의 심리 문제를 해결할 수 없습니다. 사람들 개인 특히 그 내면세계로 구체화되면 문제는 복잡해집니다. 각자 스스로 마음속의 어떤 것들이 비정상적이고 불합리한 욕망인가, 마음속의 어떤 것들이 정상적이고 합리적인 욕망인가에 대한 분석이 필요합니다. 자신의 심리 문제를 분명하게 다루기 위한 하나의 전제는 대담하게 자신을 직시하고 용감하게 자신의 약점을 인정하는 것입니다. 이와 함께 마음속에 자리 잡은 각종 복잡한 생각과 좋지 않은 욕망의 싹을 인식하는 법을 알아야 합니다. 영혼 깊은 곳에 자리 잡은 좋지 않은 욕망과 상념은 싹이 틀 때 잘라버리지 않으면 결국에는 마음속의 커다란 골칫거리로 발전할 수 있습니다.

스스로 경계하면 마음의 병도 달아난다

'신독愼獨'이라는 말은 《중용》, 《대학》, 《순자》 등 선진유가 저작에 나오는 말입니다. '독獨'에 대해 주희는 '개인마다 가지고 있는 내면세계는 다른 사람들이 쉽게 알 수 있는 것이 아니다[人所不知, 己所獨知之地].'라고 설명하고 있습니다. '신독'은 그 단어만 가지고 생각하면 남들이 알지 못하지만 자신만 아는 내면세계를 대할 때 신중해야 한다는 뜻입니다.

남이 보지 않는 곳에서 스스로 경계하고
남이 듣지 않는 곳에서 스스로 두려워해야 한다.
숨겨진 것처럼 잘 드러나는 것은 없으며
미세한 것처럼 잘 나타나는 것은 없다.
그러므로 군자는 그 홀로 있는 것을 삼간다.
[戒愼乎其所不睹, 恐懼乎其所不聞.
莫見乎隱, 莫顯乎微, 故君子愼其獨也.]

-《중용》

《중용》은 '남이 보지 않는 곳에서 스스로 경계하고, 남이 듣지 않는 곳에서 스스로 걱정해야 한다[戒愼乎其所不睹, 恐懼乎其所不聞].'는 관점에서 신독을 이해했습니다. 즉 마음에서 솟아나는 모든 생각과 행위에 대해 극도로 경계한 말입니다. 특히 그런 생각들이 은밀하고 어두컴컴한 곳에 있어 다른 사람들이 알지 못할 때에도 곧바로 경계하고 두려워하며 아무일 아닌 듯 처리하지 말라고 했습니다. 또 '독獨'을 여러 사람들이 살피지 않는 경우로 이해하여, '신독'을 '집에 비가 샌다고 부끄러워하지 않고[不愧於屋漏]', 어두운 곳에서 나쁜 일을 하지 말라는 말로 이해한 사람도 있습니다. 《대학》은 '마음속에 정성스러움이 있으면 반드시 겉모양으로 나타난다[誠於中, 形於外]'는 관점에서 신독을 이해하여 한 개인의 외재 행위는 내심의 진성眞誠을 전제로 해야 하고, 마음을 먹는 것에서부터 행위에 이르기까지 자발적인 진성에서 비롯되어야 한다고 요구했습니다. 증국번曾國藩은 신愼의 뜻을 언급하면서, "신이란 두려워하고 삼가는 것을 이른다[愼者, 有所畏憚之謂也]."고 해석했습니다.

　이런 관점에서 보면 현대인이 앓는 마음의 문제는 주로 평소에 혼자 있으면서 자신을 대면한 적이 거의 없거나 혹은 자신의 내면세계에 대해 진지하고 꼼꼼하게 반성하지 않았기(즉 '수중守中'하지 못했기) 때문에 내면세계에 존재하는 문제를 때맞춰 제거하지 못하고 자신의 정서를 통제하지 못하여, 야기된 것이라 할 수 있습니다. 즉 '추화'도 하지 못하고, '수중'도 하지 못해 오랜 시간 자아를 상실하고, 심신의 조화와 균형을 회복하지 못한 결과, 심리상의 각종 문제가 나타난 것이라 할 수 있습니다. '얼음이 세 척에 달하게 된 것은 하루 이틀 추워서 이루어진 것이 아니다.'라는 말이 있습니다. 이처럼 심리상의 문제는 자신에 대한 매우 또렷한 인식을 필요로 하고, 또 평소에 문제의 싹이 자라기 전에 잘라버려야 미연에 방지할 수 있는 것입니다. 바로 이와 같은 이유 때문에 한 개인의 내면세계의 다양한 문제는 '신독'에 힘쓰지 않으면 해결할 수 없는 것입니다.

　사실 우리 주변에서 볼 수 있는 많은 엘리트들이 자신이 추구하는 것이 도대체 무엇인지를 알지 못하는 듯합니다. 그들은 어린 시절부터 공부를 잘해 주위의 총애와 칭찬을 받았고, 부모와 스승이 준비해 놓은 길을 잘 따르기만 하면 모든 일이 순조로웠습니다. 그래서 오랜 기간 동안 무슨 대학을 가고 전공은 무엇으로 하고, 어떤 직업을 갖고, 어떤 친구를 사귈 것인지 등 모든 일을 부모나 선배, 스승에게 맡겨 버리고, 스스로를 돌아보지 않는 생활에 익숙해져 버렸던 것입니다. 그런데 시간이 흐르고 생활에 문제가 생겨 스스로 선택을 해야 할 시기에 이르렀을 때 근본적으로 이를 직접 대면할 능력이 없다는 것을 깨닫게 된 것입니다. 오랜 기간 동안 자신이 진실로 필요로 하는 것을 생각한 적이 없었고, 의식적으로 '자아'를 인식하려 하지 않았기 때문에 이런 심리적인 문제가 발생한 것입니다. 사실 이런 사람들은 우리의 주변에 매우 많습니다. 이는 상당 정도 사회가 너무 표면적인 실리만을 찾기 때문입니다. 모두가 현실적 욕망에 떠밀려 인생의 진실한 방향을 잊어버린 것입니다. 그리고 그런 문제와 모순이 날로 쌓여 결국 마음에 문제가 생긴 것입니다. 안타깝게도 많은 사람들이 자신의 마음이 앓는 문제에 대한 인식 능력이 결핍되어 있는 것이 현실입니다. 그러니 진료를 받고 치료하는 것은 말할 나위도 없는 일이라는 것입니다.

중국인의 심리 질병과 관련된 연구는 정신 혹은 심리 질병이 숨은 자객임을 보여 줍니다. 많은 환자들이 마음 깊은 곳에 있는 문제를 까발리는 것을 수치스러워하고 또 의사에게 보이는 것을 꺼려하기 때문에 병이 갈수록 악화되어 작은 병이 큰 병으로 발전하게 만듭니다. 만약 더 많은 사람들이 스스로의 심리치료사가 되어 자신의 병을 치료할 수 있다면 '숨은 자객' 문제는 자연스럽게 해결될 것입니다. 사실 심리 장애에 있어서는 설령 환자가 자발적으로 의사의 진찰을 받는다고 하더라도 반드시 환자의 자각이 필요합니다. 진정으로 병을 이겨내려면 결국에는 자신을 의지할 수밖에 없습니다. 자신을 가장 잘 이해하는 사람은 영원히 자기 자신인 것입니다. 때문에 사람들이 심리 건강에 대한 지식을 갖추고 자신을 인식하고 극복할 수 있다면 이야말로 근본적인 해결 방법인 것입니다.

객관적인 요인은 제쳐 두고 주관적으로만 분석해 보면 현대인의 심리 장애는 주로 자신의 '마음'에 대해 여태껏 제어를 한 적이 없었기 때문에 발생한 것이라 할 수 있습니다. 이런 관점에서 출발하면, 중국 고대의 수양학설은 현대의 심리 분석과 많은 유사점이 있음을 알 수 있습니다. 이를 현대 용어로 말하면 수신의 주요한 효과의 하나는 바로 스스로를 심리 치료 주치의로 양성하기 위한 연습이라고 할 수 있습니다. 고대의 유학자, 도사 및 선사 등은 모두 당시 가장 뛰어난 정신분석가라고 할 수 있습니다. 그들의 작품 혹은 대화록을 보면 자아 및 타인의 심리에 대한 생생하고 뛰어난 분석이 많습니다. 이들은 각종 방식으로 사람들이 심리 장애로부터 빠져나올 수 있도록 했습니다. 선인들이 수신을 특히 중요하게 생각했던 것은 마음을 다스려 자신의 심리 장애를 제거하기 위해 노력하는 것의 중요성을 인식했기 때문입니다. 이런 목표에 도달하기 위해 그들은 여러 가지 방법을 생각해냈는데, '신독'이 그중에서 가장 중요한 방법의 하나인 것입니다.

한가할 때에도 세월을 헛되이 흘려보내지 않으면
바쁠 때에 쓸모가 있고,
고요할 때에도 마음을 공허한 곳에 두지 않으면
움직일 때에 쓸모가 있으며,
어둠 속에서도 숨기지 않으면

밝은 곳에서 쓸모가 있게 된다.

[閒中不放過, 忙處有受用,

靜中不落空, 動處有受用,

暗中不欺隱, 明處有受用.]

-《채근담》

이 구절은 옛 선인들이 얼마나 내면세계의 자각과 조절을 중시했는지를 설명해 줍니다. '한가한 시간이 있어도 헛되이 보내지 않고 오히려 정좌하고 수신하면 바쁠 때 바쁨의 장점을 체득할 수 있다.' 이것이 바로 '한중불방과閒中不放過, 망처유수용忙處有受用'입니다. 사람의 마음이 안정되었을 때 한가하게 하는 일이 없는 것이 아니라 마음의 상태를 조절하여 뜻밖의 일이 닥쳤을 때에는 능히 태연자약할 수 있다는 것입니다. 이것을 바로 '정중불락공靜中不落空, 동처유수용動處有受用'이라고 합니다. 만약 직무나 권력, 시기를 이용하여 다른 사람의 우위에 설 기회가 있을 때 여러분이라면 어떻게 할 것입니까? 다른 사람들이 모르는 어두운 귀퉁이에서 남의 것을 살짝 취하는 것과 같은 나쁜 짓을 하지 않는 것이 바로 '암중불기은暗中不欺隱'입니다. 이런 사람이야말로 인격이 뛰어나고 절개가 곧은 인물로, '명처유수용明處有受用'하다고 이르는 것입니다.

앞이 보이지 않는 어둠에서도 밝음을 볼 수 있다

오늘날 우리는 높은 빌딩과 널찍한 도로를 가지고 있지만 우리의 성정은 오히려 조급해지고 안목은 더욱 좁아졌다.

우리가 소모하는 것은 더 많아졌지만 누리는 것은 오히려 더 적어졌다.

우리의 집은 더 커졌지만 우리의 가정은 더욱 작아졌다.

우리는 타협하는 일이 많아졌지만 시간은 더욱 없어졌다.

우리는 더 많은 지식을 갖게 되었지만 판단력은 오히려 더 떨어졌다.

우리에게는 더 많은 약이 있지만, 건강은 오히려 이전만 못하다.

우리는 더 많은 재산을 가지게 되었지만 가치는 오히려 더 떨어졌다.

우리는 말을 많이 하지만 사랑하는 것은 오히려 적어졌고, 우리의 원한은 더 많아졌다.

우리는 달을 왕복할 수 있지만, 우리 이웃에 한 걸음 내딛고 친해지기는 어려워졌다.

우리는 우주 공간을 정복할 수 있지만 우리의 마음속은 정복할 수 없다.

우리의 수입은 증가했지만 도덕은 오히려 땅에 떨어졌다.

우리 시대의 자유는 증가했지만 가지고 있는 즐거운 시간은 더 적어졌다.

우리는 더 많은 음식을 먹지만 섭취하는 영양은 오히려 떨어졌다.

오늘날 부부는 맞벌이로 두 배의 수입을 얻을 수 있지만, 이혼율은 갈수록 늘어난다.

널리 유포되고 있는 이 시는 〈곰곰히 생각하다Think it over〉라는 영문을 번역한 것으로 현대인들의 곤혹스런 심경을 아주 고전적으로 묘사한 글입니다.

우리는 매일 외부 세계의 다양한 요구에 대응하느라 정력과 신경을 소모하고 있습니다. 이는 사실 생명이 끊임없이 소모되는 과정이라 할 수 있습니다. 이렇게 생명이 소모되고 나면 마지막에는 기름이 다해 가물거리는 등불처럼 숨이 간당간당하다 결국 죽게 됩니다. 사람의 생명 에너지는 무한대로 소모할 수 있는 것이 아닙니다. 때문에 끊임없이 정신을 모아 기르고, 정기를 모아 저장하는 것이 필요합니다. 우리는 비록 생명이 소모되는 것을 막을 수는 없지만 적어도 과도하게 소모되는 것은 피할 수 있습니다. 비록 생명이 끝나는 것을 피할 수는 없지만 적어도 너무 일찍 끝나는 것은 피할 수 있어야 합니다. 비록 생명의 주기를 바꿀 수는 없지만 적어도 생명의 유한한 과정을 더 의미있게 할 수 있어야 합니다.

명나라 사람 여곤은 일찍이 '달팽이는 껍질 속에 숨고, 뜨거운 태양은 해를 지나도 수척해지지 않는다[蝸藏於殼, 烈日經年而不枯].'라는 말로 사람의 생명에는 반드시 위대한 축양蓄養, 즉 모으고 기르는 것이 있어야 크게 될 수 있음을 설명했습니다. 도광양회(韜光養晦, 빛을 감추고 밖으로 비치지 않도록 한 뒤, 어둠 속에서 은밀히 힘을 기른다)하며 정신을 모으고 기르는 것이 신독의 공부입니다.《주역》〈계사〉는 '척확지

굴尺蠖之屈'과 '용사지칩龍蛇之蟄'으로 이 이치를 설명했습니다. 척확은 아주 작은 자벌레를 말합니다. 벌레는 앞으로 한 걸음 나갈 때마다 반드시 먼저 자신의 몸을 수축해야 하고, 용과 뱀은 겨울에 반드시 겨울잠을 자야 다음 해에도 계속 살아갈 수 있습니다. 자벌레가 몸을 수축하지 않고 앞만 향해 기어코 기어간다고 한다면 힘쓴 보람도 없이 몸만 상할 수 있고, 심지어는 움직일 수 없어 굶어죽을 수도 있습니다. 만약 용과 뱀이 겨울에 한사코 겨울잠을 자지 않고 몸으로 계절에 맞선다면 오랜 시간을 살아갈 수 없을 것입니다. 동물이 신체를 오므리고 겨울잠을 자는 것은 생명의 한계를 반영하는 행위로, 이와 같은 수렴과 축양(거두어들이고 기르는 것)은 생명이 계속 살아가기 위한 전제인 것입니다. 이에 비해 인간이 처한 상황은 훨씬 심각하다고 할 수 있습니다. 왜냐하면 육체적인 활동만이 생명을 소모하는 것이 아니라 심리 활동도 똑같이 생명을 극도로 소모할 수 있기 때문입니다. 심리적 질병이 사람의 생명을 손상하는 것은 생리적 질병에 조금도 뒤지지 않습니다. 때문에 수렴과 축양은 밥을 먹고, 잠을 자며 휴식을 취하는 일에만 한정되지 않고 정신상의 수렴과 축양 또한 반드시 진행되어야 하는 것입니다. 정신상의 수렴과 축양이란 심리적 적응으로, 이것이 바로 신독이고 치심治心이며 양심養心인 것입니다. 《주역》〈계사〉는 또 '흡翕', '벽闢'의 관계로 천지우주의 원리 및 생명의 법칙을 설명하고 있습니다.

그 고요함에 닫히고

⊙ 제6강_신독愼獨, 철저하게 자신과 마주하는 힘

그 움직임에 열리니

이로써 널리 생명을 낳는다.

[其靜也翕, 其動也闢, 是以廣生焉.]

'흡翕'은 수렴하는 것이고, '벽闢'은 전개하는 것입니다. '광생'은 수 많은 생명이 자라고 번성하는 것입니다. 현대인은 맹목적으로 '벽'만을 강조하여 외적인 발전만 꾀할 뿐 '흡', 즉 안으로 함양하는 축적을 중시하지 않습니다. 그래서 기력이 고갈되어 심리 장애가 발생하는 것입니다.

근심과 담담함 속에서도

대범한 도량과 기백을 갖고 있으면,

마음이 봄바람처럼 따사로움으로 가득하게 되어

근심이 다 사라지게 된다.

어두워 앞이 보이지 않은 상황에서도

밝은 세상을 볼 수 있으면

마음은 푸른 하늘의 해처럼 밝고 명랑할 것이다.

[愁煩中具瀟灑襟懷, 萬抱皆春風和氣,

昧暗處見光明世界, 此心卽白日青天.]

― 《위로야화圍爐夜話》

생활에 번뇌가 너무 많은 것이 아니라 우리 마음에 문제가 너무 많은 것입니다. 운명이 우리를 암흑으로 내던진 것이 아니라 우리 자신의 마음에 빛이 없기 때문인 것입니다. 만약 우리의 마음이 '어두워 앞이 보이지 않은 상황에서도 밝은 세상을 볼 수 있다면' 번뇌가 어디에 있을 수 있겠습니까?

궁지에 빠졌을 때는 처음을 되돌아보고
성공을 거두었을 때는 일의 마지막을 살펴야 한다
[事窮勢蹙之人, 當原其初心,
 功成行滿之士, 要觀其末路.]

-《채근담》

만약 여러분이 커다란 좌절을 겪게 되면 전적으로 자신을 반성하고 용감하게 자신의 잘못을 직시할 수 있겠습니까? 예를 들어 생각해 봅시다. 자신의 초심에 어떤 문제는 없었는가? 만약 크게 성공하여 세상이 다 아는 유명인이 된다면 언젠가 화려한 그 자리에서 물러날 수 있는가? 더 이상 번쩍거리는 플래시 라이트도 없이 화려하기만 했던 영광이 사라져 버려도 여전히 지금처럼 자신을 가질 수 있겠는가?

마음은 움직일 수 있는 것

어느 날 한 친구가 나와 대화를 나누던 중 '오늘날 사람들의 마음은 모두 갈가리 찢겨져 반쯤 미친 상태에 처해 있다.'라고 말한 적이 있었습니다. 오늘날 우리의 영혼은 전에 없던 위기에 처해 있다고 할 수 있습니다. 이른바 신앙의 실종이든, 도덕의 상실이든, 사회기풍의 파괴든, 가정의 붕괴든, 이혼율의 상승이든, 남을 교묘히 속여 사취하는 풍조든, 욕망의 범람이든 문제는 모두 '마음'에서 나온 것이라 할 수 있습니다.

지금 한 가지 작은 실험을 해 봅시다. 모두 두 눈을 감고 다음 한 가지 문제만을 생각해 보기 바랍니다. 여러분 앞에 놓인 가장 큰 인생의 욕망은 무엇인지? 여러분 자신이 간절히 갈망하는 욕망을 열거할 수 있는지, 그것들이 여러분의 마음속에서 불타오르는 빈도는 얼마나 되는지? 그중 어떤 것들이 낯을 들 수 없는 것인지? 그것들이 여러분의 영혼을 어떻게 지배하는지?

여러분의 이런 욕망은 누구도 알 수 없고, 또 다른 사람에게 이야기할 필요도 없습니다. 하지만 여러분 자신만은 그들과 대면해야 합니다. 이 외에도 가능하다면 더 생각해 봅시다.

마음을 가라앉히고 여러분의 영혼을 가장 어지럽히는 욕망은 무엇인지 생각해 봅시다. 일생동안 그것을 위해 살아갈 만한 가치가 있는 것인지? 여러분의 인생에서 이런 욕망이 인격상의 어떤 문제를 반영하는 것은 아닌지? 다른 더 좋은 욕망으로 그것을 대체할 수는 없는지? 여러분이 일생동안 이들 욕망에 얽매여 죽게 될 운명은 아닌지?

물론 지금 당장 이를 실행하지 않아도 됩니다. 잠시 일에서 손을 놓고 편안한 시간을 찾아 조용히 자신에게 물어보길 권합니다. 먼저 마음을 가라앉히고 두 눈을 감고 마음속으로 어떤 강렬한 욕망이 자신을 지배하는지를 떠올리고 리스트를 만들어 보길 바랍니다. 빈도가 가장 많은 것을 1번으로 놓고, 모두 합쳐 두세 개 혹은 대여섯 개를 열거해도 좋습니다. 나중에 시간을 내어 자세히 이를 살펴보시기 바랍니다. 이들 욕망이 줄곧 여러분의 정서에 어떤 영향을 미쳤는지, 또 이 문제를 가지고 정좌를 하면서 이들 욕망이 여러분의 생활에 끼친 영향이 얼마나 큰지, 여러분의 내면세계가 어느 정도 그것의 지배를 받는지를 반성하면 좋습니다.

다시금 마음에 떠오른 생각을 처리하는 방법이 개인의 심리 건강과 얼마나 큰 관계가 있는지를 생각해 보기 바랍니다. 자기 인생의 욕망을 분명히 하고 마음이 더 이상 잡념의 간섭을 받지 않도록 할 수 있는지를 살펴보기 바랍니다. 마음이 깨끗하고 편안해지도록 노력하며 차분하고 자연스럽게 일체의 번뇌를 대면할 수 있는지를 살펴보기 바랍니다. 심신이 혼란스럽고 근심걱정으로 기가 다 소진된 상황이 개선될 여지가 있는지를 살펴보기 바랍니다. 이렇게 끊임없이 공부를 계속해야 조금씩 정신이 맑아지고 기분이 상쾌해져 온몸이 편안해지는 것입니다.

마음이 깨끗해야 기가 바르다.
[心淨則氣正.]

―백옥섬

'심정心淨'은 도가의 양생법으로 심리질병을 피할 수 있는 좋은 방법입니다. 마음이 깨끗하면 행위에 자연히 정기正氣가 있게 됩니다. 정신 상태가 좋으면 표정이 맑고 기운이 상쾌해지고 심신이 가뿐해지는데, '심정'이 바로 그 전제입니다. 만약 '심부정心不淨'하면 성격이 꼬이고, 마음이 지저분하고 옹졸해지는데 어떻게 맑은 표정과 상쾌한 기운을 이야기할 수 있겠습니까? 이는 대체로 현대인의 심리 장애가 왜 그렇게 많은지를 설명하는 것이라 할 수 있습니다.

> 마음에 잡념이 없고 정신이 딴 데 있지 않고 태연하면 사대가 맑고 편안하다.
> [心無雜念, 神不外走. 一心恬然, 四大淸適.]
>
> -백옥섬

여기서 '사대四大'는 눈, 귀, 입, 코를 가리키는 말로 이들은 맑고 고요함을 갖고 있어야 하는 것입니다. 나는 언젠가 넋이 나간 듯 길을 걸은 적이 있었습니다. 이렇게 마음이 어지러운 것은 선인들의 경지와는 천양지차가 나는 것이라 할 수 있습니다.

> 사람이 다만 사사로운 것을 탐하는 생각만 한다면 굳센 기질도 녹아 유약하게 되고, 슬기도 막혀 혼미해지고, 은혜로운 마음도 변하여 흉악하게 되고, 깨끗한 마음도 더럽게 된다.
> [人只一念貪私, 便銷剛爲柔, 塞智爲昏, 變恩爲慘, 染潔爲汚.]
>
> -《채근담》

이 구절이 말하는 것도 같은 이치이고, 신독의 방법입니다. 여러분의 지금 생활이 무사평온하다면 아마 재주가 있어서라고 우쭐거릴 수 있습니다. 그러나 중요한 인생의 전환점을 만났을 때 한순간의 잘못된 생각으로 인해 조금이라도 망가지게 되면 돌이킬 수 없는 운명을 맞이할 수도 있습니다.

> 사람의 마음이 한번 치우치게 되면 마침내 있는 것을 보고도 없다고 하고, 없는 것을 날조하여 있는 것으로 만드는 것이다.
> [人心一偏, 遂視有爲無, 造無作有.]
>
> -《채근담》

마음은 항상 빗나갈 수 있습니다. 마음속에 조금이라도 치우침이 있으면 외재된 언행은 크게 달라질 수 있습니다. 인생을 살아가며 잘못을 저지르지 않고 살기는 어렵습니다. 하지만 우리가 저지르는 많은 잘못은 우리가 아둔해서 저지르는 것이 아니라 잘난 체하다가 저지르는 것입니다. 세상에 공업을 이루고 이름을 날린 많은 영웅호걸들이 세상 누구와 비길 수 없는 영광을 누렸지만, 종종 순간의 부주의로 성공을 눈앞에 두고 실패하거나 심지어 패가망신한 적이 얼마나 많습니까? 후인들의 입장에서 보면, 그들이 저지른 잘못은 대부분 수준 낮은 것이었습니다. 정상적인 사람이라면 결코 저지르지 않을 잘못을 영웅호걸이란 사람들이 저지른 것입니다. 그 원인을 생각해 보십시오. 그들이 총명하지 않았기 때문이 아니라 일련의 탐욕스런 마음이 고개를 들고 장난을 쳤기 때문입니다.

자신의 영혼을 준엄하게 채찍질한다는 것

군자는 항상 근엄하고 경외하는 마음으로 하늘을 받드는 것과 같이
해야 한다.

[程子曰: 君子當終日對越在天也.]

-《근사록》

우리 머리 위에는 하늘이 있고, 우리가 발을 딛고 있는 곳은 땅입니다. 욕망이 소용돌이칠 때 우리는 선인들의 교훈을 잊지 않고 실천할 수 있을까요? 운명의 시험에 마주할 때마다 우리는 하늘과 땅, 그리고 양심에 떳떳할 수 있을까요? 만약 우리가 바르게 행하고 곧게 설 수 있다면 마음에는 부끄러움이 없을 것입니다. '종일대월재천終日對越在天'은 일을 할 때 매 순간 스스로 하늘과 마주하고 있음을 생각하라는 뜻입니다. 선인은 또 '거두삼척유심명擧頭三尺有神明' 즉 머리 삼 척 위에 신명이 있다고 했습니다. 우리의 마음, 우리의 행위는 많은 사람을 속일 수 있지만 하늘은 속일 수 없다는 뜻입니다. 우리가 품고 있는 탐욕스런 마음은 일시적으로는 달성할 수 있겠지만 종국에는 운명의 징벌을 벗어날 수 없기 때문에 항상 머리 위에 하늘이 있음을 깊이 인식해야 합니다. 그리고 우리의 생각과 행동이 하늘의 주시를 벗어날 수

있다는 기대를 가져서는 안 됩니다. 증국번이 젊었을 때 뜻을 세우고 수신하며 자신에게 제시한 가장 중요한 요구사항이 바로 '무불가대인언지사無不可對人言之事' 즉, 다른 사람에게 말할 수 없는 일은 없다는 것이었습니다. 그는 이것을 바른 태도를 배양하는 수신의 중요한 항목으로 생각했습니다. 이 말은 '종일대월재천終日對越在天'과 그 뜻이 같다고 할 수 있을 것입니다.

한번 생각해 봅시다. 만약 신이 있어 여러분이 매 순간 생각하는 모든 것을 분명하게 알고 있어 근본적으로 어떤 생각도 숨길 수 없다고 가정한다면, 여러분은 떳떳하게 신을 대면할 자신이 있습니까? 여러분은 또 태연하고 침착하게 세상에 나갈 용기가 있습니까? 만약 그런 용기가 있다면 여러분은 정말로 칠척장신도 두려워하지 않는 정인군자일 것입니다. 옛사람의 관점에 따르면 이런 사람이 바로 '천지와 나란히 서서[與天地參]'《중용》 하늘을 떠받치고 땅에 우뚝 서는 영웅인 것입니다.

이런 관점에서 보면 기독교의 수신 사상은 우리에게 커다란 깨우침을 줍니다. 기독교는 신자들에게 '무엇이든 하나님 앞에서 하는 것처럼 하라.'라고 요구합니다. 기독교 사상가 아우구스티누스(Aurelius Augustinus, 354~430)의 말을 살펴봅시다. 아우구스티누스는 서구 기독교 사상사에서 중요한 위치를 점하는 위대한 사상가이자 철학자였습니다. 아우구스티누스는 이론 체계를 확립하지는 않았지만 그의 영혼의 깨달음은 산골짜기의 발자국 소리처럼 전 세계 구석구석에 전파되어 수많은 사람들의 마음에 강렬한 공명을 불러 일으켜 오늘날까지 이어지고 있습니다. 그러면 아우구스티누스의 말 한 구절을 함께 읽으면서 그가 어떻게 하나님 앞에서 자신을 반성했는지를 알아봅시다.

- 나는 누구인가? 나는 어떤 사람인가? 나는 어떤 잘못된 일을 저지른 적은 없는가? 설령 저지르지는 않았어도 적어도 말은 했을 것이다. 설령 말하지 않았어도 생각은 했을 것이다.

얼마나 마음 깊은 곳에서 우러난 철저한 자아성찰입니까! 이 얼마나 진실한 신앙의 태도입니까! 이렇게 아우구스티누스는 과감하게 자신의 영혼을 들여다보고 자신을 준엄하게 채찍질했습니다. 그는 또 이렇게 말했습니다.

- 주여, 우리를 깨우쳐 주시고, 우리에게 외쳐 주시고, 우리를 훈육하여주시고, 우리를 보살펴 주시고, 우리의 언 마음을 풀어주시고, 우리가 기쁜 마음으로 복종하게 하시고 우리가 불타오르는 심정으로 당신을 따르게 하소서.

이는 하나님에 대한 찬미이며 가슴 가득한 기대입니다. 하나님이 마음의 때와 영혼의 찌꺼기를 깨끗하게 씻어주기를 기대하는 것입니다. 이런 기대가 가능한 것은 하나님의 존재를 굳게 믿기 때문입니다. 동시에 마음속에 더럽고 낯을 들 수 없는 생각이 들었을 때 세상 사람들은 알지 못하겠지만 전능하신 하나님은 결코 속일 수 없다는 가정을 전제하고 있습니다. 우리가 생각하는 모든 것을 하나님은 하나도 빠뜨리지 않고 다 본다는 것입니다. 여기서 기독교의 참회와 수신은 모두 하나님과 대화하는 방식으로 진행되는데, 그 대화의 전제는 바로 기만은 통하지 않는다는 점을 가정하는 것임을 알 수 있습니다.

제7강

주경 主敬,
나를 아끼고 사랑하는 힘

君子終日乾乾, 夕惕若厲无咎.
군자가 종일 쉬지 않고 애쓰며, 저녁에 반성하면,
어려운 일이 있더라도 허물은 없으리라.
《주역》〈건〉

화근은 소홀히 하는 데서 온다

춘추 시기 진晉나라의 군대는 상군, 중군, 하군으로 나뉘어져 있고, '삼군'의 장과 좌를 6경이라고 칭했는데, 이들이 진나라 정치를 좌우하는 6경대부였습니다. 춘추 시대는 씨족 세습사회로, 난씨欒氏 씨족은 기원전 633년 이후 계속 6경의 지위를 차지하며 춘추 중기 진나라에서 강력한 정치적 지위를 누리고 있었습니다. 그런데 수대에 걸쳐 진나라 정치를 좌우하던 난씨는 하루아침에 전 가문이 몰락하고 말았습니다. 당시 어떻게 그런 일이 발생할 수 있었을까요? 춘추시기 역사서 《좌전》은 이에 대해 자세히 기록하고 있습니다.

난염欒黶은 진나라 6경의 한 사람으로 하군의 대장을 맡고 있었습니다. 난염의 부친 난서欒書는 생전에 진나라의 중군 장수로 떠벌리기를 좋아하는 성격이어서 적지 않은 사람들로부터 원한을 샀는데, 그중에는 진나라 대 씨족인 조씨趙氏도 포함되어 있었습니다. 하지만 진나라 패업에 적지 않은 공헌도 있어 그의 대에서는 큰 문제가 일어나지는 않았습니다. 그런데 난서가 죽고 난염이 아버지의 지위를 계승하면서 문제가 생기기 시작했습니다. 난염은 부친인 난서가 생전에 많은 사람들의 미움을 샀기 때문에 인간관계를 신중하게 처리하지 않으면 자신과 후대에 골치 아픈 일이 초래될 수 있다는 사실을 근본적으로 깨닫지 못했습니다. 오히려 그는 자신의 능력이 다른 누구보다도 뛰어나다고 생각하고는 많은 중대한 사건에서 공개적으로 윗사람을 거역하는 등 안하무인으로 행동했습니다.

기원전 563년, 진나라는 중원의 맹주가 되어 제나라, 노나라, 송나라, 위나라, 조나라, 거나라, 기나라 등 제후 연합군을 이끌고 정나라를 삼면에서 포위했습니다. 당시는 북방의 진나라와 남방의 초나라가 서로 중원의 맹주가 되겠다고 다투고 있던 때여서 이 두 나라 사이에 있던 정나라가 항상 타깃이 되던 시기였습니다. 이에 진나라 연합군에 대항하여 초나라 군대가 정나라를 구원하러 오자 전쟁은 일촉즉발의 상황에 이르렀습니다. 당시 진나라의 총사령관인 지무자智武子는 진정으로 정나라를 정복하려면 단순히 무력에 의지하는 것이 아니라 반드시 정나라 사람의 마음을 정복해야 한다고 생각했습니다(훗날 그의 전략은 커다란 성공을 거두었습니다). 그리고 동맹군의 실제 전투력을 고려하여 지금 초나라 군대와 싸우는 것은 상책이 아니라고 판단하고는, 물러남으로써 나아가는 전략 즉 이퇴위진以退爲進의 전략을 채택했습니다. 그런데 당시 진나라 하군 대장이었던 난염은 총사령관인 지무자의 전략에 동의하지 않고 공개적으로 "군대를 물리는 것은 너무 큰 치욕입니다. 나는 하군 단독으로라도 싸우겠습니다."라고 따졌습니다. 지무자는 난감해했지만 다행히 초나라가 군대를 물리는 바람에 두 나라 사이의 전쟁은 발생하지 않았습니다.

그런데 기원전 559년, 서쪽 진秦나라의 습격에 보복하기 위해 진나라는 다시 제나라, 노나라, 정나라, 송나라, 위나라, 조나라, 거나라, 기나라 등의 연합군을 이끌고 진나라를 치러 갔습니다. 이에 진秦나라가 황하 상류에 독을 풀어 병사들이 중독되어 사망하고, 연합군 사이의 보조가 일치하지 않아 전장에서 연합군은 피동적인 상황에 처하게 되었습니다. 이 결정적인 순간에 총사령관 순언荀偃은 배수진을 치고 결사의 각오로 싸우기로 결정했습니다. 그는 열국의 군대에 총동원령을 내리고 다음 날 새벽 집결을 마친 후 "오직 나의 말머리가 향하는 곳만 보아라."라고 하며 서쪽의 진秦나라 군을 향해 총공격을 명령했습니다. 그런데 이때 하군 대장 난염이 뛰쳐나와 공개적으로 열국의 제후들에게 말했습니다. "여러분, 순언의 말머리는 진晉나라를 대표하는 방향이 아닙니다. 내 말은 동쪽으로 갈 것입니다!" 그러고는 자신의 부대를 이끌고 멋대로 철수해 버렸습니다. 순언은 대세가 심상치 않자 어쩔 수 없이 전군에 철수를 명령할 수밖에 없었습니다. 진나라 사람들은 이 전쟁을 천연지역遷延之役으로 부르고 진나라 군대의 무능을 풍자했습니다.

그런데 공교롭게도 난염의 동생 난침欒鍼은 생각이 달랐습니다. 혈기왕성한 그는 진나라 군대가 철수하려 하자 동맹군이 아무런 소득 없이 물러나면 나라 사람들을 볼 면목이 없다고 생각했습니다. 이리하여 범선자范宣子의 아들 사앙士鞅과 결의하고 둘이 함께 죽음을 각오하고 단기필마로 적진에 쳐들어갔습니다. 결국 난침은 적진에서 죽었습니다. 그런데 함께 갔던 사앙은 도중에 살아 돌아왔습니다. 이에 난염은 격분하여 막무가내로 범선자에게 말했습니다. "너의 아들이 내 동생과 죽기 살기로 싸우기로 해 놓고 내 동생만 죽게 하고 자신은 도망쳐왔다. 당신이 만약 그를 쫓아내지 않으면 내가 그를 죽이고 말겠다!" 일이 이렇게 되자 사앙은 진秦나라로 도망가 목숨을 건지고 얼마간의 시간이 지난 후 다시 진晉나라로 돌아올 수 있었습니다. 이 사건으로 난씨와 범씨 두 씨족 사이에는 씻을 수 없는 원한이 생기게 되었습니다. 사앙은 귀국한 후 곳곳에서 난염의 아들 난영欒盈에게 각을 세웠고, 난씨를 눈엣가시로 생각했습니다.

그러던 중 기원전 552~550년 사이, 즉 공자가 태어나기 1년 전에서 태어난 후 2년째 되는 사이, 범선자를 수령으로 하는 범씨 씨족은 난씨를 제거하기 위한 내전을 일으켰습니다. 당시 난염은 이미 죽고 없었고 그의 아들 난영이 씨족의 지위를 계승하여 하군 부장의 지위에 있었습니다. 범선자는 삼군의 대장으로서 군주의 지지를 받고 있었고 난씨를 제거하기 위한 계획을 사전에 치밀하게 준비해 결국 난영을 수장으로 하는 난씨 씨족은 위아래 할 것 없이 모조리 살육되어 한 명도 살아남지 못했습니다. 이 내란에서 살육된 사람 수와 범위 그리고 진나라 내정에 미친 영향은 춘추 시기 다른 나라의 역사에서는 유례를 찾을 수 없을 정도로 큰 규모였습니다.

《좌전》의 기록에 따르면 이 양대 가문 사이에 있었던 내분의 직접적인 원인은 난씨가 기원전 559년에 범씨의 노여움을 산 일 때문이었습니다. 하지만 더 깊이 들어가면 난씨 가문이 수십 년 동안 진나라의 핵심 씨족이었던 조씨, 지씨, 순씨, 범씨 등으로부터 원한을 산 것이 난씨가 멸망하게 된 더 근원적인 원인이라고 할 수 있을 것입니다. 당시 진나라 지배층 사이에 오랫동안 형성된 얽히고설킨 복잡한 인간관계가 결정적 순간 난씨 가문에 상당히 불리한 상황을 초래했던 것입니다.

《채근담》에 "혹독한 화근은 소홀히 하는 사람으로부터 기인한다 [酷烈之禍, 起於玩忽之人]."라는 말이 있습니다. 비록 난씨의 멸문이 범선자 부자의 옹졸한 마음과 관련이 있다고 하더라도, 만약 난씨가 먼저 그렇게 많은 원한을 사지 않았다면 범선자도 난씨에게 독수를 날리지는 않았을 것입니다. 《좌전》을 살펴보면, 난염이란 사람은 결코 꿍꿍이가 많은 사람이 아니었고, 모략에도 그리 뛰어난 사람이 아니었음을 알 수 있습니다. 단지 그는 지나치게 자부심이 강해 인간관계에 있어 상대의 체면을 고려하지 않고 자존심을 상하게 하는 결점이 있었습니다. 그는 자신의 생각이 옳다고 생각하고 고집을 부린 일이 이렇게 엄중한 대가를 치를 것이라고는 꿈에도 생각하지 못했을 것입니다. 그가 상대를 향해 어금니와 발톱을 드러냈을 때 상대 또한 그에 대해 원한을 기억하고 그들을 제거하기 위해 온갖 지혜를 짜낼 것이라는 사실을 전적으로 소홀히 여겼던 것입니다.

살얼음 밟듯이 가야 할 때가 있다

《채근담》에 "세상의 보통 사람들은 '나'라는 글자를 너무 중시하기 때문에 수많은 기호와 수많은 번뇌가 있는 것이다[世人只緣認得我字太眞, 故多種種嗜好 種種煩惱]."라는 말이 있습니다.

'아집'이란 자신을 가장 특별하게 여기고 사사건건 자아의 우월감을 추구하며, 항상 자신이 남보다 더 뛰어나다는 점을 증명하려고 하는 심리입니다. 중국 문화에서 '아집'은 아주 분명하게 드러납니다. 그것은 생명을 제자리에 안주하게 하고 더 이상 자아를 넘어서서 진보하지 못하도록 합니다. 또 아집은 생명을 항상 새롭게 하여 완벽을 추구하지 못하게 합니다. 때문에 생명을 경외한다는 중요한 사명을 달성하기 위해서는 일체의 아집을 버려야 하는 것입니다.

앞서 살펴본 진나라의 난염은 아집의 전형이었습니다. 처음에는 철군을 반대하고 두 번째에는 멋대로 철군해 버린 그의 언행으로 볼 때 그가 진정 관심을 가졌던 것은 철군의 부끄러움이 아니라 자신이 지무자나 순언보다 더 뛰어나다는 점을 부각시키려는 성급한 욕심 때문이었음을 알 수 있습니다. 때문에 그는 자신이 삼군의 최고 대장 중 한 사람이라는 신분을 망각하고, 전쟁의 전체 국면과 진나라의 위신을 생각하지 못한 것이었습니다. 그 결과는 씨족 간의 내란으로 전 씨족이 멸족되기에 이른 것입니다.

옛사람들은 아래의 《역경》의 〈건괘〉에 나오는 구절을 인용하여 스스로를 경계했습니다.

군자는 종일 쉬지 않고 애쓰며, 저녁에 반성한다.

[君子終日乾乾, 夕惕若.]

이 구절은 만약 아침부터 저녁까지 자신의 결점과 문제를 경계하고 조심한다면 설령 재난이 생기더라도 능히 평온해질 수 있음을 가리킵니다. '건건乾乾'은 자강불식自强不息, 즉 꿋꿋하게 쉼 없이 강해진다는 뜻으로, 여기서 '건乾'은 튼튼하다는 뜻입니다. '석척약夕惕若'은 아침부터 밤까지 경계하는 모습을 나타냅니다.

옛사람들은 생명 존중이라는 것이, 맹목적으로 생명을 높이 치켜세우거나 혹은 생명이 요구하는 것들을 최대한 만족시키는 것이라고 생각하지 않았습니다. 이와 반대로 옛사람들은 강력한 의지로 고질적인 인성의 약점과 싸우며, 생명 중의 추한 부분을 과감하게 배제해서 끊임없이 완벽해지기를 추구했습니다. 생명이 존중할 가치가 있는 것은 그것이 찬란하고 눈부시게 빛나기 때문이 아니라 우리에게는 그것을 손상할 자격이 없기 때문입니다. 그것은 처음 거칠고 투박한 옥돌을 심혈을 기울여 정교한 예술품으로 조각하는 것이 옥돌을 존중하는 가장 좋은 방식인 것과 같습니다. 성선설의 입장에서 보면, 인성은 본래 천지간의 가장 선하여 땅 속에 지선지미至善至美한 씨앗이 묻혀 있는 것과 같은데, 인성의 약점이 틈만 나면 드러나기 때문에 현실 생활에서는 존중할 수 없는 것처럼 보이는 것과 같습니다.

때문에 생명을 존중하는 것은 인성의 약점에 대해 경계하고 수시로 교정하는 것을 의미합니다. 정신질환을 앓고 있거나 혹은 자살하는 것이 비록 사회적 요인과 관련성이 있다고 해도 그보다는 자신의 성격적 약점과 관련된 경우가 많습니다. 정신 혹은 심리 질병에는 항상 심각한 사회적 배경 요인이 작용하지만, 그렇다고 해도 사회적 배경 요인이 작용하는 데 개인의 심리적 자질이 충분히 발휘되지 못하면 병이 생기는 것입니다. 때문에 기독교에서는 인간이 애초에 원죄가 있다고 강조하여 끊임없이 기도하고 참회함으로써 생명의 약점에 대해 고도의 경각심을 갖도록 하고 아울러 적시에 교정하도록 합니다. 반면 유가에서는 인성의 약점에 대해 항상 '계신공구戒愼恐懼'할 것을 주장합니다. 《시경》에 이런 구절이 있습니다.

> 언제나 벌벌 떠네.
> 깊고 깊은 못 가에 임하는 심정,
> 마치 살얼음 위를 걷는 듯하네.
> [戰戰兢兢, 如臨深淵, 如履薄氷.]
>
> -《시경》〈소아〉

이 시는 《논어》, 《좌전》, 《효경》 등 여러 유가 경전에서 처신의 방식을 설명하는 것으로 널리 인용되었고, 후세 유가의 수신 사상에 커다란 영향을 끼쳐 때론 간략하게 '리박임심履薄臨深'이라고 일컬어지기도 합니다. 마치 깊은 연못가에 서 있는 것처럼 자신의 부족함을 경계하고, 얇은 얼음 위를 걷는 것처럼 조심스럽게 인성의 약점을 다루어야 한다는 것입니다. 극도로 조심해서 영혼을 보호해야 문제가 생기지 않을 수 있습니다. 이는 인성의 약점이 수시로 허점을 파고들어 말썽을 일으킬 수 있기 때문입니다. 오늘날의 관점에서 보면, 앞서 말한 자살이나 우울증을 포함한 사람들의 불행은 모두 성격상의 무능함이나 유약함과 관련이 있는 것으로, 특정한 상황에서 자신의 성격 약점에 굴복해 버렸기 때문에 나타난 현상입니다. 때문에 평소에 자신의 성격 약점에 대해 항상 경계심를 갖고 끊임없이 자신의 약점을 극복하려 한다면 우울증이나 자살의 비율은 크게 줄어들 것입니다.

마음을 한데 집중하는 법

명대학자 왕영빈의 멋진 말이 있습니다.

선을 행하는 단초는 끝이 없지만,
'양' 자 하나만 알면,
사람들과 함께 할 수 있다.
입신의 도는 무궁하지만,
'경' 자 하나만 얻으면,
모든 일이 다 잘 마무리된다.
[爲善之端無盡, 只講一 '讓', 便人人可行.
立身之道何窮, 只得一 '敬'字, 便事事皆整.]

-《위로야화》

선을 행하는 길은 비록 많지만, 사실은 복잡하지 않습니다. '양讓'이 바로 개개인들이 행할 수 있는 원칙입니다. 입신의 도는 비록 넓지만 사실은 아주 간단합니다. '경敬' 자 하나만 이해하면 자연히 모든 일이 정리되고 편안해집니다.

이는 유가의 '주경主敬' 사상을 체현한 글입니다. '주경'이란 간단히 말하면 생명에 대한 경외심을 갖는 것으로, 타인의 생명에 대해서는 항상 경외하는 마음을 품고 자신의 생명(특히 그 결점)에 대해서는 항상 걱정과 두려움을 갖는 것을 말합니다. 한 번 생각해 봅시다. 여유롭고 한가하거나 마음이 편안할 때 여러분은 마음 깊은 곳에서 어떻게 자신을 대하고 있습니까? 마음속의 여러 복잡한 상념을 어떻게 처리하고 있습니까? 또 여러분의 불안한 영혼을 어떻게 다독여 편안하게 하고 있습니까? 여기에는 교묘한 재주나 뛰어난 기교가 필요한 것은 아닙니다. 단지 경건한 마음으로 자신과 타인을 대하는 것뿐입니다. 이를 바로 '주경'이라 합니다.

'주경'은 공자 사상의 아주 중요한 부분입니다. 《논어》에는 '경' 자가 최소 20여 차례 나옵니다. "거처할 때는 공손히 하고, 일을 맡아 처리할 때는 공경스럽게 한다[居處恭 執事敬].”《논어》〈자로〉), "행동은 공손히 하고 윗사람을 섬김에 공경으로 한다[其行己也恭, 其事上也敬].”《논어》〈공야장〉), "행동을 공경스럽게 하면서 명령을 간단하게 시행하여 백성을 다스린다[居敬而行簡, 以臨其民].”《논어》〈옹야〉), "용모는 공손함을 생각하고 일은 공경함을 생각한다[貌思恭, 事思敬].”《논어》〈계씨〉), "공경하면 과실이 없고, 남에게 공손하고 예의를 지킨다[敬而無失, 與人恭而有禮].”《논어》〈안연〉), "말이 성실하여 신의가 있고 행동이 진지하고 조심스럽다[言忠信, 行篤敬]."《논어》〈위령공〉), "(임금을 섬길 때는) 그 직무를 성실히 하고 난 뒤에 그의 녹을 받는다[敬其事而後其食]."《논어》〈위령공〉), "제사는 공경으로 하고 상사는 슬픔으로 한다[祭思敬, 喪思哀]."《논어》〈자장〉), "공경과 믿음으로 일한다[敬事而信]."《논어》〈학이〉) 등등을 주장했습니다. 이것이 어디 입으로만 말한 것이겠습니까? 그들은 현실 생활에서 '주경主敬'을 진지하게 실천한 사람들입니다. 《논어》〈향당〉에는 공자가 아침부터 저녁까지 각기 다른 장소에서 사람들과 만날 때 보여준 공경한 태도가 기록되어 있는데, 이는 읽는 사람으로 하여금 감탄하게 합니다.

'주경'이라는 단어는 일찍이 《예기》〈소의少儀〉에 나오는 말로, 송명이래 널리 인용되어 수신의 중요 범주가 되었습니다. '주主'란 무엇 무엇을 주로 한다고 할 때 쓰는 근본이라는 뜻입니다. 정이는 "능력이나 품성을 기르는 함양은 모름지기 공경으로 하고, 배움에 나아가면 사물의 도리를 깨닫는 경지에 이른다[涵養須用敬, 進學則在致知]."《이정유서》)라고 했습니다. 여기서 '경敬'을 '자신의 도를 지키는 것[持己之道]'으로 여겼습니다. '함양'은 명사가 아니라 수양의 과정을 가리킵니다. '함涵'자는 '함函'에서 나온 글자로 갑골문에서 화살통과 같은 유형의 그림(🏹)입니다. 오늘날 중국어의 '편지함信函'에 '함'의 원시적 함의가 들어 있다고 할 수 있습니다. 함을 사람의 몸에 쓸 때 삼수변을 추가한 것은 구별을 위한 것으로 여겨지는데, 포용하고, 수렴하고, 모으는 등의 뜻을 가지고 있습니다. 오늘날 누군가 함양이 되어 있지 않다고 말할 때 함양은 명사입니다. 유가에서 '함' 자는 본래 동사로 사용되었습니다.

'함양'이란 자기의 마음을 거둬들이고 한데 모아 그것이 흩어져 방향을 잃어버리지 않도록 하는 것을 가리켰습니다. '함양수용경'은 바로 경건한 뜻으로 자신의 마음을 모으는 것을 뜻하는 말입니다.

그러면 어떻게 경건한 뜻으로 자신의 마음을 모을 수 있을까요?

> 군자는 경건함으로 내면을 직시하고
> 의로움으로 당당하게 외부 세계와 대면한다.
> [君子敬以直內, 義以方外.]
>
> -《주역》〈문언〉

나는 '직내直內'를 내면의 문제를 정직한 태도로 교정한다는 것으로 이해하고 있습니다. 그런데 여기서 '직'을 '직면한다'는 뜻으로 이해하여 내면의 어두운 부분을 과감하게 직시하고 도망가거나 숨지 않는다는 것으로 이해할 수도 있습니다. 마음속에 항상 생명에 대한 경외심을 가지고 있으면 자연히 자신의 성격 약점을 직시할 수 있고, 영혼 깊은 곳의 추악함을 똑바로 보고 도망가거나 숨지 않을 수 있다는 것입니다. 사람들마다 약점과 결점이 있지만 그것을 인정하기는 그리 쉽지 않습니다. 비뚤어진 인격이나 심리적 질병은 장기간 성격의 문제를 직시하지 못해 생긴 것이기 때문에 '경'으로써 내면을 바라보는 '경이직내'가 필요한 것입니다.

'방외方外'는 당당하게 자신이 해야 할 일을 하는 것입니다. '의이방외'란 대의로써 일과 사람을 대하는 것이고, 세상물정에 약삭빠르게 대처하여 어느 쪽에도 미움을 사지 않는 두루뭉술한 태도에 반대한다는 뜻입니다. 만약 경건한 마음으로 내면의 약점과 추악함에 직면할 수 있다면 생각은 거리낌이 없어지고 마음은 한없이 넓어져 '마음 속에 사사로움이 없어 천지처럼 넓어지는[心底無私天地寬]' 상태에 이를 수 있을 것입니다. 이렇듯 '의이방외'와 '경이직내'는 서로 보완하고 협력하여 비로소 완성되는 것으로, 후자는 전자의 산물로 볼 수 있습니다. '경의립이덕불고敬義立而德不孤' 즉 경과 의에 서면 덕은 외롭지 않다라는 뜻에서 '경'은 '경이직내'를 가리키고, '의'는 '의이방외'를 가리킨다고 할 수 있습니다. '경의립'은 바로 '경이직내'와 '의이방외'한다는 것이고, '덕불고'는 품덕과 언행이 다른 사람의 공명을 얻으면 외로움을 느낄 리 없다는 뜻입니다. 왕영빈은 "고요함은 능히 생명을 연장하고 경건함은 날로 강해지도록 한다[靜能延壽,敬則日強]."《위로야화》고 말했습니다. 만약 이 두 방면을 잘 파악하여 서로 보완하고 협력할 수 있다면 반드시 그 무궁한 혜택을 누릴 수 있을 것입니다.

속내를 비추는 거울을 두려워하라

높은 재능에 기대 세상을 희롱하며 업신여기는 사람은
배후에서 사람을 헐뜯는 사영충 같은 소인배를 조심해야 하고,
후덕한 모습을 가장하여 사람을 속이는 사람은
면전에서 자신의 속내를 비추는 거울을 두려워해야 한다.

[倚高才而玩世, 背後須防射影之虫,

飾厚貌以欺人, 面前恐有照膽之鏡.]

-《채근담》

　　우리는 세상을 우습게 알 때가 있습니다. 이 말은 일이나 관계에서 자신만이 최고라고 생각하고 다른 사람을 중시하지 않는 것을 가리킵니다. 여러분은 아마도 자신이 세상을 우습게 아는 사람은 아니라고 생각할 것입니다. 사실 여기서 '논다', '희롱한다'라는 뜻의 '완玩' 자는 우리들 각자와 관련이 있습니다. 우리는 때론 이렇게 말하곤 합니다. '내가 말한 것을 장난으로 여기지 마라.', '이 녀석이 사람을 가지고 노네.', '그래, 네가 감히 어르신과 놀아 보려고!' 등등. 생활 속에서 '완'의 개념은 일을 하면서도 책임지지 않고, 사람을 대할 때 성의가 부족하고, 실컷 이용만 하고 사람을 가지고 논다는 함의를 가지고 있습니다.

　　'사영지충射影之虫'은 원래 독을 내뿜는 동물로 여름 저녁 무렵 풀숲을 기어다니다가 지나가던 사람이 부주의하는 틈을 타 갑자기 독을 쏘아대는데, 그 살상력이 아주 큰 벌레입니다. 그런데 자연계에만 사영지충이 있는 것이 아니라 인간 세계에도 이와 유사한 사람들이 있습니다. 우리는 스스로 대단하다고 생각할 때가 있습니다. 일시적으로 사람을 속여 가지고 놀다가 목적을 이루면 더욱 의기양양하여 세상에 자신의 상대가 되는 사람은 아무도 없다고 생각합니다. 그런데 스스로 자만하고 만족하는 그 순간 우리가 다른 사람의 표적이 된다는 사실을 알지 못하고, 또 언제라도 갑작스런 공격을 받을 수 있다는 사실을 잊고 살아갑니다. '사영지충'은 세상 어디에나 존재하고 있지 않겠습니까?

'식후모이기인飾厚貌以欺人, 면정공유조담지경面前恐有照膽之鏡'이 말하는 것도 같은 이치입니다. 몇몇 사람들은 자신이 항상 옳다고 여기고 세상을 살아가며 항상 잔꾀를 부리는 것을 좋아합니다. 그리고 이런 식으로 몇 차례 성공을 하면 자신이 가장 총명하고 남들은 자신의 계략을 알지 못할 것이라고 생각합니다. 여러분 중 혹시 그런 생각을 가진 사람이 있다면 더 이상 다른 사람이 정말 모를 것이라고 생각하지 마십시오. 아마도 상대는 여러분의 뱃속까지 꿰뚫어보고 있을 것이고, 언제 여러분의 잘못된 행실을 까발릴지 모르는 일입니다. 그런데도 정말 두려움이 없을 수 있겠습니까? 뛰는 놈 위에 나는 놈이 있는 것처럼 현실에는 자기보다 훨씬 뛰어난 사람이 많이 있음을 항상 의식해야 합니다. 지난 여러 해 동안 상대방이 없는 곳에서 얼마나 욕을 해댔고, 얼마나 상대에게 해를 가했는지 말하지 않았다고 해서 상대가 진짜 모른다고 생각하지 마십시오. 능란한 말솜씨로 남들을 속이고 진실이라고 믿게 할 수 있다고 생각하겠지만 그것은 잠시일 뿐입니다. 인생이란 자신이 가진 실제 능력에 따라 살아야 합니다. 다른 사람의 눈에는 훤히 다 보입니다. 그렇게 실제로 일을 하지 않으면서 오로지 상사의 비위만 잘 맞추고, 말재주만 뛰어나고, 가는 곳마다 분란을 일으키는 사람은 옹졸하고 쩨쩨하게 인생을 살아가는 사람입니다. 그래서 이 구절의 함의는 간단하지만 삶을 살아가는 데 있어 꼭 경계해야 할 내용이라고 할 수 있습니다. 설령 지금 여러분이 남과 '장난칠[玩]' 마음이 없다고 해도 이 구절을 기억하고 음미하는 것이 꼭 무익한 것은 아닐 것입니다.

> 걸음마다 앞서고자 하는 사람에게는,
> 반드시 그를 밀치는 사람이 있고,
> 사사건건 이기고자 하는 사람에게는,
> 반드시 그를 좌절시키는 사람이 있다.
> [步步占先者, 必有人擠之,
> 事事爭勝者, 必有人挫之.]
>
> ―《격언련벽》

세상을 살아가면서 이기는 것만 좋아하며 자신이 남보다 한 수 위에 있음을 증명하길 좋아하는 사람들이 있습니다. 이런 사람들은 누군가 자신보다 앞서가면 참지 못하고, 심지어 체면을 가리지 않고 다양한 수단을 사용하여 상대를 무너뜨리곤 합니다. 어떤 사람들은 탐욕과 사심이 너무 큰 나머지 심할 정도로 남을 속이곤 합니다. 또 어떤 사람은 일을 할 때 항상 남보다 윗자리에 앉는 것만 좋아하여 기회만 있으면 좋은 자리를 차지하려고 하지만, 실제로 성실하게 일해야 할 필요가 있을 때에는 이런 저런 이유와 변명을 대고 멀리 숨어버리곤 합니다. 이런 사람은 잠시 남보다 우위에 설 수는 있겠지만 언젠가는 진정한 상대를 만나 결국 쓴맛을 보게 될 것입니다.

힘에 의지하는 사람은,

진정한 적수를 만난다는 사실을 홀시하고,

세력에 의지하는 사람은,

더 큰 상대를 만난다는 사실을 홀시하는데,

이는 사람들의 생각이 미치지 못하기 때문이다.

[恃力者, 忽逢眞敵手,

恃勢者, 忽逢大對頭, 人所料不及也.]

―《위로야화》

    사람들마다 자신만의 장점이 있기 마련입니다. 그러나 개중에는 자신의 한 가지 장점만을 보고 자기보다 뛰어난 사람이 없다고 여기는 경우가 있습니다. 여러분도 어떤 방면에서는 다른 사람들보다 뛰어날 수 있습니다. 하지만 그렇다고 모든 방면에서 뛰어나다고 말할 수는 없습니다. 사람은 항상 자아를 중심으로 다른 사람을 평가하기 쉽습니다. 그래서 자신을 지나치게 높게 평가하는 초보적인 잘못을 쉽게 저지르곤 합니다. 어떤 사람들은 힘과 재주가 있는데도 다른 사람들이 알지 못할까 걱정하여 걸핏하면 무력으로 사람을 제압하는 것을 좋아합니다. 이런 사람은 일단 자신보다 뛰어난 솜씨를 가진 상대를 만나면 쥐새끼처럼 후다닥 도망을 치고 다시는 감히 거들먹거리지 않게 됩니다. 어떤 사람들은 권세가 있다고 걸핏하면 세를 믿고 사람을 깔보는데, 일단 자신보다 더 큰 권세가 있는 상대를 만나면 쥐 죽은 듯이 살아가고 더 이상 위세를 부리지 못합니다.

앞의 구절은 우리가 살아가는 데 있어 근신할 것을 깨우치는 말입니다. 너무 잘난 체 하지 말고, 오만방자하게 굴지 말라는 이야기입니다. 우리는 흔히 이런 말을 하곤 합니다. "저 녀석 너무 미친 듯이 날뛰는구만.", "저 친구는 너무 잘난 척 해.", "내가 충고하건데, 이후로 살면서 너무 설치지 마라", "저 사람은 너무 꼴불견이네." 등등. 우리는 '미친 듯이 날뛴다.' '오만방자하다'는 등의 말로 이런 사람들을 묘사하곤 하는데, 그건 아마도 그들의 일련의 행위 즉, 너무 자신만이 옳다고 여기고, 다른 사람을 존중하지 않고, 너무 지나치게 행동하는 것이 눈에 거슬리기 때문일 것입니다. 사실 우리 모두는 조그만 성공에 본분을 잊을 수 있고, 거만하게 남을 깔볼 수 있으며 심지어 힘만 믿고 약한 사람을 괴롭힐 수가 있습니다. 어떤 경우 다른 사람의 눈에는 지나치게 오만한 것처럼 보이는데도, 자신은 오히려 정상인데 상대가 너무 안하무인처럼 행동해서 인연을 끊은 것처럼 이야기할 때도 있을 것입니다. 이런 상황에서 위의 구절을 경계로 삼으면 이것이 바로 '주경主敬'에 상응하는 뜻입니다.

문밖을 나서면 모두가 스승

영국의 한 인터넷 사이트가 1만 5,000명의 유럽 호텔업계 인사들을 인터뷰하여 각국 여행자들의 행동에 대한 의견을 조사한 적이 있습니다. 조사 결과 일본 여행객이 가장 깔끔하고 예의가 발라 전 세계

최우수 여행객으로 선정되었고, 중국은 뒤에서 세 번째를 차지했습니다. 중국인이 해외여행을 할 때 사람들에게 나쁜 인상을 남기는 이유로는 공공장소에서 큰소리로 떠들고, 아무데나 침을 뱉고, 멋대로 쓰레기를 버리며, 자리를 차지하려 다투고, 웃통을 벗고 다니며, 말다툼하는 것 등등이 있었습니다. 이 외에도 '가이드의 지시를 따르지 않고, 시간관념이 없으며, 현지의 풍속을 존중하지 않고, 잘난 척하며 조그만 이익을 탐하는 것' 등이 있었습니다.

매일 큰소리로 '5,000년 문명 중국', '예의지국'이라고 떠들면서 예의지수로는 뒤에서 세 번째를 차지한 것을 어떻게 해석해야 할까요? 사람들은 경제가 아직 발전하지 못했고 국민들의 생활 수준이 높지 않아서 그런 것이라고들 이야기합니다. "생활 수준이 어느 정도 발달하면 자연히 정신 문명을 중시할 것이다. 밥 먹기도 힘든 시절에 정신 문명을 중시하길 기대하는 것은 무리다." 이런 논리에 따르면 중국인의 거칠고 교양 없는 행위는 응당 이해해 주어야 합니다. 그러나 나로서는 이해가 되지 않는 부분이 있습니다. 설마 2,000여 년 전의 '예의지국'의 물질 생활 수준이 지금보다 더 나았단 말인가? '전체 국민의 자질이 떨어진다.'는 추악한 국제적 이미지의 배후에 내포된 것은 무엇인가? 나는 우리가 바로 생명에 대한 경외심을 잃어버렸기 때문이라고 생각합니다.

지금보다 물질 생활 수준이 훨씬 낮았던 2,000여 년 전에 공자는 어떻게 말했을까요?

중궁이 인에 대해 묻자 공자가 말했다.
문을 나서면 큰 손님을 대하듯 하고,
사람을 부릴 적에는 큰 제사를 받들듯이 하며.
[仲弓問仁, 子曰. 出門如見大賓, 使民如承大祭.]

-《논어》〈안연〉

　'집밖에 나가 누군가를 만나면, 그가 고관대작이든 평범한 백성이든 귀빈을 대하듯 공경하라.' 언젠가 한 지역을 다스리는 관리가 되어 백성들을 이끌 때, 초심을 잃지 말고 마치 큰 제사를 지낼 때 엄숙하고 진지하게 하듯이 조금도 소홀함 없이 맡은 바 책임을 다하라는 것입니다. 이는 의심할 여지없이 생명을 경외하는 공자의 숭고한 선언입니다. 공자는 타인을 공경하고 생명을 경외할 수 있는 사람만이 유가의 도덕적 이상인 '인仁'에 부합하는 인간이 될 수 있다고 보았습니다. '인자仁者, 인야人也.'《중용》)에서 인의 이상은 바로 진정한 인간이 되는 것이었습니다. 공자와 그의 제자들이 공경과 경외를 생명의 주제로 생활화하고, 이를 기준으로 삼아 인간의 기본 생활 방식을 만들어냈음을 알 수 있습니다. 만약 오늘날의 중국인들이 생명을 경외하는 공자 사상으로부터 영감을 얻었다면 아마도 지금과 같이 국제적인 망신을 당하는 일이 없었을 것입니다. 생명을 경외하는 것과 물질생활 수준은 아무런 직접적인 관련이 없는 것입니다.
　현대인은 자연스런 것을 좋아하고 절제를 좋아하지 않습니다. 그 결과 자연스러움은 방종으로 변하고 원래 단어가 갖는 말의 무게를 상실해 버렸습니다. 현대인은 편안함을 좋아하고 고생을 싫어합니다. 그 결과 편안함은 경박함으로 변하여 깊이가 없어져 버렸습니다. 오늘날 사람들은 옛사람들이 자신을 엄격하게 대하는 것을 보고는 오늘날에는 적합하지 않다고 느끼고 있습니다. 또 옛사람들이 너무 피곤하게 살았다고만 생각하고 여태껏 자신의 문제를 의식하려고 하지 않습니다. 하지만 유가들이 보기에, 사람은 인성의 약점과 악전고투하는 과정에서 인간이 되는 것이고, 생명에 대한 경외도 인성의 약점과 과감하게 싸우면서 체현되는 것이었습니다. 인간은 저절로 완벽해질 수 없습니다. 본능에 따라 자신을 방종하고, 세상을 살아가면서 경건한 마음을 갖지 않으면, 이는 바로 생명에 대한 커다란 불경인 것입니다.

누군가 우주는 끝없이 황량한데 오직 지구에서만 사람이 살고 있어 생기가 넘치고 활기차게 발전했다고 말했습니다. 하지만 수십만 년에 걸친 인류 역사를 살펴보면, 피가 강물처럼 흐르는 전쟁이 얼마나 많았고, 기황과 재해, 질병으로 인해 얼마나 많은 사람들이 고통스러워하다가 죽었으며, 사람과 사람 사이에 얼마나 많은 원한으로 너 죽고 나 살자는 싸움이 있었습니까? 여기서 이론상으로 생명을 어떻게 경외할 것인지를 논증하는 것과 현실 생활에서 생명에 대한 경외를 생활의 각 영역으로 어떻게 구체화할 것인가는 완전히 별개의 일임을 알 수 있습니다. 설령 우리가 생명을 찬미하고 생명을 경외하는 글을 수없이 읽는다 하더라도, 이것으로 우리가 주위의 생명을 공경한다는 것을 깨달았다고는 할 수 없습니다. 아마도 생명을 찬미하는 좋은 글 한 편을 읽었다고 해서 사람을 대하는 방식을 바꿀 리가 없기 때문일 것입니다. 우리는 여전히 멸시할 만한 사람을 멸시할 수 있고, 또 자신을 해하는 사람을 원망할 수 있으며, 변함없이 자신이 좋아하지 않는 사람과 아웅다웅 다툴 수 있습니다. 생명을 경외하는 것이 마치 심미적 의미를 지닌 화제일 뿐이고 결코 우리의 생활 방식이 되지 못했기 때문입니다. 이것이야말로 진정 우리가 반성해야 할 문제입니다. 유가 전통과 오늘날 사람들의 생활의 차이가 가장 크게 드러나는 부분은 바로 여기에 있습니다.

이와 대조적으로 옛사람들은 일찍이 생명을 경외해야 한다는 것을 인식했을 뿐만 아니라 생명에 대한 경외를 일상생활의 각 영역에 적용하기 위해 힘썼습니다. 유가 경전 《예기》〈예운〉은 예의 형성을 논하면서 예란 산 사람이 죽은 사람을 공경하는 데서 비롯되었다고 지적했습니다. 사람이 죽으면 산 사람들은 그의 생전의 행위를 생각하고, 그의 타인에 대한 보살핌을 생각하고, 그의 웃는 얼굴과 목소리를 생각하며 애통한 마음을 표합니다. 이리하여 매장, 제사, 초혼, 애도 등의 일련의 예식이 생겨나게 되었고, 이로써 사자에 대한 정중한 마음을 표시한 것입니다. 맹자의 관점에 근거하면 사람과 금수의 차이는 크지 않지만, 결정적 차이는 사람은 다른 생명을 존중해야 함을 이해하고 있지만 동물은 그럴 수 없다는 것입니다. 맹자는 사람에게는 모두 '차마하지 못하는 마음' 즉 '불인인지심不忍人之心'이 있고, '측은지심', '수오지심', '시비지심', '사양지심'(《맹자》〈공손추〉)이 있다고 말했습니다. 이렇게 사람들이 타고나면서부터 가지고 있는 양심이 조화와 공존의 예의규범을 발전시킬 수 있었고, 사람과 사람 사이의 상호 쟁탈과 살육을 면하게 했으며, 노약자가 학대를 받지 않도록 한 것입니다. 이로부터 보건데, 유가의 '예'의 정신은 실질적으로 생명에 대한 공경을 일상생활 방식으로 온전히 구체화한 데 있었던 것입니다.

우리의 생명은 세계 전체에 속한 것이다

보도에 따르면 중국은 지금 세계에서 자살률이 가장 높은 나라 중 하나가 되었습니다. 매년 30만에 가까운 사람들이 자살로 죽고, 200만 명이 자살을 시도하고, 150만 명의 사람들이 가족과 친구들을 자살로 잃어 장기간 심각한 심리적 상처를 입고, 18세 미만의 어린이 16만 명이 아버지 혹은 어머니의 자살로 인해 한 부모 가정에서 자란다고 합니다. 자살률이 높아지는 주요 원인의 하나는 우울증 환자가 갈수록 많아지는 데 있습니다. 우울증 환자의 85퍼센트 이상이 자살하려는 경향을 보이고, 이중 자살 이행률은 10~15퍼센트에 달한다고 합니다. 이들 우울증으로 인해 자살하는 사람의 대부분은 명문 고교생, 사회 엘리트 및 생활과 업무의 스트레스가 큰 사람들이라고 합니다.

오늘날 우울증은 확실히 우리 주변에 만연되어 있습니다. 어떤 사람은 심지어 우울증이 현대사회가 야기한 스트레스와 급격한 변화 속에서 살아가는 생명체에게 악몽과도 같은 존재가 되어버렸다고 이야기하기도 합니다. 아마 여러분 주위를 조금만 돌아보면 마음의 병으로 그 정신과 신체가 지옥과 같은 고통에 빠져 있는 친구들을 쉽게 발견할 수 있을 것입니다. 우울증은 생명에 대한 열정을 잃어버린 것이고, 가까운 사람들에 대한 사랑하는 마음을 상실한 것이며, 더 이상 기대할 것이 없이 모든 의욕을 상실했다는 느낌일 것입니다.

우울증의 만연과 자살률 상승에 직면하여 우리는 묻지 않을 수 없습니다. 우리에게는 자살할 권리가 있는가? 우리에게는 자신의 생명을 학대할 권리가 있는가? 아마도 누군가는, 모두에게 타인의 생명을 학대할 권리가 없다고 해도, 자아를 괴롭히거나 자살을 선택하는 등 자신을 학대할 권리는 있다고 이야기할 것입니다. 생명은 자신에게 속한 것이기 때문에 우리에게 수중에 있는 재물을 맘대로 처리할 수 있는 권리가 있는 것처럼 자신의 생명을 처리할 수 있고, 자살을 포함하여 어떤 생활 방식으로 살 것인지를 선택할 권리가 있다고 여기는 것입니다. 이제 옛날부터 지금까지 서로 다른 문화전통을 가진 사람들이 동일한 문제에 어떻게 답했는지 한 번 살펴보기로 합시다.

유가 사상에 따르면 우리는 영원히 자신의 생명을 학대할 권리가 없습니다. 이유는 아주 간단합니다. 우리의 생명은 우리 자신뿐 아니라 이 세계 전체에 속해 있기 때문인 것입니다. 옛사람들은 인간을 천지간에 속한 소우주로 여겼고, 인간의 생명은 커다란 우주와 시시각각 소통한다고 여겼습니다. 이를 '천인감응天人感應'이라고 합니다. 때문에 인간이 세상을 살아가면서 가져야 하는 가장 신성한 의무의 하나가 바로 대우주의 도리를 인식하는 것이었습니다. 대우주의 도리란 바로 '천도(天道, 혹은 '천지지도天地之道')'였습니다. 누구도 이 '천도'를 위반해서는 안 되었습니다. 《주역》을 대표로 하는 우주관은 천지의 도는 '생생生生'에 있다고 여겼습니다. 《주역》에서는 '천지의 큰 덕을 생이라 이르고[天地之大德日生]', '우주 만물을 생장하게 하는 것을 역이라 이른다[生生之謂易]'('易'은 《역경》의 이치를 가리킨다)고 했습니다. 소위 '생생'은 오늘날 말로 하면 생명의 건강한 발육과 생장이고, 생명에 대한 고도의 공경심인 것입니다. 이와 동시에 《주역》은 또 '보합태화保合太和', '각정성명各正性命', 즉 우주 만물이 다 각자의 자리가 있고 조화롭게 공생한다고 지적했습니다. 이는 《중용》에서 말하는 '치중화致中和, 천지위언天地位焉, 만물육언萬物育焉'의 정신과 서로 일치하는 것이기도 합니다.

이 외에도 옛사람들은 인간은 만물 중 '득기수이최령得其秀而最靈', 즉 그 빼어남을 얻어 가장 영민하기 때문에 천도를 알고 준수할 수 있지만 동물은 그렇지 못한 존재라고 생각했습니다. 천도를 준수하기 위해서는 인간으로서 생명의 잠재력을 충분히 발휘해야 하는데, 그것이 바로 《중용》에서 말하는 '진기성盡其性'인 것입니다. 진기성해야만 사람은 진정한 인간이 될 수 있고, 이를 '천지와 더불어 함께 한다[與天地參]'고 한 것입니다. 만약 '진기성'이 생명의 잠재력을 최대한 발휘할 수 있도록 한다면 '여천지삼'은 인간과 천지가 함께 나란히 서서 삼(三, 參)이 되는 것을 가리키고, 이는 인간이 정신적으로 천지와 함께 우뚝 서는 표지인 것입니다. 이런 관점에서 보면 자살, 우울증을 앓는 것은 생명을 학대하는 행위이고 우주 만물을 발육 성장하게 하는 '생생지도'에 부합하지 않는다는 것입니다. 이런 행위는 인성 속에서 '여천지삼'할 수 있는 타고난 능력을 억압하는 것이기 때문에 생명에 대한 왜소화이며 불경인 것입니다. 유학의 관점에서 보면 한 사회의 '고통지 수'가 높은 이유는 '생생지도'를 위반하여 '천도'와 서로 대립하기 때문입니다.

사실, 기독교의 영향을 깊이 받은 서방의 문화도 자신의 생명을 연약하게 하고 학대하는 행위, 특히 자살을 강력히 반대합니다. 기독교의 관념에 따르면 인간은 하나님의 작품입니다. 하나님은 인간을 결코 맹목적으로 창조하지 않았습니다. 하나님은 천지를 창조하고 인간의 생명에 목적과 의미를 부여했습니다. 그래서 인간이 가진 생명의 목적과 의미는 참회와 속죄를 통해 세속과 육신을 초월하여 하나님의 나라로 돌아가는 것입니다. 때문에 인간에게는 이러한 신성한 사명을 완수하기 전에 자살이라는 방식으로 생명을 끊고 미리 세상에서의 생활을 끝낼 권리는 없다는 것입니다. 서양 사상사에서 아우구스티누스, 흄(David Hume, 1711~1776), 칸트(Immamuel Kant, 1724~1804), 피히테(J. G. Fichte, 1762~1814), 헤겔(G. W. F. Hegel, 1770~1831), 쇼펜하우어(A. Schopenhauer, 1788~1860), 뒤르켐(Emile Durkheim, 1858~1917) 등은 모두 자살에 관한 글을 썼는데, 그들은 기본적으로 자살에 반대하거나 왜 자살이 부도덕한 것인지를 논증했습니다. 그중 몇몇 학자들은 비록 자살자에 대한 교회의 태도를 비난하기는 했지만, 자살을 왜 하지 말아야 하는지를 함께 논증했습니다. 예를 들어 쇼펜하우어는 기독교가 자살을 범죄와 똑같이 여기는 것은 전적으로 교회의 교조적인 사상이라고 생각했습니다. 하지만 그는 "자살은 도덕이 최고 목적을 실현하는 것을 가로막는 것이다."라고 생각하여 자살에 반대했습니다. 이처럼 서양인들은 기독교적인 문화전통에서 출발하여 인간의 생명이란 결코 자신에 속해 있는 것이 아니기 때문에 인간은 세상을 살아가며 각자 회피할 수 없는 신성한 사명을 완수해야지, 그것을 완성하기 전에 미리 생명을 끝내서는 안 된다고 생각했습니다. 살아가는 데 있어 겪는 고통과 불행에 대해서도 기독교 전통은 인간이 살아가는 목적의 하나가 적극적으로 고통을 체험하여 자신의 원죄를 확인하고, 나아가 존재의 가치와 의미를 찾아내는 데 있다고 생각하는 경향이 있습니다. 만약 정확하게 고통과 불행을 대면하지 못하고 소극적으로 자아를 학대하거나 자살하는 것은 도덕적으로 질책 받아야 마땅한 것이었습니다. 그렇다고 해서 두루뭉술하게 자살이나 자아 학대를 반대하는 것은 꼭 합당한 것이라 할 수는 없습니다. 역사상 위대한 업적을 남긴 위인들의 투쟁적인 자살 행위에 대해 사람들은 질책하지 않고, 오히려 영웅의 기개를 가진 행동으로 찬미하기도 합니다.

나를 아끼고 사랑하는 법

야외로 나가 한가로이 푸른 숲속이나 강변을 거닐다 보면 항상 수많은 영감이 솟아나곤 합니다. 생명의 신비와 돌이킬 수 없는 인생에 대해 생각하다 보면 지루하고 무감각한 생활에 더 이상 매몰되어서는 안 된다는 것을 새삼스레 느끼게 됩니다. 그리고 지금의 소극적인 상태에서 벗어나 창조적으로 생명이 끊임없이 새로운 빛을 발산할 수 있도록 해야 한다고 다짐하곤 합니다. 이것이야말로 진정한 생명에 대한 존중입니다.

생명을 경외하려면 생명의 위대함과 숭고함, 생명의 무궁무진한 잠재력, 생명의 무한하고 신비한 작용과 에너지를 인식해야 합니다.

생명을 경외하는 것은 우리 모두의 천직입니다. 인간은 자살하지 말아야 할 뿐 아니라 생명을 학대할 권리도 없습니다. 자신은 물론 타인의 생명도 마찬가지입니다. 《역경》에서 '사서四書'에 이르기까지, 공자, 맹자로부터 명·청 사상가에 이르기까지 유가는 예로부터 생명을 경건하게 대하고 생명을 경외하는 가치관을 체현해 왔습니다. 유가의 천도관은 기독교의 우주관과 같이 자살을 반대하고 생명을 학대하는 것에 반대했습니다. 유가가 생명에 대한 공경을 가장 먼저 체현된 것은 제사 행위를 통해서였습니다. 제사를 지낼 때 조상을 공경하고, 일상생활에서는 어른을 공경했던 것입니다. 옛사람들이 생명을 경외하는 마음을 품었던 것은 인생의 고난과 생명을 무엇과도 바꿀 수 없다는 자각과 인성의 존엄을 수호하기 위해서였습니다. 오늘날 우리가 방종하고 생명을 홀시하며 신경을 쓰지 않는 것은 그 자체로 생명에 대한 커다란 불경인 것입니다. 우울증 환자가 빈발하고 자살률이 상승하는 것은 오랫동안 생명을 경외하는 교육이 결핍된 것과 관련이 있다고 할 수 있습니다.

> 슈바이처 박사는 일찍이 《물과 원시림 사이에서》라는 도서에서 이렇게 썼다. 그는 아프리카에 지원하여 의사로 있을 때, 어느 날 황혼 무렵 하마 몇 마리가 그들이 탄 배와 함께 열을 지어 강에서 놀고 있는

것을 보고는 돌연 생명의 사랑스러움과 신성함을 깨닫게 되었다고 한다. 이리하여 '생명을 경외하는' 사상이 그의 마음속에서 문득 솟아났고 이후 그가 앞장서서 제창하고 추구하던 사업이 되었던 것이다.

사실 생명에 대한 경외심을 가지고 있어야만 세계는 우리 앞에서 무한한 생기를 드러낼 수 있고 우리도 언제 어디서나 생명의 고귀함과 아름다움을 향유할 수 있는 것이다. 땅 위에서 집을 옮기는 조그만 개미, 봄날 나뭇가지 위에서 노래하는 새, 고원 설산 기슭에 뛰노는 영양, 대양 한가운데서 노니는 고래 등등, 생명과 관련된 세계는 풍부한 이야기로 가득하다. 우리는 또한 언제 어디서나 '새가 날고 물고기가 뛰어오르는 것처럼 세상에 도가 존재하지 않는 곳이 없다'는 생명의 깨달음과 희열을 체험을 통해 얻을 수 있다.

이 때문에 생명에 관련된 이야기를 읽을 때마다 나의 마음은 항상 감당하기 힘든 무게감에 짓눌린다. 사하라사막에서 엄마 낙타는 목말라 죽어가는 어린 낙타를 위해 충분하지 않은 오아시스 안으로 훌쩍 뛰어든다. 어른 영양들은 어린 영양들이 위험에서 벗어나도록 하기 위해 한 마리씩 열을 지어 절벽을 향해 뛰어가다가 어린 양이 곧 떨어지려고 하는 찰나의 순간에 그들을 발판으로 삼아 맞은 편 산 위로 올라가게 한다.

인간만이 생명의 신성한 빛을 가지고 있는 것은 아니다. 생명을 경외하는 것은 우리 자신을 더 사랑하기 위한 것이다. 풍자개(豊子愷, 1858~1917. 화가이며 작가, 교육자)는 일찍이 어린아이들에게 제멋대로 개미를 밟지 말고, 불이나 물로 개미를 해치지 말라고 교육했다.

그는 단지 연민의 마음으로 그렇게 한 것이 아니었다. 비록 자그맣다고 하더라고 어린아이들의 이런 잔인한 마음이 이후 점점 자라나 비행기에 폭탄을 싣고 무고한 백성을 해치게 되는 것을 걱정했기 때문이다.

확실히 우리는 지구상의 모든 생명을 경외해야 한다. 단지 인류가 연민지심이 있기 때문이 아니라 그들의 생명이 바로 인류의 운명이기 때문이다. 그들이 죽어 다 사라지게 되면 마지막 남은 도미노 패처럼 넘어지는 것은 바로 인류 자신이기 때문이다.*

처음 이 구절을 읽었을 때 나는 문득 이런 생각을 했습니다.

'인간이 어찌 자연의 생명만 존중할 줄을 모르겠는가? 인간은 사람의 생명조차도 존중할 줄 모른다. 어찌 타인의 생명만 존중할 줄 모르겠는가? 자신의 생명도 존중할 줄 모른다.'

예를 들어 예의를 차리고 누군가를 대한다고 할 때 상대를 마음으로부터 공경하기보다는 단지 인사치레로만 대한 것은 아닌지? 누군가 어려움에 처해 있다고 들었을 때 진심으로 애통한 마음을 품은 일이 있는지? 중요한 직위에 올랐을 때 경건한 마음으로 일을 할 수 있을지 생각해 볼 일입니다.

스스로에게 이렇게 질문해 보면 생명을 경외하는 마음이 있는지 없는지를 알 수 있을 것입니다. 공자는 제자들을 교육하면서 몸가짐

---

* 장전민張全民, 〈경외생명敬畏生命〉, 2001년

을 항상 삼가고, 일을 할 때에는 직무를 소홀히 하지 말라고 가르쳤는데, 이는 바로 생명의 경외에서 비롯된 것입니다. 기독교인들이 사람을 사랑하고 자신의 원죄를 인식하는 것도 생명에 대한 경외에서 비롯된 것입니다. 현대인의 정신적 우울이 어느 정도는 생명을 경외하지 않은 것에서 비롯된 것은 아닌지를 생각해 보십시오. 우리의 선조들이 극도로 어려운 생존 환경에서 살아온 것을 생각해 보십시오. 그들은 의식도 제대로 갖추지 못했고, 수시로 자연재해와 질병에 노출되어 삶에 안정감도 없었습니다. 반면 현대인들은 널찍한 집, 좋은 의료시설과 더 나은 물질적 조건 속에서 살아감에도 불구하고 아주 조그마한 좌절 때문에 오랫동안 우울해하고, 불안한 앞날 때문에 우울증을 앓고, 마음속에 풀 수 없는 응어리 때문에 자살합니다. 바로 생명을 존중할 줄 모르기 때문이 아니고 무엇이겠습니까?

'생명을 경외하는 방식'에는 적어도 세 가지 형태가 있습니다. 하나는 자신이 태어날 때부터 연약하고, 무능하며, 초라하다는 사실을 인식하고 수시로 고도의 경각심을 갖고 그때그때 경험을 통해 자신을 단련하여 완성하는 것입니다. 만약 우리가 생명의 결함과 싸워 이길 능력이 없다면 이는 우리가 자신과 싸워 이길 능력이 없다는 것을 의미할 뿐만 아니라 생명을 존중하지 않는 것을 의미하는 것입니다. 두 번째로 자신의 생명의 잠재력을 소중하게 여겨, 생명으로 하여금 창조적 활동 속에서 빛을 내뿜게 하는 것입니다. 우리가 의미 없는 삶을 살고 있다면 그것은 하늘을 바라보기에 부끄러운 일이고 생명을 소중히 여기지 않는 것입니다. 왜냐하면 생명은 본래 무한한 잠재력을 가지고 있고, 무한한 신비함을 창출할 수 있는데도 도리어 자신의 한계에 의해 훼손되고 있기 때문입니다. 세 번째로 모든 생명 곧, 다른 나라 사람, 동물을 포함한 모든 살아있는 것을 사랑하는 것입니다. 중국인이 해외 여행할 때 남긴 좋지 않은 인상은 근본적으로 말하면 생명에 대한 경건함과 생명을 아끼는 마음을 잃어서인 것입니다. '보합태화保合太和, 내리정乃利貞'《주역》 즉 태화의 원기가 융합 보전되고 만물이 조화롭고 바르게 성장하려면 다른 모든 생명과 동고동락할 정신이 있어야 하고, 생명에 대한 존중이 주변의 꽃 한 송이, 풀 한 포기, 벌레 한 마리에도 관철되어야 한다는 것입니다. 우주에 있는 모든 생명 나아가 모든 존재를 아끼고 사랑하는 것이야말로 자신의 생명에 대한 존중인 것입니다. 《시경》에 이런 구절이 있습니다.

삼가고 삼가라,
천도는 밝아서,
그 명을 받기는 쉽지 않도다.*
[敬之敬之, 天惟顯思, 命不易哉.]

친애하는 여러분, 아침 일찍 아름다운 햇살이 창문을 타고 비칠 때 새로운 하루가 도래하고, 새로운 생명이 시작되었음을 의식하며 살고 있습니까? 자신을 진실로 사랑하고, 자신이 살아온 세월과 인생

---

* 《시경》〈경지〉. '天惟顯思' 곧, '현顯'은 밝게 드러난다. '사思'는 어기사로, 이 네 글자는 천리가 밝게 빛난다는 의미다.

을 사랑하며 진정 의미 있게 살아가려고 노력하고 있습니까? 밤의 어둠이 내려오고 모두가 잠들어 있을 때 홀로 눈을 감고 정좌하며 명상에 잠겨 오늘 의미 있게 살았는지를 반성하고 있습니까? 진정으로 의미 있는 삶을 살기 위해 지금의 생활방식을 바꿔 매일 조금만이라도 시간을 내어 정좌하면서 고요함 속에서 진지하게 자신을 성찰하고 고도의 경각심으로 성격의 한계와 심리적 문제를 되돌아보며 마음을 어떻게 정리할지 생각하고, 이를 통해 생명에 대한 경외심을 길러보시길 바랍니다.

제8강

근언 謹言,
절제하여 신뢰를 잃지 않는 힘

言行, 君子之樞機.
말과 행동은 군자에게 가장 중요한 시작이다.
《주역》〈계사〉

일생의 성패는 평상시의 언행에 달려 있다

얼마 전 글 한 편을 읽은 적이 있는데 내용은 대강 이러했습니다. 한 작가가 술자리에 참석했는데 술자리에 있던 높으신 중년 편집장 '나리'가 혼자서만 30분을 말하더라는 것이었습니다. 대부분이 자신의 화려한 경력을 자랑하는 내용으로, 그 자리에 있던 대다수 사람들은 지겨워하면서도 그의 체면을 고려하여 말을 막지 않고 있었고, 그런 사실을 편집장이 깨닫지 못하더라는 것입니다. 결국 작가가 나서서 '정리'를 한 뒤에야 상황이 종료되었다고 합니다.

이 이야기를 들은 나는, 인생에서 어느 정도 나이가 들어 조직의 '중요인물'이 된다면 특히 언행을 조심해야 되겠구나 하는 생각을 했습니다. 우리와 같은 유교 사회에서는 체면 때문에 어쩔 수 없이 장시간 윗사람의 '허튼 소리'를 참고 들어야 하는 경우가 흔하게 있습니다. 하지만 바로 이런 이유 때문에 윗사람에 대한 부정적인 태도가 더 강렬해질 수밖에 없는 것입니다.

 그래서 나는 사람이 나이가 들수록 '근언謹言'이 더욱 중요해진다고 생각합니다. 부주의한 말을 내뱉거나 잘난 척하는 사람, 혹은 다른 사람의 시간을 존중하지 않는 사람, 다른 사람의 이해를 구하려 하지 않는 사람, 또 남의 스승 노릇 하기를 좋아하는 사람은 상대의 반감을 불러일으키게 될 것이고, 자칫하면 편집장 나리와 같이 '정리'될 수도 있는 것입니다. 설령 그를 정리할 사람이 없다고 하더라도 적어도 스스로 분위기 파악을 해서 미움을 사지 말아야 할 것입니다. 나 자신도 오랫동안 학생들을 가르치면서 여러 차례 면전 혹은 배후에서 학생들로부터 욕을 먹거나 책망을 받은 적이 있습니다. 나이가 어리고 혈기가 넘쳐 스승의 입장을 이해하지 못한 결과라고 해도, 그들의 비판이 전혀 근거 없다는 것을 의미하는 것은 아닐 것입니다. 선생의 입장에 있는 나도 적어도 다음과 같은 문제를 고려해야 합니다. 만약 나의 말이 다른 사람의 반감을 불러일으켰다면, 설령 동기가 아무리 좋다고 하더라도 더 이상 이야기하는 것이 무의미한 것은 아닐까? 그 편집장 나리와 같이 말하는 방식을 나 역시도 경험해 보았기 때문에 되도록 같은 잘못을 하지 않도록 조심하려는 것입니다.

 아마도 여러분은 사방에 함정이 도사린 것처럼 말하는 것 하나에도 조심하며 살아야 한다면 너무 피곤하게 사는 것은 아닌가, 생각할 수 있습니다. 사실 지나치게 신중하고 조심하는 것은 그리 현실적이지 못합니다. 함부로 말하지 않도록 거듭 자신을 일깨우느니 고질병이 어디 있는지 반성하는 것이 차라리 낫습니다. 예를 들어, 사람의 마음 깊은 곳에 형성된 자아에 대한 이미지를 인지하게 되면 공공장소에서 밖으로 드러나는 표현에 상당한 영향을 미치고, 나아가 다른 사람과 만나고 대화하는 방식에도 영향을 미치기 마련입니다. 사람이란 항상 자기 자신이 뛰어나다고 느끼는 '증거'를 찾는 경향이 있습니다. 우리는 자신이 업무나 생활 방면에서 어떤 특별한 '성취'를 이뤘다고 생각해 자기 자신이 아주 뛰어나다는 느낌을 받고는 합니다. 사람들마다 마음속에 자기 자신에 대한 기본 인지가 있습니다. 어떤 사람은 자신이 동료 중 가장 업적이 뛰어나다고 생각하고, 어떤 사람은 자신이 친구들 중에서 가장 성공했다고 생각하고, 어떤 사람은 자신이 조직에서 가장 특별하다고 생각합니다. 이런 유형의 '자아 이미지'가 곧 마음 깊은 곳에 있는 자아에 대한 인지입니다. 공공장소에서는 이런 자아 인지가 다른 방식으로 쉽게 체현되어 사람을 대하는 태도의 근거가 됩니다. 그중 가장 흔히 보이는 현상은 자아 인지가 지나쳐, 타인의 반감을 의식하지 못하게 되어 결국 다른 사람들에게 좋지 않은 이미지를 줄 수 있다는 사실을 인식하지 못하게 되는 것입니다.

언행은, 군자의 추기이다.
추기를 발하는 것이, 영욕을 주재한다.
[言行, 君子之樞機.
樞機之發, 榮辱之主也.]

-《주역》〈계사〉

'추기樞機'에서 '추'는 문의 개폐를 맡는 문지도리를 의미하고, '기'는 활을 쏠 때 발사를 책임지는 기관을 가리킵니다. '추기'로써 '언행'하라고 하는 말의 뜻은, 언행은 군자의 입신과 행사行事의 가장 중요한 절차임을 의미합니다. 일생의 영욕과 성패는 평소의 언행에 의해 결정된다는 것입니다. 우리가 자신이 다른 사람들에게 남긴 인상은 모두 자신의 언행으로부터 야기된 것입니다. 그렇기 때문에 언행은 확실히 개인의 영욕과 관련이 깊다고 할 수 있습니다.

입을 봉해야 재앙을 막는다

춘추 시대 《좌전》 이야기로 돌아가 보겠습니다.

자공子公과 자가子家는 춘추 시기 정鄭나라 군주 정 영공靈公의 두 대신으로, 정 영공의 서형(정실에게서 난 아들이 첩에게서 태어난 형을 이르는 말)이었습니다.

하루는 초나라에서 자라를 보내왔습니다. 정 영공은 군신들의 노고를 위로할 겸 함께 즐길 생각이라고 말했습니다. 그런데 군주의 말이 아직 끝나지도 않았는데 자공은 자가를 향해 장난을 쳤습니다. 이를 본 자가가 그 자리에서 '키득' 하고 웃자 두 사람은 서로를 보며 웃었습니다. 이 때문에 영공은 매우 화가 났습니다.

이후 군신들을 불러 자라를 먹는 날, 정 영공은 유독 자공에게만 자라를 주지 않았습니다. 자공은 부끄럽고 분한 나머지 버럭 화를 내며 자라를 요리하던 솥으로 가서 막무가내로 손가락을 집어넣어 맛보고는 황급히 떠나 버렸습니다. 이를 본 정 영공은 대노하여 그를 죽이겠다고 큰소리쳤습니다.

이에 자공은 걱정이 되어 자가와 함께 대책을 논의했습니다. 자공은 영공이 분명 그들을 가만두지 않을 것이라 생각하여 자가에게 서둘러 손을 쓰라고 권했습니다. 왜냐하면 당시 자가가 병권을 장악하고 있었기 때문입니다.

그런데 자가가 말했습니다.

"집에서 기르는 가축도 늙으면 죽이기를 꺼리는데, 하물며 군주를 죽일 수가 있단 말인가?"

자공은 자가가 망설이며 결단을 내리지 못하자, 지금까지 일어난 모든 일이 자가가 야기한 화이고, 앞으로 일어날 모든 일에 대한 책임에서도 벗어나기 어려우니 그가 뒷일을 다 책임져야 한다고 몰아붙였습니다. 결국 자공의 종용으로 자가는 정 영공을 죽이고 말았습니다. 즉위한 지 얼마 되지 않아 아직 병권을 장악하지 못한 정 영공은 결국 살해되고 만 것입니다.

그런데 애초에 원인 제공자였던 자공은 직접적으로 군주를 시해하는 데 참여하지 않아 사서는 모두 자가가 군주를 시해했다고만 기록하고 있습니다. 정나라 사람들도 자가가 군주를 죽인 것으로 생각하고 그를 몹시 미워했습니다. 이후 자가가 죽자 정나라 사람들은 자가의 관을 열고 땅에 묻지 않고, 그의 일족 모두를 정나라에서 추방했습니다. 이 이후 자가 일족은 영원히 정나라 정계에서 사라지게 되었습니다. 이 일은 《좌전》과 《사기》 등에 기록되어 있습니다.

자가는 본래 군주를 시해할 마음이 없었고, 영공도 그를 죽이겠다고 말하지 않았는데, 그는 도리어 남의 말만 믿고 주견 없이 행동하다가 결국 모든 오명을 뒤집어쓰고 자손 후대에까지 재앙을 끼쳤습니다. 이 모든 사건의 도화선은 다름 아닌 부적절한 말이었습니다. 즉위한 지 얼마 안 된 군주 앞에서 나이 대접만 받으려고 하고 언행을 멋대로 한 것이 첫 번째 잘못이었습니다. 군주가 물으면 즉각 잘못을 인정하고 진심으로 사죄해야 하는데 오히려 책임을 회피하고 허물을 형제에게 전가했으니 이것이 두 번째 잘못이었습니다. 자공이 군주를 죽이자고 했을 때 당연히 이치로써 그를 설득하여 잘못된 생각을 거두어들여야 했으나, 오히려 아무런 원칙도 없는 협박을 받고 움직였으니 그것이 세 번째 잘못이었습니다. 주견 없이 대역죄를 저질러 사람들의 비웃음을 샀으니, 이것이 네 번째 잘못이었습니다. 이렇게 언행이 부적절하면 화를 초래하여 죽을 수도 있는 것입니다. 영공 본인의 죽음도 분명 적절하지 않은 언행과 관련되어 있습니다. 그는 다른 사람이 말로 자신을 존중하는지 여부에만 지나치게 마음을 쓰고 허심탄회하게 신하들을 대하지 않고 속 좁게 시시콜콜 따지다가 결국 재앙을 맞이했던 것입니다.

일상생활 중 우리는 자주 "화는 입에서 나온다."는 말을 하고는 합니다. 이는 필시 선인들이 무수한 피를 흘리며 얻은 교훈을 기반으로, 말은 삼가고 행동은 신중하게 하는 것이 얼마나 중요한지를 설명하는 것이라 생각됩니다.

얼마 전 나는 인터넷에서 누군가가 말을 하는 데 있어서 신경써야 할 교훈에 대해 이렇게 정리한 것을 보았습니다.

> 누군가 말을 하면, 좋든 싫든, 그 주변의 눈과 귀로 전해질 수밖에 없다. 옳고 그름은 본래 절대적인 경계가 없고 또 사람들 개개인이 분별할 수 있는 것이 아니다. 동일한 말이라도 듣는 사람이 어떻게 이해하느냐에 따라 종종 다른 결론을 내게 마련이다. 어떤 경우 아무런 생각 없이 내뱉은 넋두리가 다른 사람의 귀에 들어가면 천양지차의 의미로 와전될 수 있다.

《위로야화》의 다름의 구절은 아주 예리하게 이를 지적하고 있습니다.

정신은 눈으로 전해지는데,
눈에는 눈동자가 있어
눈을 감아야 정신을 가다듬을 수 있다.
화는 입에서 나오는데,
입에는 입술이 있어
입술을 닫아야 화를 방지할 수 있다.
[神傳於目, 而目則有胞, 閉之可以養神也,
禍出於口, 而口則有脣, 闔之可以防禍也.]

눈을 감으면 정신을 가다듬을 수 있고, 입을 닫으면 재앙을 예방할 수 있다. 이렇게 '닫는 것'의 효과가 큰데도 우리는 항시 '열려고'만 한다는 것입니다.

《주역》은 마치 보따리를 묶는 것과 같이 자신의 입을 봉하여 한마디도 말하지 않아야 할 때가 있다고 말하고 있습니다. 침묵한다고 해서 반드시 칭찬을 받지는 못할지라도 한마디도 하지 않음으로 인해서 자신을 지킬 수 있게 된다는 것입니다.

군자는 말을 한 후에 언제나 조용히 되돌아본다

어느 날 한 젊은이가 기쁨에 넘친 모습으로 노인에게 달려 왔다.
"중요한 소식이 있습니다."
노인이 말을 끊고 말했다. "너 지금 전하려는 소식이 진실인지 확신하느냐?"
그가 대답했다. "저도 방금 길거리에서 들은 것인데요."
노인이 또 물었다. "그러면 네가 이처럼 급하게 알려 주려고 하는 것은 뭐 특별히 좋은 의도가 있어서냐?"
젊은이는 대답했다. "그건, 생각해 보지 않았는데요."
노인이 또 물었다. "그럼 내가 한 번 물어보마. 너는 정말 네가 말해 주려고 하는 소식이 중요하다고 생각하느냐?"
"아직 모르겠는데요."
"그렇다면 나에게 말하지 않는 것이 좋겠구나. 대신 내가 너에게 하나 충고하지. 다음에는 말하기 전에 먼저 세 개의 체로 걸러낸 뒤 말하는 것이 좋겠구나."

"세 개의 체라니요?"

"첫 번째 체는 진실이요, 두 번째 체는 선의요, 세 번째 체는 중요함이다."

이 이야기는 인터넷에 떠돌아다니는 '세 가지 체'라는 제목의 글입니다. 경솔하게 말하는 잘못을 저지르지 말라고 깨우치고 있지요. 어떤 사람들은 아무 생각 없이 함부로 말하곤 합니다. 사람들의 주목을 끌기 위해, 혹은 주견 없이 남이 하는 말을 그대로 따라 말하곤 하는데, 이는 우리 주변에서 흔히 볼 수 있는 현상입니다. 우리가 하루 종일 하는 말 중에 어디까지가 필요한 말이고 어디까지가 불필요한 말인지를 아는 것은 어렵습니다. 만약 말을 꺼내기 전에 '체'로 한번 걸러 말을 하는 것이 하나의 좋은 방안이 될 수 있을 것입니다. 앞에서 우리는 혀끝에서 화근이 나오기 때문에 말을 두려워해야 한다고 말했습니다. 말을 신중하게 하지 않는 습관을 근본적으로 고치기 위해서는 반드시 자아반성이 필요한 법입니다.

'정좌할 때는 자신의 과오를 돌아보고, 한담을 나눌 때는 다른 사람의 잘못을 따지지 않는다.'라는 격언이 있습니다. 마음을 고요히 하지 못한다면 어떻게 자신의 잘못을 생각할 수 있겠습니까? 《주역》〈계사〉는 처신하고 처세하는 데 있어 '세심洗心, 퇴장어밀退藏於密'이라는 말로 주도면밀하고, 신중하라고 결론지었습니다. '세심'은 자신의 마음을 깨끗이 씻어내어 그중에 좋지 않은 것들을 제거하는 것을 의미합니다. '퇴장어밀'은 조용한 곳으로 물러나 문을 잠그고 생각한다는 뜻입니다. 끝없이 이야기하기보다는 조용한 곳에 몸을 숨기고 자신을 반성하는 편이 더 낫다는 것이죠.

《채근담》은 이렇게 말했습니다.

> 군자는 세상을 살아가면서
> 다른 사람에게 쉽게 기쁨과 화를 품지 말아야 한다.
> 기쁨과 화를 쉽게 품게 되면,
> 다른 사람이 속마음을 모두 알게 된다.
> 외부 사물에 대해 지나친 사랑과 증오를 품지 말아야 한다.
> 사랑과 증오가 지나치게 되면,
> 뜻과 정신이 외부의 지배를 받게 된다.
> [士君子之涉世, 於人不可輕爲喜怒.
> 喜怒輕, 則心腹肝膽 皆爲人所窺.
> 於物不可重爲愛憎.
> 愛憎重, 則意氣精神 悉爲物所制.]

이 구절도 말을 삼갈 것을 이야기하는 것입니다. '희노경喜怒輕', 즉 자신의 사물에 대한 태도를 지나치게 드러내면 '즉심복간담則心腹肝膽, 개위인소규皆爲人所窺' 즉 다른 사람에게 훤하게 마음을 들켜 이용되기 쉽다는 뜻입니다. 반면 '애증중愛憎重'은 사물에 대한 애증이 너무 강하면 '즉의기정신則意氣精神, 솔위물소제悉爲物所制', 즉 사물에 지배되는 정도가 너무 심해져 초탈한 심성을 갖지 못하고 좌절을 겪게 되어 다시는 일어서지 못한다는 뜻입니다. 여기서 《채근담》이 말하고자 하는 것은 결코 세상물정에 약삭빠르게 대처하고 잘난 척 무게를 잡으라는 것이 아닙니다. 오히려 《채근담》은 사람들에게 자아를 보호하는 법을 배우라고 가르치고 있습니다. 나는 일찍이 스스로 광명정대하다고 생각하며 사람들 앞에서 생각하는 것을 그대로 다 말했던 적이 있습니다. 그때는 때와 장소를 가리지 않았고 대상을 고려하지도 않았습니다. 훗날에 이르러서야 말하는 것이 아주 큰 '학문'임을 비로소 깨닫게 되었습니다. 아마 여러분은 자신의 생각을 표현하기 위해 말했을 뿐이라고 생각할 수도 있지만, 듣는 상대는 말 속에서 여러분의 생각, 정신적인 면모, 내면세계, 성격 등을 판단하고 있을지 모릅니다. 만약 상대방이 여러분의 상사라면 그들은 여러분의 말을 통해 신중하여 믿을 만한 사람인지를 알아낼 수 있을 것입니다. 만약 상대가 보스라면 그는 여러분이 쓸데없이 말을 과장하거나 사려가 깊지 않다고 여기고, 여러분을 신임하지 않고 일을 맡기려 하지 않을 것입니다. 만약 상대가 잔꾀가 많은 사람이라면 여러분의 모든 말은 그가 후일 여러분과 상대할 때 꼬투리를 잡는 근거가 될 수도 있을 것입니다.

어떤 사람은 성질이 급해 말을 할 때 화를 참지 못하고 쉽게 자신의 약점을 드러내고는 합니다. 어떤 사람은 조그만 이의도 받아들이지 않고 쉽게 반감을 사기도 합니다. 어떤 사람은 다른 사람의 반응에 신경을 쓰지 않아 미움을 사도 그 사실을 깨닫지 못하기도 합니다. 어떤 사람은 남의 말을 경청하거나 이해하는 데 능하지 못하여 독단적으로 말하거나, 비판을 받기라도 하면 쉽게 극단으로 나아가기도 합니다. 어떤 사람은 자신감이 없어 말을 할 때 우물거리고 속마음을 털어놓지 못하기도 합니다. 결론적으로 말하면, 사람마다 성장환경이 다르고, 성격과 기질이 다르며, 말하는 방식도 각각 다르기 마련입니다. 그러나 딱 한 가지 공통되는 것이 바로 '근언'입니다. '근언'이란 말을 하기 전이나 말을 한 후에 항상 자성하는 자세를 포함하는 말입니다. 《격언련벽》 중에 이런 말이 있습니다.

> 사람은 말로써 자신의 덕을 드러낼 수 있음을 알지만,
> 신중한 말이 자신의 덕을 키워내는 것임을 알지 못한다.
> 사람은 음식으로써 자신의 몸을 풍족하게 함을 알지만,
> 음식을 절제하는 것이 자신의 몸을 기르는 것임을 알지 못한다.
> [人知言語足以彰吾德,
> 而不知慎言語乃所以養吾德.
> 人知飲食足以益吾身,
> 而不知節飲食乃所以養吾身.]

인생의 오묘한 이치는 말로 이룰 수 없다

무언과 함축含蓄도 일종의 능력입니다.

◉ 제8강_근언謹言, 절제하여 신뢰를 잃지 않는 힘

인생의 현묘한 이치와 진정한 뜻은
마음속 깊이 간직해 두고,
한두 마디로 드러내려 하지 마라.
그 미묘함은 무궁하여
말로 이를 수 있는 것이 아니다.
[眞機, 眞味, 要含蓄, 休點破.
其妙無窮, 不可言喩.]

―《신음어》

    생각이나 감정을 드러내지 않는 함축의 의미를 이해하지 못해 언어를 사용하는 능력이 떨어지는 사람이 몇몇 있습니다. 이들은 말문이 한번 열리면 구구절절 끝없이 이야기합니다. 미래를 이야기하면서 근거 없이 과장하고 궤변을 늘어놓지만 대부분 깊은 뜻은 없기 마련입니다.

    사람들이 말을 번잡하게 하는 이유는 때론 자신이 하는 말의 가치를 믿지 못하는 데서 기인하기도 합니다. 공자는 일찍이 한 사람이 내뱉은 말 하나하나는 모두 세상에서 반응을 일으킬 수 있는데, 그것은 좋은 반응일 수도 있고 나쁜 반응일 수도 있다고 말했습니다. '설령 집에 틀어박혀 문밖에 나가지 않아도 그가 하는 말이 심오하고 지혜로우면 천 리 밖에서도 호응이 있을 것인데, 하물며 주변 사람은 어떻겠는가? 반대로 이치에 맞지 않으면 설령 천 리 밖의 사람도 비판할 것인데, 하물며 주변 사람은 어떻겠는가?' 사람이 한 말은 다른 사람에게 영향을 미치지 않을 수 없고, 사람이 한 일은 종종 다른 곳에까지 파급력을 끼치기 마련입니다. 개인은 언제나 우주의 일부분이고 또 전체 우주의 움직임에 본질적으로 의지합니다. 즉 언행은 군자가 천지를 움직이는 근본이 된다[君子之所以動天地也]."《주역》〈계사〉고 하는 것인데 어찌 신중하지 않을 수 있겠습니까? 또 공자가 "말 한마디로 나라를 흥하게 할 수도 있고 반대로 말 한마디로 나라를 망하게 할 수도 있다[一言而可以興邦 一言而可而喪邦]."《논어》〈자로〉고 한 것 역시 사람들에게 멋대로 말하지 말라고 경계한 말이었습니다.

 주희는 역사상 걸출한 교육자 중의 한 사람으로 평생 수많은 제자들을 길러냈고, 그의 학설은 이후 700~800년 동안 중국의 학술 조류를 주도했습니다. 한번은 호계수胡季隨라는 사람이 주희에게 배움을 청하자 주희는 그에게 돌아가 《맹자》를 읽으라고 했습니다. 며칠 후 호계수가 주희를 찾아가자, 주희는 그에게 《맹자》의 한 구절을 어떻게 이해했는지를 물었고, 호계수가 사실대로 대답했습니다. 주희는 호계수의 이해에 잘못이 있다고 여기고 그의 경솔함과 그가 마음을 다하여 애쓰지 않는 것을 비판하고 다시 돌아가 뜻이 분명해질 때까지 계속 생각해 보라고 충고했습니다. 호계수는 아무리 생각해 보아도 그 뜻을 깨달을 수 없어 말도 하지 못하고 결국에는 병이 나기에 이르렀습니다. 바로 이때 주희는 비로소 《맹자》의 진체眞諦를 이야기해 주었습니다. 명말 청초의 대사상가 황종휘黃宗羲는 《명유학안明儒學案》에서 이 일을 언급하면서 다음과 같이 말했습니다.

옛날 사람이 이처럼 쉽게 가르쳐 주지 않은 것은 다 스스로 깨우칠 수 있도록 함이었다. 석가 또한 도를 낱낱이 이야기하여 사람들이 그 그림자로 귀를 즐겁게 하는 것을 가장 꺼려했다.
[古之人, 其不輕授如此, 蓋欲其自得之也. 卽釋氏亦最忌道破, 人便作光影玩弄耳.]

황종희는 주희가 호락호락 《맹자》의 이치를 가르쳐 주지 않은 것은 스스로 깨달은 것이야말로 마음에 깊은 인상을 남길 수 있기 때문이라고 설명했습니다. 만약 손쉽게 이치를 말로 알려 주면 듣는 사람은 오히려 이를 애들 장난처럼 우습게 여길 수 있습니다.

《예기》〈곡례〉는 "무릇 신하되는 사람의 예는 드러내놓고 간하는 것이 아니다. 세 번 간하고 듣지 않으면 물러난다[凡爲人臣之禮, 不顯諫, 三諫而不聽, 則逃之]."고 말하고 있습니다. 이 말은 신하로 있는 사람이 군주에게 말을 할 때는 너무 곧이곧대로 말해서는 안 되고 간략하게만 언급하는 것이 가장 바람직하다는 뜻입니다. 만약 군주가 깨닫지 못한다면 그것은 군주의 이해력에 문제가 있거나 생각하는 것이 일치하지 않기 때문일 텐데, 만약 그렇다면 재차 다시 말한다는 것이 무슨 필요가 있겠습니까? 그래서 물러나는 것입니다.

진실한 말의 힘

　근언을 주장하는 것은 결코 어떤 상황에서도 말하지 말라거나, 무턱대고 함축하고 고의로 아무 내색도 않고 단지 신중하게 굴라는 의미의 말이 아닙니다. 너무 떠벌리지 말고, 자신을 대단하게 여기지 말며, 지나치게 고집을 부리지 말라고 당부하는 것입니다. 또한 참을성을 갖고 다른 사람의 말에 귀를 기울이고, 입장을 바꾸어 다른 사람을 이해하며, 항상 자신을 반성하라고 이야기하는 것입니다. 솔직하고 곧은 말은 적어도 남을 헐뜯는 말이나 아부보다는 훨씬 낫습니다.
　방효유(方孝孺, 1357~1402)는 명초의 대유학자로 관직은 한림시강, 한림학사, 문학박사에 이르렀습니다. 명나라를 세운 개국 황제 주원장은 임종 전에 조서를 내려 황위를 황태손인 주윤문(朱允炆, 사서에서는 건문제建文帝 혹은 혜제惠帝라 한다)에게 넘겼습니다. 방효유는 건문제가 책을 읽다 의문이 생기면 즉시 그를 불러 설명하게 할 정도로 건문제의 신임을 받았습니다. 무릇 국가의 대사가 있을 때는 항상 방효유를 앞에 앉히고 지시를 내리곤 했습니다. 그런데 건문제가 삭번削藩 정책으로 주원장의 넷째 아들 연왕燕王 주체朱棣와 대립하게 되자, 주체는 '군주의 측근을 제거한다[淸君側]'는 명분으로 군사를 일으켜 조정을 공격했습니다. 결국 전쟁에 능하고 지략이 뛰어난 주체가 3년의 전쟁을 거쳐 남경을 함락시켜 건문제를 죽이고 직접 황제가 되었습니다. 그가 바로 명성조明成祖 영락제永樂帝입니다.
　사서에는 주체가 기병을 하고 남하하기 전 수하의 모사인 요광효

姚廣孝가 "나중에 만약 남경을 공격하게 되면 방효유를 죽이지 마십시오. 이 사람은 천하 선비들이 우러르는 사람입니다."라고 하자 연왕이 고개를 끄덕이며 그렇게 하겠다고 말한 것으로 기록되어 있습니다. 그런데 주체가 황제가 될 모든 준비를 갖추고 사람을 불러 즉위 조서를 쓰라고 할 때 누군가가 이 조서는 방효유 아니면 쓸 사람이 없다고 고했습니다. 첫째 방효유는 '천하제일의 문장가'로 그가 조서를 써야 인심이 신복한다, 둘째 방효유는 건문제 수하에서 가장 총애를 받던 대신 중 한 사람으로 만약 그가 조서를 쓰면 건문제 수하의 대신들과 천하의 선비들을 다 귀순시키는 데 매우 중요하다는 논리였습니다. 이리하려 연왕 주체는 방효유를 불러들였습니다. 그런데 방효유는 상복을 입고 나타나 대전의 옥좌에까지 울릴 정도로 비통하게 울었습니다. 주체가 자리에서 내려와 위로하며 말했습니다.

"선생은 너무 고통스러워하지 마시오. 나는 단지 주공周公이 성왕成王을 보좌한 것을 본받고자 했을 뿐이오."

"성왕은 어디에 계시오?"

"그는 스스로 불타 죽었소."

"왜 성왕의 아들을 세우지 않소?!"

"군주는 유약하면 안 되는 것이오."

"왜 성왕의 동생을 세우지 않소?!"

"이는 짐의 집안일이네."

이렇게 말하고 붓과 종이를 주며 말했습니다.

"천하에 이를 고하는 일은 선생이 쓰지 않으면 안 된다고 하오."

"죽으면 죽었지 조서는 쓸 수 없소!"

"그대가 감히 쓰지 않는다면 9족을 멸할 것이다!"

"쓰지 않겠다면 쓰지 않는 것이고, 10족이 멸한다 해도 쓰지 않겠소!"

이에 대노한 주체는 칼을 효유의 입에 집어넣고 양쪽 귀까지 벤 후 옥에 감금했습니다. 그는 방효유의 친구와 문하들까지 다 잡아들이라고 명하고, 사람을 잡아들일 때마다 곧바로 효유에게 보였으나 효유가 거들떠보지도 않자, 결국에는 성문 밖에서 능지처참하여 죽였습니다.

방효유는 죽을 때 겨우 46세였습니다. 사서의 기록에 의하면 연왕 주체가 명을 내려 그의 처 정씨鄭氏를 체포하려 할 때 그 처와 자식들은 이미 다 목을 매어 자살했다고 합니다. 주체는 또 명을 내려 방씨의 모든 묘를 평평하게 만들라고 하고, 방씨 10족을 하나도 남김없이 모두 잡아들이라고 명하고, 한 사람이 잡혀올 때마다 방효유 앞에서 다그쳤지만 그때마다 방효유는 단호하게 따르지 않았다고 합니다. 마지막으로 그 친구들과 문하생 등을 합해 10족이 거리에서 능지처참을 당했는데, 죽은 자가 873명에 달했고, 기타 연좌되거나 주변을 지키다 죽은 사람들은 셀 수 없을 정도였습니다.

방효유가 권력의 강포한 위협 앞에서도 굽히지 않는 기개를 보인 행위는 한 유학자의 천 길 낭떠러지와 같은 꼿꼿한 절개를 생생하게 보여 주는 사례입니다. 오늘날 많은 사람들이 방효유의 어리석은 충심을 질책하기는 하지만 그가 자신의 신념을 지키기 위해 죽었고, 왕조 권력이 의지하는 견고한 초석 즉, 왕위계승제를 수호하기 위해 죽었다는 사실을 부인할 수는 없을 것입니다. 특히 후자는 그 가족의 사적인 이익보다 훨씬 중요한 것임을 의심할 여지가 없습니다. 오늘날 이런 꿋꿋한 신념과 숭고한 희생정신을 가진 사람이 몇이나 될까요? 우리는 방효유의 행위뿐만 아니라 그가 주체와 나눈 첨예한 대화를 통해서도 그를 이해할 수 있습니다.

> 곧고 방정하고 크도다.
> 익히지 않아도 이롭지 않음이 없고,
> 행하는 바에 의심할 바가 없다.
> [直, 方, 大,
> 不習无不利, 則不疑其所行也.]
>
> -《역경》〈곤괘坤卦〉

'직'은 정직함을 가리키고, '방'은 약삭빠르지 않는 것을 가리키고, '대'는 인격이 높고 큼, 혹은 기개가 넓고 크다는 것을 의미합니다. 이렇게 《주역》은 자아를 표현하는 세 가지 대원칙을 제시하고 있습니다. 즉 '직', '방', '대'로, '직'과 '방'은 각각 앞서 말했던 '경이직내敬以直內'와 '의이방외義以方外'로 대신할 수 있습니다. 충분히 '직내'하고 '방외'해야 그 '대'를 이룰 수 있다는 것입니다. 이는 맹자가 '호연지기'를 말할 때 주장한 '이직양이무해以直養而無害' 즉 곧게 길러 해치지 않게 한다는 사상과도 일치합니다. 유가의 수신 사상은 또 다른 방면에서 우리에게 처신과 처세에 관한 무슨 술법이나 기교, 혹은 모략을 가르치는 것이 아니라, 강직하고 정직하게 각을 바로 세우고 마음을 크게 갖는 것을 가르치는 것입니다. 처신을 할 때 비록 책략을 강구하고 반성하는 것도 필요하기는 하지만 그것이 절대적인 것은 아닙니다. 만약 돌발 사건이나 전혀 모르는 사건에 마주했을 때 마음 깊은 곳에 사심이 없고 광명정대하다면 음모나 간계를 크게 두려워할 필요가 없이 과감하게 나아갈 수 있는 것입니다. 이를 '불습무불리不習无不利, 불의기소행야則不疑其所行也.'라고 하는 것입니다. 이 말은 분명 정직하고 마음에 거리낌이 없는 사람에게 커다란 위안과 격려가 될 것입니다.

'직언'의 중요한 함의 중 하나는 진실하게 자신을 표현하는 것입니다. 우리는 평소 생활에서 방효유와 같은 극단적인 선택을 할 필요는 없을 것입니다. 하지만 이 말이 곧 직언이 필요 없다고 말하는 것은 결코 아닙니다. 사람은 거짓말로 살아가서는 안 됩니다. 진실하지 않은 교류는 오래 유지될 수 없는 법입니다. 특히 자신과 아주 가까운 사람(예를 들면 연인, 아내 혹은 남편, 동창, 동료, 친구 등)과 교류하면서 오늘은 참지만 내일에는 과격하고 감정적인 언행으로 되갚을 수 있습니다. 연애나 결혼은 개인의 진실한 본성과 인격을 시험하는 가장 효과적인 방법일 것입니다. 왜냐하면 사람은 어찌어찌하여 한 번은 자신을 기만할 수는 있지만 자신과 친밀한 상대를 궁극적으로 속일 수가 없기 때문입니다. 평소에 진실하게 자신을 대면하고, 친근한 사람들에게 완정하게 자신을 표현해야지 비로소 지속적인 행복과 즐거움을 누릴 수 있을 것입니다.

또 다른 측면에서, 인생의 중요한 일에 있어서는 지나치게 다른 사람을 고려할 필요 없이 자신의 감정을 있는 그대로 표현하는 법을 배워야 합니다. 왜냐하면 자신의 정확한 생각을 표현하여 마음을 편안하고 즐겁게 하는 것이 바로 심신을 조절하는 중요한 수단이기 때문입니다. 몇몇 사람들은 사람들과 이야기를 주고받을 때 지나치게 상대의 반응에 신경을 쓰느라 그 자리에서 단호하게 자신의 진실한 생각을 말하지 못하는 경우가 많습니다. 이렇게 하면 적지 않은 문제를 초래할 수 있습니다. 가장 큰 문제는 심리적으로 스스로를 억압하게 된다는 것이고, 그로 인해 발생하는 극단적이고 과격한 행위가 두 번째 문제일 것입니다. 만약 충동적인 성격이라고 한다면 솔직하고 거리낌 없이 자아를 표현하는 것은 자신의 심리적 균형을 쉽게 깨뜨리게 될 것입니다. 하지만 이때 자신의 진실한 생각을 표현하지 못한다면 받아들이기 힘든 심리적 상처를 초래할 수도 있습니다. 이런 상황에서 가장 좋은 방법은 최대한 평화적이고 감정적이지 않은 방식으로 자신을 표현하는 법을 습득하는 것입니다. 어떤 사람은 체면을 위해서 무턱대고 사람들 앞에서 자신의 장점을 드러낼 뿐, 과감하게 마음의 취약한 부분을 드러내지 않는데, 이렇게 하면 심리적인 억압이 초래될 수 있으며, 나아가 인격이 왜곡될 수도 있습니다.

이 이외에 자신의 삶의 원칙과 직결되는 문제가 있습니다. 만약 자신의 생각을 진실하게 표현하지 않는다면 영혼이 상처를 입을 수 있습니다. 이 때에는 반드시 어떤 대가도 아까워하지 말고 자신의 생각을 진실하고 완정되게 표현하고 결과에 대해 너무 걱정하지 말아야 합니다. 여러분은 아마도 방효유의 언사가 너무 과격했고 더 좋은 표현 방식이 있지 않았을까라고 생각할 수도 있습니다. 하지만 방효유의 언사는 당시의 상황하에서 그의 개성을 체현한 가장 좋은 방식이었을 것입니다. 비록 다른 사람이 같은 처지에 처해 있었다면 아마 그처럼 과격하게는 하지 않았을 것입니다. 그래서 황종희는 방효유의 죽음을 의를 위해 격분했다는 뜻의 '격어의激於義'(《명유학안》)라고 칭했습니다. 오늘날 우리는 말과 행위로부터 인생의 신념을 기른다는 측면에서 유가의 역할을 새롭게 찾아볼 수 있을 것입니다.

얼굴빛을 가꾸는 자는 신뢰하기 어렵다

다시 《좌전》의 이야기로 예를 들어 봅시다. 춘추 시기 진晉 문공이 아직 군주의 자리에 오르지 않고 19년의 유랑 생활을 시작하기 이전에 진나라 군위 계승을 둘러싸고 일어난 일입니다.

진晉 헌공獻公의 아들 태자 신생은 사람됨이 관대하고 야심이 없어 진나라 대부들이 다 그와 친하게 지냈습니다. 하지만 헌공이 여융국驪戎國에서 데려온 여희驪姬를 총애하면서 상황이 달라지기 시작했습니다. 여희는 자신의 아들을 군주로 세우기 위해 헌공에게 거듭 바람을 넣었습니다. 헌공이 그 영향을 받아 신생을 폐위하려고 했으나 구실을 찾기가 어려웠습니다. 이리하여 여희의 감독하에서 태자 신생을 향한 일련의 음모가 차례로 꾸며지게 되었습니다. 먼저 여희는 헌공을 설득하여 태자로 하여금 곡옥(曲沃, 당시 진나라 도성을 제외하고 가장 컸던성)을 지키라고 하고 장래 그를 위해할 빌미를 만들고자 했습니다. 이어 태자에게 '하군대장'을 맡게 하고는 군사를 데리고 당시 아주 강대했던 동산고락씨東山皐落氏를 치게 했습니다. 뻔히 안 되는 일인 줄 알면서도 한사코 적들과 싸우라고 한 것입니다. 신생은 일이 심상치 않자 수하에게 물었습니다.

"제가 곧 폐위될 것 같습니까?"

수하의 어떤 사람은 신생에게 싸우다 죽을 것을 권하고, 어떤 사람은 그에게 도망가라고 권했습니다. 후에 호돌弧突의 계책으로 그는 이 위기에서 벗어날 수 있었습니다.

이어 두 번째 음모가 시작되었습니다. 하루는 여희가 태자에게 말했습니다.

"지난 밤 군주께서 꿈에 그대의 생모를 보시었다. 그러니 그대는 속히 제사를 지내거라."

이 말을 들은 태자는 제사를 지낸 후 제물을 헌공에게 바쳤습니다. 그때 여희는 헌공이 사냥 나간 틈을 타 제물에다 독을 넣었습니다. 헌공이 돌아와 제물을 보자 여희는 그에게 한 번 테스트를 한 후 먹을 것을 권했습니다. 헌공이 먹기 전에 술을 땅에 부어 고수레를 하니 땅이 부풀어 오르고 그것을 개에게 먹이니 개가 죽어 넘어지며, 잡일을 하는 자에게 먹이니 그 역시 죽고 말았습니다. 여희는 울며 말했습니다.

"태자는 정말 악랄하네요. 빨리 즉위하기 위해 하루도 기다릴 줄 모르는군요. 부친에게도 독수를 쓰는데 장래 우리 모자는 어떻게 살아간단 말입니까?"

이에 헌공이 대노하고 신생의 스승을 죽이자 태자 신생은 신성(新城, 곡옥)으로 도망갔습니다. 진나라 사람들은 이 모든 일이 여희의 음모임을 알고 있었습니다. 누군가가 태자에게 말했습니다.

"태자께서 하신 일이 아닌데 왜 부친을 찾아뵙고 말씀드리지 않습니까?"

그러자 신생이 말했습니다.

"군주께서는 지금 여희가 없으면 잘 먹지도 못하고 잠도 제대로 못 주무십니다. 내가 말한다면 반드시 여희에게 죄가 있게 됩니다. 아버님께서는 현재 나이가 많으신데, 어찌 모질게 아버님을 힘들게 할 수 있겠습니까?"

"그러면 태자께서 외국으로 도망가시렵니까?"

"아버님께서도 실로 그 죄가 누구에게 있는가를 살피지 않고 계시는 마당에 그 누명을 쓰고 나라를 떠난다면 다른 나라 사람 그 누가 나를 받아 주겠습니까?"

결국 태자 신생은 기원전 656년 12월 신성에서 목을 매고 죽었습니다. 신생이 죽은 이후 기원전 651년 헌공이 사망했습니다. 진나라 사람들은 새로 군주가 된 여희의 아들을 죽였고, 이후 진나라 정국은 혼란에 휩싸였습니다. 계속된 내란을 거쳐 기원전 636년 진 문공 중이가 귀국하여 정권을 잡은 후에 비로소 진나라는 안정을 찾게 됩니다.

여희와 같이 음모에 능하고 참언을 일삼으며 남을 해치는 사람이 종국에는 자신도 해치게 되는 일은 역사와 소설에서 흔히 볼 수 있는 일입니다. 청나라 건륭제 수하 화곤和坤이나 《홍루몽》의 왕희봉王熙鵬은 다 이런 유형에 속하는 인물입니다. 비록 현실 생활에서 이런 극단적인 사례가 많지 않지만 유사한 현상은 아주 많이 있습니다. 그래서 공자가 평생 학생들에게 강조한 것이 언행은 돈후하고 진실해야 하고, 일을 많이 하더라도 말을 적게 하라고 한 것입니다. 공자는 특히 교언영색을 싫어하여 "일은 민첩하게 하고 말은 신중해야 한다[敏於事而愼於言]."(《논어》〈학이〉), "많이 들어 보고 의심이 있으면 제쳐두고 나머지를 신중하게 말하라[多聞闕疑, 愼言其餘]."(《논어》〈위정〉)고 했습니다.

또 인품이 정직하고 실재적인 사람은 겉으로 드러난 모습을 치장하는 것을 좋아하지 않아 종종 언사에 어눌함이 있다고 했습니다(《논어》〈자로〉). 그리고 말재주가 뛰어나 말이 번지르르한 사람들은 종종 인품이 단정하지 못하다고 했습니다(《논어》〈학이〉). 그리고 사람들이 권력과 부귀에 영합하여 양심의 소리에 귀를 닫고 세속에 물드는 것을 가장 통탄했습니다(《논어》〈양화〉).

세상 풍조에 교활하고 간교함이 아무리 많아도,
결국 충후한 사람을 무너뜨릴 수는 없다.
[世風之狡詐多端, 到底忠厚人顚撲不破.]

-《위로야화》

세상 분위기가 무너지고 사람의 마음이 간교하다고 생각하지 말라, 그래도 결국에 성공한 사람은 충후지인이라는 뜻입니다. 미풍양

속이 무너지고, 사람들이 돈만 생각하고 경쟁적으로 과시하려 한다고 한탄하지 말라, 되돌아 생각해 보면 청빈하고 담박한 때의 재미가 깊고 긴 법이라는 이야기입니다.

> 따뜻한 불에 가까운 것이 비록 따뜻하기는 하지만
> 따뜻한 후에 추위는 더욱 크게 느껴진다.
> 사탕수수가 달다고 느낄 수는 있지만
> 사탕수수 아닌 다른 것은 더 쓰게 느끼게 한다.
> [趨炎雖暖, 暖後更覺寒威.
> 食蔗能甘, 甘餘便生苦趣.]
>
> ―《채근담》

권력에 빌붙어 아부하다 보면 비록 일시적으로는 좋다고 해도 많은 거짓말을 하고 본심에 어긋나는 일을 해야 하는데, 일이 끝난 후 생각해 보면 설마 처량한 마음을 느끼지 않을 수 있겠습니까? 청빈함 속에서 발전을 꾀하고 담박함 속에서 뜻을 세우고 추구하는 것만 못한 법입니다. 이렇게 해야 돈과 세력이 있으면 빌붙고 그렇지 않으면 냉담해지는 야박한 염량세태炎凉世態에 대한 한탄은 줄이고 오히려 인생의 의미를 더 많이 체험할 수 있다는 것입니다.

공자는 또 말했습니다.

점점 젖어드는 참소와 살을 찌르는 듯한 하소연이 행해지지 않으면 가히 밝다고 이를 것이니라.

[浸潤之譖, 膚受之愬, 不行焉, 可謂明也已矣.]

-《논어》〈안연〉

'침윤지참浸潤之譖'은 장기간 어떤 사람과 친근 관계를 이용하여 계획적으로 모략을 꾸며 상대에 영향을 끼치는 것을 말합니다. 예를 들면 여희가 진 헌공에게 영향을 끼친 것이나 화신이 건륭제에 영향을 끼친 것, 왕희봉이 가모에게 영향을 끼친 것을 말합니다. 조금씩 자신의 의도를 다른 이의 마음속에 침투시켜 자신에게 유리한 쪽으로 만드는 것입니다. 이는 잔꾀가 뛰어나 상대가 단호하게 거부할 수 없음을 알고 우회적인 방법을 선택하여 천천히 자신의 목적을 이루는 것을 가리킵니다.

'부수지소膚受之愬'란 사람들에게 자신의 참담한 고통을 말하고 이를 과장하는 온갖 재주를 부려 동정을 사거나 그들을 자기편으로 만드는 것을 말합니다. 어떤 사람들은 권력자의 환심을 사기 위해 온 마음을 다해 한껏 재주를 부립니다. 그래서 공자는 처신에는 지혜가 필요하고 소인을 통찰할 수 있어야 그들에 의해 오도되지 않을 수 있다고 말한 뒤, 이를 이르러 '명明'이라 했습니다.

마음이 안정되면 말이 무겁고 조용해진다

마음이 안정된 사람은 그 말이 무겁고 조용하며,
안정되지 못한 사람은 그 말이 가볍고 빠르다.
[心定者, 其言重以舒,
不定者, 其辭輕以疾.]

-《근사록》

　이 구절은 음미할 만한 내용을 담고 있습니다. 여기서 '중이서重以舒'와 '경이질輕以疾'은 서로 대조를 이룹니다. '중이서'는 말이 차분하며 격렬하지 않다는 뜻이고, '경이질'은 말이 경솔하고 급박하며 심지어 과격하기까지 한 것을 말합니다. 심정心定, 즉 마음의 안정은 분명 언사와 관련이 있습니다. 성정이 온화하며 마음이 안정된 사람은 말을 할 때 행운유수처럼 차분하고 자연스럽습니다. 성격이 급하고 정서가 수시로 바뀌며 마음속에 번뇌가 있는 사람은 말을 할 때 다급해지기 쉽고 언사가 격렬하며 심지어 크게 짜증을 내기도 합니다. 성격이 조급한 사람은 다른 이에게 말을 하면서도 상대의 말을 듣지 않고 이해하려고도 하지 않아 쉽게 오해를 불러일으키거나 마찰을 일으킬 때가 있습니다. 정서가 불안정한 사람은 끝없이 말을 지껄이며 화제를 만들어 상대를 붙들어 매지 못하는 것을 안타깝게 여깁니다. 이들은 홀로 고독하며 정좌하며 명상하는 일에 서툴기 때문에 사람들에게 천박하고 가벼운 인상을 주기 쉽습니다. 어떤 사람들은 비록 함부로 담소를 나누지 않지만 심기가 깊고, 말할 때에 쉽게 흥분하기도 하지만 자신을 감추는 방법을 알아 보통 사람들이 쉽게 알아채지 못하게 합니다. 어떤 사람은 생각하는 바를 거침없이 말하고 좀처럼 감출 줄을 몰라 쉽게 흥분하거나 통제력을 잃어서, 자신이 감내할 수 없는 돌발 사건을 만나면 심신이 무너지고 건강을 해치게 됩니다.

무릇 이런 여러 가지 유형은 성격과 관련이 있습니다. 말이란 마음의 창이고, 마음에서 잘 정리되지 않은 일은 말 속에서 여러 방식으로 바로 드러나곤 합니다. 마음에 있는 여러 문제를 분명하게 알아차리고 떨쳐버리려면 개인의 함양이 문제가 됩니다. 한 개인의 말과 행동거지로 그의 수양 정도를 판단할 수 있는 까닭은 바로 여기에 있습니다. 유가의 수신은 성격을 수양하는 것을 가장 중요한 임무로 여겼고, 인격 완성의 기준 중 하나가 바로 말을 할 때 온화하고 항상 마음의 상태를 조절할 수 있어 쉽게 감정이 흔들리지 않느냐 하는 것이었습니다. 성격 이외에도 인품이 단정하고 정정당당하며 마음에 거리낌이 없는 태도도 말하는 데 있어 결정적인 영향을 미칩니다. 사심이나 욕심이 없으면 말은 자연스레 편안하고 명쾌해집니다. 마음이 활짝 트인 사람이라면 받아들일 수 있는 능력이 뛰어나 말을 할 때 지나치게 민감해지지 않고 쉽게 오해를 만들지 않습니다. 성숙하고 듬직하며 인정과 세태에 통달한 사람은 다른 사람을 비교적 잘 이해하고 타인의 입장에서 문제를 생각할 줄 알아 쉽게 상대와 소통합니다.

재주가 있으면서 성품이 느긋하면,

큰 재목에 속한다 하고,

지혜가 있으면서 기운이 부드러우면,

그것을 큰 지혜라 한다.

[有才而性緩, 定屬大才,

有智而氣和, 其爲大智.]

-《격언련벽》

참 좋은 말입니다!

《대학》에는 개인의 기질이나 성정이 '마음의 상태'와 어떻게 관련되는지를 토론하는 특별한 구절이 있습니다.* 그 대체적인 뜻은 '심부정心不正' 즉 마음이 바르지 않은 사람은 항상 정서가 불안하여 걸핏하면 불평불만을 털어놓거나, 자신이 능력은 있는데도 기회를 만나지 못했다고 하루 종일 투덜거린다는 것입니다. 또 어떤 특별한 기호에 빠져 스스로 헤어나지 못하거나, 마음에 지나친 걱정거리를 쌓아놓고 사는데, 이는 모두 마음 상태에 문제가 있는 것으로, 바로 이 때문에 마음의 조절이 필요하다는 것입니다. 이 구절에 대해 나는 경험을 통해 상당히 깊은 깨달음을 얻은 적이 있었습니다.

한 10여 년 전 나는 베이징에서 박사를 마치고 한 연구소에서 일했

---

* 이른바 수신(修身)이 그 마음을 바르게 하는 데 달려 있다고 하는 이유는 몸에 분노하는 바가 있으면 그 바름을 얻지 못하고, 두려워하는 바가 있으면 그 바름을 얻지 못하고, 좋아하고 즐거워하는 바가 있으면 그 바름을 얻지 못하고, 근심하는 바가 있으면 그 바름을 얻지 못하기 때문이다. 마음에 있지 않으면 보아도 보이지 않고, 들어도 들리지 않고, 먹어도 그 맛을 모른다. 이것을 일러 수신은 그 마음을 바르게 하는 데 달려 있다고 하는 것이다[所謂修身在正其心者, 身有所忿則不得其正, 有所恐懼則不得其正, 有所好樂則不得其正, 有所憂患則不得其正. 心不在焉, 視而不見, 聽而不聞, 食而不知其味. 此謂修身在正其心].

는데, 당시 전공이 일치하지 않았고 월 수입도 겨우 600여 위안(한화로 약 10만 원)밖에 되지 않았습니다. 때는 '원자탄을 만드는 것은 차예단(茶叶蛋, 찻잎 등을 넣어 삶은 달걀) 장사를 하는 것만도 못하고, 수술칼을 잡는 것은 머리를 깎는 가위를 잡느니만 못하다.'라는 말이 유행하던 시절이었습니다. 당시는 전 국민이 장사에 뛰어들고 창업의 열풍이 불던 시기여서 나의 몇몇 동료와 동창생, 친구들도 연이어서 사업에 뛰어들었습니다. 반면 학력은 높고 수입은 보잘 것 없던 연구소에서 전공과도 상관없는 일을 하느라 나는 삶의 방향을 잃고 낙담한 채 희망 없는 하루하루를 보내고 있었습니다. 그렇다고 그간의 노력을 저버린 채 세상에 나가 장사를 할 수도 없었습니다. 이런 상황에서 나는 정말로 '서생은 백에 하나도 쓸모없다'는 기분을 체험했습니다. 이렇게 매일 우울한 기분과 불평불만을 담고 사니 보는 것마다 다 삐딱하게 보였습니다. '서생의기書生意氣, 분토당년만호후糞土當年萬戶侯'라는 모택동이 쓴 《심원춘沁園春》〈장사長沙〉의 구절(당시의 권력자들을 분토보다 못한 하찮은 존재로 표현한 글)이 나에 대한 묘사가 아닌 적이 있었던가 자괴감이 들었습니다.

철저하게 인생의 밑바닥에 떨어졌을 때 나는 유학을 접했습니다. 나는 누군가의 충고로 《대학》과 《중용》 두 권의 책을 베끼면서 암송하길 반복했습니다. 《대학》의 '의성이후심정意誠而后心正하고 심정이후신수心正而后身修(뜻이 정성스러워진 이후에 마음이 바르게 되고, 마음이 바르게 된 이후에 몸이 닦인다)한다.'는 구절은 나에게 거대한 떨림을 주었고, 자아를 철저하게 반성하고 새롭게 인생을 직시하도록 했습니다.

그러던 어느 특별한 밤, 지난 수년간 내가 추구해 온 일과 이상이란 것이 대체로 '마음이 바로 서지 못한' 상태에서 형성되었고, 이로부터 지금의 우울함과 불만이 생겨났음을 홀연 깨닫게 되었습니다. 어려서부터 나는 다른 사람이 보기에 '싹수가 있는' 훌륭한 학생이었습니다. 이런 허영 가득한 시간 속에서 오랫동안 살아오면서 우수한 성적과 주변 사람들의 칭찬이 나 자신의 가치에 대한 유일한 평가 기준이 되었고 내가 전진할 수 있었던 주요한 정신적 동력이 된 것이었습니다. 그런데 당시 운명이 나 자신을 황량한 사막으로 내던지는 절망적 상황에 직면하게 되자 과거에 나를 빛내주었던 모든 스포트라이트는 아무것도 가진 것 없는 현실의 궁상맞고 난처한 처지를 인증할 뿐이었습니다. 그때 비로소 나 자신이 그 많은 '분노'와 '두려움', '즐거움'과 '걱정'을 갖고 있음을 홀연 깨닫게 되었던 것입니다.

당시 나는 어릴 적부터 나 자신을 위해 공부를 한 적이 없다는 문제를 자각했습니다. 이른바 '심부정[心不正]'이 여기서 드러난 것입니다. 지난날 선생님들의 칭찬과 친구들의 부러움은 나 자신을 남의 눈에 맞추어 살아가는 생활에 익숙해지도록 했고, 주위의 칭찬과 승리의 후광을 가장 큰 정신적 만족으로 여기는 심리적 태도가 형성되기에 이른 것입니다. 일을 할 때에도 다른 목적을 위해 노력하는 사람은 열정이 없기 마련입니다. 왜냐하면 그가 하는 일이 마음 깊은 곳으로부터 강력한 열정을 불러일으키지 못하기 때문에 일에 매진하면서도 자신의 무궁한 능력을 느낄 수 없고, 나아가 진리의 빛줄기를 찾아 한계를 끊임없이 넘어서려 하지도 않기 때문입니다. 그래서 여러 해 동안 마음의 갈피를 잡지 못한 채 줄곧 답을 밖에서만 찾았던 것이고, 대부분의 정력을 자아를 완전히 하는 데 쓰지 않고서, 나 자신을 시대의 첨예한 풍랑 앞에 선 풍운아로만 여겼던 것입니다. 까놓고 말해 모든 문제는 나 자신이 너무 이기적이었고 너무 자아중심적이었기 때문에 생긴 것이었습니다. 그래서 현실 생활에서 갑자기 풍파를 만나고서 지금까지의 공부가 어떤 후광도 가져올 수 없고, 시대의 흐름이 더 이상 나를 떠받들지 않는다는 사실을 깨달았을 때, 나는 내 인생의 전부가 철저하게 무너지는 느낌을 받았던 것입니다. 나는 일순간 어찌할 바를 몰랐습니다. 줄 떨어진 연처럼 사방을 떠돌며 갈 곳을 찾지 못했습니다. 이러한 문제를 인식한 후 나는 단호한 결심을 했습니다. 지푸라기라도 잡는 심정으로 유가 사상을 붙잡고, 설령 나 자신이 지난 시간 동안 노력하여 얻은 모든 직함, 명예, 직위를 희생하는 대가를 치르더라도 내 마음이 진정으로 원하는 것을 찾아내 완전히 새로운 출발점에 서기를 결심한 것입니다. 《대학》에서 말하는 '정심正心' 이 두 글자를 통해서 나를 깨우칠 수 있었습니다.

오늘날, 지난 인생의 고단했던 세월을 돌이켜보면 확고한 신념이 인생에 있어 얼마나 중요한지 깨닫게 됩니다. 그리고 확고한 신념을 세우려면 반드시 '정심'에서 시작해야 한다는 사실을 다시 한 번 인식하게 됩니다. 공자는 말했습니다.

군자는 먼저 자신의 몸을 편안하게 한 후에 행동하고,
마음을 편안히 한 뒤에 말하며,

사귐을 확고하게 한 후에 남에게 바란다.
[君子安其身而後動,
易其心而後語,
定其交而後求.]

-《주역》〈계사〉

'안기신' 즉 '안신입명安身立命'은 확고한 인생의 신념을 가져야 한다는 뜻입니다. 확고한 인생의 신념을 세워야만 어떤 좌절에도 꺾이지 않을 수 있습니다. 허리띠가 느슨해져도 끝내 후회하지 않아야[衣帶漸寬終不悔] 진정 하고 싶은 대로 할 수 있다는 것입니다. 확고한 인생의 신념이 있어야 평화로운 마음과 맑은 정신이 있을 수 있고, 사람들과 교류할 때 분노나 두려움, 근심, 걱정이 생기지 않는 것입니다. 이를 이르러 '역기심이후어'라 합니다. 확고한 인생의 신념이 있고, 맑은 정신 상태가 되어야 바야흐로 어떤 사람과 접하고 사귀어야 하는지, 어디서부터 한 걸음 한 걸음 착실하게 시작해야 하는지 삶의 구체적인 요구와 기준에 자신을 맞출 수가 있는데, 이를 이르러 '사귐을 확고하게 한 후에 남에게 바란다'라고 하는 것입니다.

하늘이 말하는 것을 한마디라도 들어본 적 있는가

어느 날 공자가 학생들에게 말했습니다.

"나는 아무것도 말하지 않으려 한다."

자공이 놀라 물었습니다.

"스승님께서 말씀을 안 하신다면 저희들이 어떻게 도를 전할 수 있겠습니까?"

공자가 말했습니다.

"자공아! 너는 '하늘'을 한 번 보거라. 언제 '하늘'이 말하는 것을 한마디라도 들어 본 적이 있느냐? '하늘'은 여태 아무 말도 하지 않았지만 우리들은 사시사철이 규칙적으로 바뀌고 만물이 생기발랄하게 성장하는 것을 보지 않았느냐! 이처럼 위대한 일은 소리 없는 가운데 이루어지는 것이니라."《논어》〈양화〉

인생의 가치는 하나하나 맺은 결실에 달려 있고, 일의 성취는 사람답게 살기 위한 노력에 달려 있다고 합니다. 수양은 하루아침에 이루어지는 것이 아니라 오랜 기간의 축적이 필요한 법입니다. 마음을 가라앉히지 못하고 하루 종일 입으로 떠들어 봐야 아무런 보탬이 되지 않습니다.

사람이 떠벌리기를 좋아하는 것은 자신을 알아주지 않을까 두려워서입니다. 자신을 떠벌리고 자랑할수록 오래 지속되기 어려운데, 이를 '겉은 반짝거리지만 속은 나날이 소멸되어 간다[的然而日亡]'《중용》고 하는 것입니다.

떠벌리지 않고 묵묵히 일을 하고 발을 땅에 디디고 성실하게 처신을 하면 비록 남이 알아주지 않아도 세월이 흐르면서 점차 자신의 실력을 드러내게 됩니다. 따라서 결국에는 사회의 인정과 칭찬을 얻게

되는데, 이를 '겉은 암흑 같으나 속은 날로 밝아진다[闇然而日章].'《중용》)
라고 하는 것입니다.

> 사람들이 겉으로 좋다고 하는 것보다는
> 뒤에서 헐뜯지 않는 것이 차라리 낫다.
> 서로 일시적인 즐거움을 추구하는 관계보다는
> 오랫동안 유지되는 경지를 추구하는 것이 더 낫다.
> [使人有面前之譽, 不若使其無背後之毁.
> 使人有乍交之歡, 不如使其無久處之厭.]
>
> ―《소창유기》

인간관계에서 상대가 여러분이 가진 영예와 뛰어남을 받아들이지 못할 때가 있습니다. 만약 타인에 대한 참된 정성과 사랑에서 나온 말이 아니라면 몇 마디 말을 하지 않아도 불필요한 질투와 불만을 초래할 수가 있습니다. 많은 사람들이 동창 혹은 친구들 모임에서 불필요한 갈등을 만들어내는 이유는 모임을 개인의 자아를 자랑하는 기회로 여기기 때문입니다.

> 심침후중은 일등의 자질이고
> 뢰락호웅은 이등의 자질이며
> 총명재변은 삼등의 자질이다.
> [深沈厚重是第一等資質,

磊落豪雄是第二等資質,

聰明才辯是第三等資質.]

-《신음어》

이 구절에서는 사람의 자질을 세 등급으로 나누었습니다. 첫 번째가 심지가 깊고 너그러우며 진중한 '심침후중'이고, 두 번째가 광명정대한 호걸형인 '뢰락호웅'이며 세 번째가 총명하고 말을 잘하는 '총명재변'입니다. 그러면 먼저 세 번째 자질, 총명재변부터 이야기해 보기로 하겠습니다. 소위 총명재변이란 머리가 영리하고 이해득실에 대한 계산이 빠른 사람입니다. 자신에게 불리한 요소를 조심스럽게 회피할 줄 알고 가장 유리한 선택을 할 줄 아는 사람입니다. 이런 사람들은 말재주가 뛰어나 윗사람의 환심을 사고 상대를 물리치는 일을 잘합니다. 오늘날 사람들에게 가장 인기 있는 책의 하나가 처세의 지략을 가르치는 책일 것입니다. 실제로 이런 책들의 주요 내용은 대개 총명재변의 지혜를 어떻게 배울까에 대한 것입니다. 심지어 어떤 사람은 이것을 '늑대의 지혜'라고 떠들면서 크게 선전하기도 합니다. 이런 사람들은 사적으로 이야기를 나눌 때에도 대부분 자신의 각종 잔재주를 내보이고 작은 기량을 뽐내곤 합니다. 이런 사람들이 가장 좋아하는 것이 톡 까놓고 말하면 여곤이 이야기한 네 글자, 즉 총명재변입니다. 신앙을 상실한 시대에 총명재변은 이미 우리 세대의 주류가 되었습니다. 이러한 시대 분위기에서 우리는 어려서부터 다른 사람의 기교와 술법에 대처하는 여러 방법을 배워 왔습니다. 예를 들면 연애를 할 때 어떤 수단으로 상대의 환심을 살까 생각하고, 연애에 성공한 후에는 친구들 앞에서 성공담을 떠벌립니다. 취업할 때는 단지 자신의 약점을 숨겨 면접자의 신임을 얻을 것만을 생각합니다. 일에서 성취가 있기라도 하면 자신을 남보다 한 수 위라고 생각하고 친구들 앞에서 자기가 얼마나 뛰어난지를 자랑하는 것을 좋아합니다. 학생들끼리는 어떻게 선생과 상대할까를 이야기하고, 선생들은 어떻게 학생들을 휘어잡을지를 생각합니다. 아랫사람일 때에는 오로지 어떻게 보스를 상대할 것인지를 생각하고, 윗사람이 되면 어떻게 아랫사람을 부릴까만 생각합니다. 사업을 하게 되면 온갖 방법으로 고객의 신임을 얻을 생각만을 하고, 고객이 되면 온갖 머리를 짜내 주인에게 혜택을 얻으려고 합니다. 그래서 성공하면 더할 수 없이 기뻐합니다. 이렇게 보면 친한 친구들과의 모임에서 항상 이야기하는 성공이란 사실은 타인의 신임을 편취하는 수완에 불과한 것입니다.

여곤은 총명재변인 사람을 아주 경멸했습니다. 그는 '뢰락호웅'과 '심침후중'을 '총명재변'보다 더 좋게 생각했습니다. 소위 '뢰락호웅'은 의협심이 강하고 약속을 틀림없이 지키며 형제나 친구의 일이라면 옆구리에 칼이 들어와도 자신의 몸을 돌보지 않는 사람, 도의에 맞는 일이면 물불을 가리지 않고 뛰어드는 정의롭고 늠름한 사람으로 이해할 수 있습니다. 이런 사람의 마음은 한 치의 거리낌도 없습니다. 한 순간도 이익을 탐하거나 눈앞의 득실을 계산하지 않고, 말에는 반드시 신용이 있으며, 행동에는 반드시 결과가 있는 사람입니다. 그래서 광명정대하다는 뜻의 뢰락磊落을 쓴 것입니다. 이런 사람은 존경과 숭앙을 받지만 그래도 '심침후중'과는 비교할 수는 없습니다. 소위 '심침후중'이란 웅대한 포부와 지략을 가진 사람을 가리키는데, 인생의 높은 경지를 체득하고, 타인에 대해 강렬한 책임감과 동정심을 가지고 있으며, 엄격한 기준으로 자신의 성격을 수양하여 깊이 있는 축적을 이룬 사람입니다. 심침후중한 사람은 뢰락호웅한 사람보다 큰일을 훨씬 더 잘 할 수 있습니다. 뢰락호웅도 존경할 만하지만 한계가 있습니다. 관우, 장비는 뢰락호웅의 전형인 데 반해 제갈량은 심침후중한 사람이라 할 수 있을 것입니다. 제갈량은 관우와 장비를 두고 '만 명의 적을 상대할 수 있는 사람'으로 묘사했지만, 나라를 잘 다스리고 안정시키고, 천하를 경륜하는 일은 '만인적萬人敵'이 감당할 수 있는 일이 아니었습니다. 제갈량이 칼이나 창을 쓸 줄은 몰랐어도 나라를 잘 다스리고 천하를 경륜하는 지략은 만인적, 백만인적, 나아가 '천만인적'이 되고도 남음이 있었습니다. 제갈량이 의지한 것은 '총명재변'도 아니고, '뢰락호웅' 또한 아니라 바로 '심침후중'이었던 것입니다. 오늘날 여러분은 아마도 활기찬 인생을 희망할 것입니다. 그래서 평범하지 않은 사람이 되려고 하면서 동시에 '총명재변'에 골몰하고 있는 것입니다.

> 침착하고 느긋한 것은 일을 하는 제일가는 방법이고
> 겸양하고 물러날 줄 아는 것은 보신의 제일가는 방법이다.
> 보듬고 포용하는 관용은 사람을 대하는 제일가는 방법이고
> 소탈하게 구애되지 않는 것은 마음을 기르는 제일가는 방법이다.
> [安詳是處事第一法, 謙退是保身第一法,

涵容是處人第一法, 灑脫是養心第一法.]

-《소창유기》

　　이 구절은 비록 직접 '근언'을 언급하지는 않았지만 '근언'의 필요성을 구체적으로 드러내고 있습니다. 여기서 도광양회나 이굴구신以屈求伸을 구태여 입이 닳도록 말할 필요가 있을까요? 중국인들은 옥을 좋아하여 항상 옥을 군자에 비유하곤 합니다. 옥은 오래될수록 더 매력이 있기 때문입니다. 옛사람들은 항상 당당하고 품격 있게 처신해야 한다고 말하고, 이를 '고매한 기상'이라 불렀습니다. 인격과 도량이 어느 정도에 이르렀는가에 따라 일생 동안 이룰 수 있는 일의 크기가 결정될 것입니다. 총명재변한 사람은 몇몇 작은 일 혹은 단기 프로젝트에서는 성공할 수 있을 것이지만 종국에는 큰일을 해내기 어려울 것입니다. 그런데 총명재변한 무리임이 분명한데도 오히려 스스로를 범상치 않다고 여기고 항상 사람들 앞에서 잘난 척하는 사람들이 우리 주변에 많은 것이 현실입니다.

제9강

치성 致誠,
지극한 정성으로 자신을 완성하는 힘

唯天下至誠,
爲能盡其性.
오직 천하의 지극한 정성이라야
능히 그 본성을 다할 수 있다.
《중용》

얄팍한 게임과도 같은 인터넷 시대의 사랑

삶의 현장에서 분주히 뛰어다니며 부대끼느라, 우리는 전에 없는 스트레스를 받는다. 우리는 시정잡배의 인색함과 천박함에 익숙하고, 수단과 방법을 가리지 않는 비즈니스 전쟁에 익숙하며, 허위의 가면과 의도적인 위장에 익숙하다. 그리고 우리가 마주하는 무감각한 얼굴들은 우리의 마음에 제거하기 힘든 상처를 남긴다. 결국 우리는 이 부조리한 세계에 익숙해져 천박함에는 천박함으로 되받아치고, 허위로 허위에 대응하며, 올가미로 올가미를 공격한다. 안개 가득한 도시에서 우리의 마음은 풍화된 암석처럼 원래의 광택을 잃어가고 있다. 진정성眞誠이 물러난 후 다가선 것은 인생의 의미를 근시안적으로만 보는 전략적 사고이다. 우리는 자신의 사고 능력을 상실하고 사실의 배후에 숨겨진 진실한 동기와 진상을 통찰할 방법이 없다. 우리는 갈수록 조급증에 시달리고 천박해져서 깊이 있는 사고를 하지 않고, 더 이상 평안과 고요와 안정, 마음에서 우러나오는 즐거움, '나 아니면 그 누가 하랴' 하는 기백, 재치 있는 말투와 마음으로부터의 공감은 더 이상 찾기 힘들게 되었다. 우리가 믿을 수 있는 사람은 갈수록 줄어들고, 혜안을 가진 사람은 갈수록 적어지며 자원을 관리할 수 있는 사람은 갈수록 찾기 어려워진다.

진정성이 없으면 우리보다 훨씬 진정성이 없는 사람을 설득할 방법이 없다. 왜냐하면 그들이 우리의 말 자체를 거짓이라고 여기기 때문이다. 또한 우리는 우리보다 더 진정성 있는 사람을 설복시킬 수 없다. 왜냐하면 우리의 진정성에 대한 그들의 믿음이 부족할 것이기 때문이다. 나아가 우리는 용기를 고취하여 다가오는 어려움을 극복하고 인생의 좌절을 웃어넘길 수 있도록 우리 자신을 설득할 수도 없다. 우리의 목표는 일종의 더러운 거래로 변했고, 우리는 명리를 쟁탈하기 위해 서로 싸우는 사냥매가 되었다. 우리가 살아있는 것도 단지 명리의 부속품일 뿐이다. 우리의 세계는 이미 피가 뚝뚝 떨어지는 도살장처럼 명리를 위해 다투는 전쟁터로 변해 버렸다. 우리는 살아있는 송장처럼 매일 지친 두 다리를 끌고 도시를 헤집고 다니는데, 연인과는 서로 다른 생각을 하고, 고객과는 속고 속이고, 사회와는 담을 쌓고 수시로 경계한다. 우리는 자신의 마음이 진정 필요로 하는 것에 대해 본체만체하고 자기 자신을 인정하지 않는다. 자신을 항상 더럽고 옹졸하며 이해할 수 없다고 느끼고는 자신을 혐오하고 의심하기 시작한다. 진정성을 잃는 것은 사실 전진할 용기를 잃어버린 것이고, 인생을 살아가야 할 소중한 원동력과 살아있는 의미를 잃어버린 것이다.

진정성은 귀한 것이 되어 버렸다. 사람들마다 모두 진정성을 갈망하지만 현실에서의 좌절은 또한 사람들로 하여금 뒤로 물러나 자신을 감추고 감히 진정성을 내보이려 하지 않게 만들었다. 이제 진정성은 이 세계에서 가장 희귀하고 가장 소중한 자원이 되었다. 오늘날에 이르기까지 인류는 아직 진정성보다 더 유력하고 더 거대한 역량, 더 귀중한 재산을 찾지 못하고 있다. 이처럼 거대한 위력을 가진 진정성은 이미 한 개인의 존재, 한 조직의 존재, 나아가 전 우주의 존재의 핵심가치가 되었고, 가장 견고한 정신의 바탕이 되었다.

위의 문장은 현 세태를 명확하게 묘사하고 있습니다.[*]

지금 중국에는 '인터넷 동거'라고 불리는 현상이 나타나고 있습니다. 서로 모르는 두 사람이 인터넷을 통해 알게 된 후 속마음을 털어놓고 가상의 부부관계를 맺는 것입니다. 누군가 인터넷 결혼의 가장 큰 장점을 시공간의 제약을 받지 않고 남의 간섭도 받지 않는, '집이 살기 지겨우면 바꾸고, 몰던 차가 물리면 바꾸고, 애인이 재미없으면 바꾸는 것처럼 사람 역시 자기 맘대로 바꿀 수 있는 자유로움'이라고 지적했습니다. 패스트푸드 시대에 패스트푸드 문화가 만들어졌고, 이러한 문화가 패스트푸드 결혼을 만들어낸 것입니다. 인터넷을 통해 교류하는 사람들은 다양한 목적을 가지고 그들만이 갖는 독특하고 예리

---

[*] 소안, 〈진정성의 역량〉, 2004

한 안목으로 자신이 필요로 하는 사냥감을 찾습니다. 어떤 사람은 하룻밤의 짧은 사랑을 찾고, 어떤 사람은 야동을 찾고, 어떤 사람은 애인을 찾고, 어떤 사람은 결혼 상대를 찾습니다. 수많은 사람들이 인터넷을 이용하여 불륜을 저지르거나 양다리 연애를 시도하고, 심지어는 다른 사람의 돈을 편취하기도 합니다. 물론 적지 않은 사람들이 인터넷을 통해 제대로 된 짝을 찾기도 합니다.

나는 인터넷을 통해 관계를 맺는 현상에 대해 어떤 결론을 내릴 생각은 없습니다. 내가 진정으로 흥미 있어 하는 것은 이 현상의 배후에 있는 '사람'입니다. 현대인은 타인에 대한 진정성이 결여되어 있어 사랑 때문에 자신을 속박하려고 하지 않고 타인에 대한 책임을 지려고 하지 않습니다. 그 결과 갈수록 많은 젊은이들이 인터넷을 이용하여 하룻밤의 사랑을 추구하거나 다른 방식을 통해 자신을 마비시키기에 이른 것입니다. 이것이 바로 인터넷 동거를 비롯한 새로운 형태의 자극이 수많은 사람들을 흥분시키는 이유인 것입니다. 마음이 공허한 상태에서의 일탈은 어쩔 수 없는 선택일 수 있습니다. 오랫동안 길들여진 습관이나 주위 환경, 특히 유행의 영향으로 마음이 붕 떠 생명의 의미와 인생에서 진정으로 필요로 하는 것에 대해서는 자세하게 생각할 인내심이 결여되어 있기 때문입니다.

우리는 사람을 무서워하는 시대를 살아가고 있는 듯합니다. 남자든 여자든 모두 걱정과 두려움을 갖고 살아가고 있습니다. 남녀 사이에 솔직함과 성실함이 부족하기 때문에 서로 사귀면서도 어떻게 자신을 보호할지를 배우게 되었고, 효과적으로 자신을 감추는 법을 배웠습니다. 이런 상황에서 갈수록 눈앞에 보이는 이익만을 추구하는 게임 속에 온 정신을 쏟게 된 것입니다. 누군가 현대인은 일시적인 자유를 추구할 뿐 감정의 진중함과 깊이를 추구하지 않는다고 말했습니다. 정말 그렇지 않습니까? 하지만 얄팍한 감정 게임을 하면서 진심으로 다른 누군가를 사랑할 수는 없는 일입니다. 사람들은 사랑이라는 단어를 깔보면서 동시에 항상 자신을 깊은 미망과 초조함 속으로 빠트립니다. 특히 다른 사람으로부터 특별한 관심과 애정 그리고 따뜻한 보살핌을 필요로 할 때에는 더욱 그렇습니다. 왜냐하면 우리들 모두 감정적으로 남을 책임지지 않으려 하면서, 동시에 남들이 자신을 100퍼센트 책임지길 바라고 있기 때문입니다.

진실한 본성을 되찾는 법

우리는 어두운 밤 질주하고,
우리는 눈물 속에서 연소되고,
우리는 선택 속에서 냉막함, 처량함, 시기, 슬픔을 감내하고 고통의 시달림을 이겨낸다.
행운의 여신이 우리를 배려해 주고 불행의 신이 애도를 하고,
우리가 일으켜 세운 돛배가 기우뚱거리면서 짙은 안개 속에서 오르락내리락하는데,
이때, 그대 입술은 바짝 마르고

이때, 그대 눈동자는 동쪽에서 동이 트는 것을 지켜보고,

이때, 그대 영혼의 성채는 단비가 내리기를 갈망하고,

이때, 그대 음울한 생명 속에 황금빛 노을을 맞이할 수 있길 기대하고,

그대는 초조하고, 그대는 기다리며, 그대는 방황하고,

바로 그때 진정성이 관용, 자상, 평화, 우애 속에서 가장 깨끗하고 맑게 울린다.

-시 〈진정성의 역량〉 중에서

한 마을에 눈이 먼 아이가 있었다. 마을 사람 누구도 그와 놀려고 하지 않아 눈먼 아이는 아주 외로웠다. 아이는 항상 "누가 나랑 놀아줄까?"라고 혼잣말을 했다.

"내가 너랑 놀아줄게!" 어느 날 아이는 홀연히 누군가의 목소리를 들었다. 그 목소리는 자신의 그림자에서 나온 것이었다.

이후부터 눈먼 아이는 항상 자신의 그림자와 함께 놀았다. 소가 우는 소리를 들으면 소 소리를 흉내 내고, 양이 우는 소리를 들으면 양 소리를 흉내 냈다. 산에 올라 들꽃과 열매를 따고 작은 다리를 건널 때는 졸졸 흐르는 물소리를 들었다.

그림자는 아이에게 따스함을 주었고, 그림자는 아이에게 행복을 주었다.

어느 날 둘이 함께 밖에서 놀고 있을 때 벼락이 치며 비바람이 불기 시작했다. 눈먼 아이는 외로이 들판에 혼자 남겨졌다.

"내 그림자는 어디갔지? 내 그림자는…?"

눈먼 아이는 그림자를 불렀지만 아무런 반응이 없었다. 단지 비바람 소리만이 들려왔다. 아이는 비틀거리며 이리저리 왔다가다 하다 물웅덩이 속으로 빠지고 말았다.

눈먼 아이는 상심하여 울기 시작했다.

울고, 또 울다 아주 오랜 시간이 흘렀다. 바람이 멈추고 비가 그치자 아이는 놀랍게도 낯설고 아름다운 세상을 보게 되었다.

아이는 하늘에 둥그런 무지개가 뜨는 것을 보았다.

아이는 여러 색깔을 가진 들꽃을 보았다.

그리고 푸른 초원도.

또 풀잎 끝에 매달린 영롱한 이슬방울도.

아이의 그림자는 아이의 옆에 서서 아이의 손을 이끌었다.

사람들은 말한다. 그들은 쌍둥이 형제 같다고.

그 두 사람은 말한다. 우리는 모두 빛의 아이들이라고.

김파金波가 쓴 《눈먼 아이와 그의 그림자》라는 이야기는 광명에 대한 추구와 진정성의 힘을 찬미하고 있습니다.

《중용》에는 끊임없는 지극한 정성이란 뜻의 '지성무식至誠無息'이란 말이 나옵니다. 지성至誠의 힘은 항구적이고 쉼이 없어 결국에는 외부 세계에 강력한 효과를 만들어낸다는 뜻입니다. 우리는 어느 때에야 어린 시절의 천진무구함으로 이 세계를 마주하고, 세상의 허위와 교활함을 내던지고 자신의 본래의 모습을 살아나게 할 수 있을까요?

《중용》은 '오직 천하의 지극한 정성이라야 능히 그 본성을 다할 수 있다[唯天下至誠, 爲能盡其性]'고 말합니다. 소위 '진기성盡其性'이란 자신의 진실한 본성을 살아나게 하는 것을 가리킵니다. 너무 좋은 말입니다. 정신없이 오가는 현대인의 등 뒤에서 우리는 심신의 피로와 왜곡된 인격을 엿볼 수 있을 뿐입니다.

이익을 좇는 자의 최후

또 다시 《좌전》에 나오는 이야기를 해 보겠습니다.

태자 괴외蒯聵는 춘추 시대 위衛나라 영공(靈公, 기원전 534~493 재위)의 아들이었습니다. 그는 영공의 부인이었던 남자南子의 음란함을 알고 죽이려 하다 성공하지 못하고 결국 진晉나라로 도망가 진나라의 실력자 조간자趙簡子에게 의탁했습니다. 그런데 영공이 죽자 위나라 사람들은 괴외의 아들 첩輒을 군주로 삼았습니다. 그가 바로 출공出公입니다. 괴외는 진나라로 도망간 후에도 줄곧 군주의 자리를 차지할 욕심으로 강국 진나라의 세력에 기대어 기회를 노리고 있었습니다. 당시 진나라와 위나라는 오랫동안 사이가 좋지 않았기 때문에 진나라는 괴외를 위나라 군주로 삼아 위나라를 통제할 생각으로 여러 차례 군대를 보내 그를 군주로 앉히려고 했으나 결국 성공하지 못했습니다. 이렇게 13년이 흘렀습니다.

당시 괴외에게는 친누이 공희孔姬가 있었는데, 그녀의 아들인 공회는 위나라의 권신이었습니다. 공희는 남편이 죽자 가신인 혼양부渾良夫

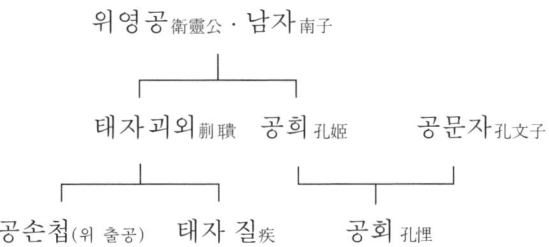

와 사통했습니다. 혼양부는 생김새가 준수하고 용력이 뛰어났다고 합니다. 공희는 혼양부에게 동생 괴외를 찾아 보게 했는데, 혼양부를 본 괴외는 은밀하게 제안했습니다.

"그대가 만약 나를 입국시켜 군주가 될 수 있게 해 주면 그대를 대부로 발탁하고 세 번 죽을 죄를 면하게 해 주겠다."

이렇게 혼양부와 공희는 괴외를 군주로 만들기 위해 함께 음모를 꾸미게 되었습니다. 그들은 괴외를 여자로 분장시켜 공회의 집에 몰래 들어가게 한 후 공회를 담 구석에 몰아넣고 강제로 괴외를 군주로 세울 것을 맹세하게 했습니다. 이리하여 공회는 출공을 몰아내고 괴외(즉 장공莊公)를 군주로 세웠습니다. 공자의 제자였던 자로子路는 당시 공회의 가신이었는데 이 과정에서 죽게 된 것입니다.

위 장공 괴외는 즉위하자 이전 출공을 따르던 구신들을 다 내쫓으면서 그중 한 사람에게 이렇게 말했습니다.

"나 역시 10여 년을 밖에서 떠돌아 다녔으니, 그대들도 한 번 체험해 보시지요?"

이렇게 그는 서너 명의 구신들을 쫓아냈습니다.

그런데 장공은 위나라 실력자 공회를 자기편으로 끌어들이려고 힘쓰면서도 한편으로는 질투했습니다. 마침 그의 신하 한 사람이 공회와 충돌하여 공회의 손에 죽는 일이 생겼습니다. 공회는 이 일로 문제가 생길까 걱정하여 이웃 송나라로 도망갔습니다.

장공이 즉위하자 그동안 장공을 보살펴 준 진나라의 조간자가 사람을 보내 말했습니다.

"그대가 진나라에 있는 동안 줄곧 나는 군주 앞에서 그대를 힘껏 도왔소. 지금 그대나 아니면 그대의 태자가 한 번 찾아오지 않는다면 나는 군주를 뵐 면목이 서질 않게 되오."

하지만 장공은 정국이 안정되지 않았다는 것을 이유로 이 요청을 거절했습니다.

군주가 되고서도 장공의 욕망은 끝이 없었습니다. 그는 혼양부에게 물었습니다.

"나는 위나라 군주인데도 선대 군주의 보물을 아직 갖고 있지 않네. 어떻게 하면 좋을까?"

선대의 보물은 그의 아들인 출공이 도망가면서 가지고 달아났던 것인데 장공은 그것을 어떻게 자신이 취할 것인지를 물은 것입니다. 그러자 혼양부가 말했습니다.

"전임 군주(출공)는 본래 군주(장공)의 아들이니, 장차 그를 불러들여 (현재의) 태자 질과 비교해 장래에 재능이 있는 자가 군주를 계승하도록 하는 것이 좋을 듯합니다. 첩(출공)이 만약 재능이 없다면 보물

또한 얻을 수 있을 것입니다."

태자 질은 장공이 귀국 후 세운 태자였습니다. 태자 질은 이 말을 듣고 크게 노해 다섯 명의 장사들을 데리고 가 장공에게 출공 첩을 귀국시키지 않도록 협박하고 혼양부를 죽이려 했습니다.

그러자 장공이 말했습니다.

"그건 안 된다! 나는 이전에 죽을 죄 세 가지를 면하게 해 주겠다고 맹세했다."

태자 질이 말했습니다.

"그러면 제가 세 가지 죽을 죄를 찾아내어 그를 죽이는 것은 어떤지요?"

장공이 말했습니다.

"그건 괜찮다!"

얼마 지나지 않아 장공은 새로 누대를 짓고 신하들을 불러 연회를 베풀었습니다. 이 때 태자는 혼양부도 참석하도록 청했습니다. 그런데 연회에 나타난 혼양부는 자주빛 옷을 입고[犯上], 식사를 하면서 칼을 풀어놓지 않고[違制], 윗옷을 벗고[非禮] 먹었습니다. 그러자 태자는 그를 끌어내게 한 후 그 세 가지 죄를 들어 그 자리에서 죽였습니다.

이 일이 있은 후 어느 날 장공은 괴이한 꿈을 꾸었는데, 꿈에서 산발한 머리에 추악한 생김새를 가진 사람이 누대를 마주보고 하늘로 날아오르며 장공을 향해 슬프게 말했습니다.

이 누대 터에 오르니

외가 줄줄이 맺어 있다.
나는 혼양부로,
하늘에 죄가 없음을 외치고 있노라!

장공은 큰 재앙이 임박했음을 느끼고 두려워했습니다.

결국 노 애공 17년 6월, 진나라 실력자 조간자가 군대를 이끌고 위나라를 쳤습니다. 그해 10월, 진나라는 다시 위나라를 쳤습니다. 위나라 사람들은 진나라를 막을 수 없게 되자 결국 장공을 쫓아내고는 새로 군주를 세웠습니다. 이에 진나라 군대가 떠나자 장공은 다시 돌아와 옥좌를 되찾았습니다. 그런데 이때 장공이 쫓아냈던 몇몇 구신들이 연합하여 그의 침궁을 포위하고 그를 죽이려 했습니다. 장공은 궁에 숨어 대문을 잠그고 밖에서 포위하고 있던 사람들에게 인정을 호소했으나 아무도 응답하지 않았습니다. 그는 할 수 없이 태자 질과 함께 몰래 담을 넘다 떨어져 다리를 삐었습니다. 그 상태로 장공은 융주戎州라는 지역으로 도망갔습니다. 이런 난리 중에 두 아들이 죽고 장공이 홀로 융주 기씨己氏의 집에 뛰어 들어가 옥구슬을 꺼내며 기씨에게 말했습니다.

"나를 구해주면 이 구슬은 너의 것이다."

그러자 기씨가 말했습니다.

"그대를 죽이면 구슬 또한 내 것이 되지 않겠습니까?"

이렇게 말하고는 장공을 죽여 그 구슬을 빼앗았습니다.

그런데 기씨가 장공을 죽인 이유는 구슬 때문이 아니라 이전에 쌓인 원한 때문이었습니다. 이전에 장공이 성에 올라 융주 사람들이 모여 사는 곳을 보고 물은 적이 있었습니다.

"이 사람들은 누구인가?"

"융주 사람입니다."

"나는 주나라 왕실과 같은 희씨姬氏 성인데 융씨들이 왜 여기 있단 말인가?"

그리고는 영을 내려 융주를 없애게 했습니다. 이로 인해 융주 사람들은 장공을 뼛속 깊이 미워하게 된 것이었습니다. 또 한 번 장공은 성 위에서 융주 기씨의 처를 보았는데, 그 머릿결이 너무 아름다운 것을 보고 영을 내려 그녀의 머리카락을 잘라 가발을 만들어 자신의 부인에게 준 적이 있었습니다. 이 일이 바로 기씨가 그를 죽인 직접적인 원인이 된 것이었습니다.

이렇게 장공의 일생을 종합해서 보면 그가 왜 죽을 수밖에 없었는지를 알 수 있을 것입니다. 태자 때 남자南子를 죽이려 하다 실패하여 도망간 것은 이해할 수 있는 일입니다. 하지만 위나라 사람이 지난날의 앙금을 잊고 그의 아들을 군주로 세운 것에 만족할 줄 알았어야 했습니다. 그런데도 대국의 힘을 빌려 자식과 자리를 다투었으니 금수와 다를 바가 뭐가 있겠습니까? 장공과 공회, 혼양부, 조간자의 관계를 보면 그가 다른 사람의 은정에 대해 조금도 감사하거나 보답할 마음이 없었음을 알 수 있습니다. 그의 유일한 관심사는 자신의 권력이었습니다. 그 아버지에 그 아들이라고 태자 질이나 출공 첩도 거의 마찬가지였습니다. 조그만 이익을 위해서라면 반드시 다투고 한 발자국도 양보하지 않고 골육상쟁을 하다 죽을 때까지 인간의 기본 도리를 깨닫지 못한 것입니다. 이렇게 장공에게는 적들이 많아졌고, 결국 자신의 정적이 아닌 융주 사람의 손에 죽게 되었습니다. 이를 바로 '불의한 일을 많이 하게 되면 반드시 스스로 죽게 된다[多行不義必自斃].'고 하는 것입니다.

    만약 장공이 조금이라도 진정성을 가지고 사람을 대했다면 정적이 그렇게 많지는 않았을 것입니다. 적어도 그의 운명에 결정적인 영향을 끼친 조간자와 기씨 두 사람이 그를 원수로 여기지 않았을 것이고, 더욱이 그를 사지로 내몰지도 않았을 것입니다. 조간자의 입장에서 보기에 당시는 진나라 패업이 쇠퇴하고, 제, 정, 위 연합이 진나라와 대치하고 있던 시기라, 위 장공의 즉위를 통해 국제정세를 자신들에게 유리한 방향으로 되돌릴 필요가 있었습니다. 장공이 진나라에서 10여 년간 망명생활을 할 때 조간자는 진나라 군주 앞에서 이 사람이 장래에 반드시 진나라에 유익한 사람이 될 것이라고 말했을 것입니다. 때문에 장공은 즉위한 후 먼저 진나라를 찾아가 귀한 선물을 보내고 위아래로 뇌물을 써서, 한편으로 정성을 표시하고 다른 한편으로는 대국과의 우호관계를 맺어 든든한 지지를 확보했어야 했습니다. 장공이 가지 않으려 하자 조간자는 심지어 태자 질을 보내도 좋다고 하며 간절한 언사로 청했습니다. 그러나 장공의 마음은 이미 그때는 그때고 지금은 지금이었던 것입니다. 10여 년 동안 비호해 준 은혜는 까마득하게 잊은 것입니다. 그의 입장에서 헤아려 보면 그는 아마도 진나라의 실력이 이미 쇠했다고 여겼고, 자신에게는 제나라나 정나라 등 동맹이 더 중요하다고 생각했을 수 있습니다. 게다가 조간자가 이전에 그를 몇 차례 호송하고도 실패한 적이 있었던 것도 진나라에 가지 않은 원인이었을 것입니다. 정말 이익 앞에서 의리를 잊어버린 전형적인 '견리망의見利忘義'한 행위였습니다.

다시 기씨의 경우를 살펴봅시다. 만약 융주를 몰아낸 것이 일시의 충동으로 경솔하게 저지른 잘못이라고 해도 기씨의 처의 머리카락을 자른 것은 다른 사람의 존엄을 돌보지 않고 권력으로 억압한 것이 분명했습니다. 만약 그가 현군이었다면 백성들과 이익을 다투고자 하는 욕망은 품지 않았을 것입니다. 설령 그런 욕망이 있었다고 해도 조금 방식을 바꾸어, 원하는 것을 얻으면서도 기씨로 하여금 평생 감격하게 할 방법을 모색했을 것입니다. 그는 응당 먼저 상대의 의견을 구하고 예로써 상대하며, 진심으로 청하고 큰 선물로 사례해야 했습니다. 이렇게 하면 비단 군주의 지위에 해를 끼치지 않고서도 백성들이 환한 얼굴로 호방하게 받아들일 수 있게 할 수 있었을 것입니다. 어쨌든 머리란 다시 자라는 것이고 군주에게 머리카락을 바쳐 상을 받으면 집안이 부유해지고 가문의 영광이 될 수 있을 터인데, 이 일거양득의 일을 무엇 때문에 싫어했겠습니까? 분명 장공이 한 행위는 우리의 눈에도 안하무인의 전형으로 비춰집니다.

역사에 기록된 바에 따르면 장공은 기원전 479년에서 498년까지 재위했습니다. 3년이 되지 않는 재위기간에 구신들을 쫓아냈고, 공회를 쫓아냈고, 혼양부를 죽이고, 융주를 몰아냈으니 원한을 산 사람이 적지 않았습니다. 더군다나 그중 다수는 이전에 은혜와 의리를 보여준 사람들이었습니다. 그가 구신들을 몰아낼 때 한 말은 가히 그의 인품과 경지를 보여준다고 할 수 있습니다. 그가 선군의 보물을 얻고자 할 때로부터 그의 이利를 탐하는 마음을 엿볼 수 있습니다. 498년 그가 다시 도성으로 돌아온 후 위나라 사람들이 그를 포위하여 내쫓을 때 장공이 고립무원의 상태에 빠질 수밖에 없었던 이유는 오랜 기간 이기적이고 만족할 줄 모르며 신의라고는 털끝만큼도 없던 과거의 행위가 낳은 당연한 결과였던 것입니다.

'인품이 높지 않은 사람은 항상 이利 자 하나를 이겨내지 못한다[人品之不高, 總爲一利字看不破].'라는 말이 있습니다. 이 이利라는 글자는 인간 세상 대부분의 분쟁의 발단이라고 볼 수 있습니다.

세상이 나를 업신여기고 비방한다면

한산寒山과 습득拾得은 당나라 때 천태산天台山 국청사國淸寺의 두 고승으로 인구에 회자되는 수많은 선시를 후세에 남긴 분입니다. 이들과 관련해서 다음과 같은 유명한 이야기가 전해지고 있습니다.

> 옛날에 한산이 습득에게 물었다.
> "세상 사람들이 나를 비방하고 업신여기고 욕하고 비웃고 깔보고 천대하고 미워하고 속이니 어떻게 대처하는 것이 좋을까요?"
> 습득이 말했다.

"참고 양보하고 내버려두고 피하고 견디고 공경하고 따지지 않으면, 몇 해 후에는 그들이 그대를 다시 보게 되리라."

만약 누군가 여러분을 업신여기면 아마 여러분은 그를 미워하고 욕하고 저주하며 심지어 보복할 것입니다. 만약 여러분이 인내를 선택한다면 그것은 스스로 보복할 능력이 없다는 것을 알기 때문일 것입니다. 설령 보복하지는 않는다고 해도 분노 때문에 마음이 편하지 않을 것입니다. 만약 이를 참고 견딘다면 겁쟁이처럼 여겨져 치욕을 느낄 것입니다. 이것이 우리들 대다수의 가치관이고, 우리는 오랫동안 이렇게 생각하는 것에 익숙해져 있습니다. 여태껏 '눈에는 눈, 이에는 이'가 잘못되었다고 생각한 적은 없을 것입니다.

나 자신도 과거 오랫동안 위에서 말한 그런 가치관을 견지해 왔습니다. 그런데 훗날 몇 번의 좌절을 겪은 후 한산과 습득의 대화에 담긴 깊은 뜻을 진정으로 이해할 수 있게 되었습니다. 몇 년 전 나는 무고를 당해 이전에 경험하지 못한 억울한 마음 때문에 오랜 시간 동안 암담하고 고통스러운 나날을 보내며, 심지어 사람들을 만나려고 하지 않은 적이 있었습니다. 그러던 어느 날 한 선배가 정색을 하며 내게 말했습니다.

"내 한마디만 할테니 그냥 들어 봐라. 옛날에 한산이 습득에게 '세상 사람들이 나를 비방하고 업신여기고 욕하고 비웃고 깔보고 천대하고 미워하고 속이니 어떻게 대처하는 것이 좋을까요?'라고 묻자 습득이 말했다네. '참고 양보하고 내버려두고 피하고 견디고 공경하고 따지지 않으면, 몇 해 후에는 그들이 그대를 다시 보게 되리라.'"

그의 목소리는 중후하면서도 낭랑했습니다. 특히 습득의 말을 전할 때에는 억양이 바뀌기까지 했습니다. 당시의 처지에서 이 말을 듣자 나도 모르게 눈물이 주르륵 흘러내렸습니다. 이 말 속의 무언가가 마치 나의 마음을 한방 때린 듯했습니다. 이후 인생이 절망스럽고 막막하게 느껴질 때마다 한산과 습득의 대화는 추운 겨울의 온기처럼 새로운 삶에 대한 용기와 믿음을 불러 일으켰습니다.

그 선배의 말은 한 가지 이치를 깨닫게 해 주었습니다. 인생에서 일어나는 많은 문제들에 반드시 저항해야만 하는 것은 아니고, 인생에서 겪는 억울함 역시 꼭 벗어야만 하는 것은 아니라는 것이었습니다. 내가 누명을 벗고 싶어도 벗을 수 없는 경우가 있고, 심한 경우에는 설명할수록 더 벗어나기 힘든 경우도 있는데 어찌하겠습니까! 비로소 이전에는 생각하지 못했던 많은 문제를 생각하게 된 것입니다.

'만약 이 어려움을 넘어설 수 있다면 우리의 정신은 아마도 전에 없던 새로운 단계로 올라설 수 있을 것이다. 커다란 누명을 덮어썼는데도 변명할 방법이 없을 때 무엇에 의지하여 버텨낼 수 있을까? 이는 사람을 시험하는 것이다. 굴욕을 참아내는 것도 일종의 경지라 할 수 있다. 억울한 누명으로 고통에 빠진 것이 아무런 가치가 없는 일이라고 할 수는 없다. 어떤 사람은 굴욕을 참지 못하고 자살하지만, 어떤 사람은 굴욕 속에서 사람들을 대하는 새로운 방법을 배워 이로 인해 도량이 훨씬 더 넓은 사람으로 다시 태어나기도 한다. 중국 역사에서 탁월한 성취를 이룬 영웅들치고 이런 뜻밖의 누명을 당하지 않은 사람은 거의 없다. 주공, 굴원, 사마천, 범중엄에서 등소평까지. 그들이 굴욕을 당하면서도 세상을 냉소적으로 바라보지 않았던 까닭은 마음 깊은 곳에 세상에 대한 사랑이 깊고 가득했기 때문이다.'

차가운 바람이 문을 두드리는 한밤 중 한산과 습득의 대화를 낭송하며 나는 기쁨과 격려를 느꼈습니다. 가을 바람이 소슬하게 부는 밤 중 내가 겪은 괴로움 속에서도 '허리띠 느슨해져도 끝내 후회하지 않는다[衣帶漸寬終不悔].'고 한 위인들 때문에 감동하여 울고, 이 세계의 모든 열렬하고 진정한 영혼을 위해 묵묵히 기도했습니다.

그리고 나는 갑자기 깨달았습니다. 고대에 도를 닦은 사람들은, 그들이 유학자든 고승이든 도가의 현자든, 마음이 얼마나 넓고 컸던가! 종교인의 위대한 생각이 아니라면 어찌 한산과 습득의 대화가 나올 수 있었겠는가? 지극히 높은 도량과 기백이 아니라면 억울함과 굴욕을 당하면서도 어찌 정성과 사랑이 가득한 삶을 살 수 있겠는가!

만약 여러분이 누명을 쓰고, 세상 사람들의 웃음거리가 되어 사람들의 차가운 눈빛에 시달리면서도 거기에서 벗어날 아무런 방법을 찾지 못했다면 한산과 습득의 대화를 읽어보는 것도 괜찮을 것입니다.

'인과응보'는 때론 그렇게 절대적이지는 않습니다. 누군가 자신에게 저지른 잘못이 아무튼 사실이라고 해도 자신이 너무 민감하여 지나치게 의식하는 것이라면 어찌하겠습니까? 때론 그 사람과 싸우기보다는 차라리 그 사람과 편하게 지내는 것이 나을 수 있고, 그 사람을 미워하기보다는 포용하는 법을 배우는 것이 더 나을 수 있습니다.

맹자는 '내 몸을 뒤돌아 보아 진실하면 이보다 더 즐거운 것은 없다[反身而誠, 樂莫大焉].'《맹자》〈진심〉고 했습니다. 어떤 경우 일정한 나이가 되어야 진정함의 가치를 이해할 수 있습니다. 혹은 자신이 정말로 진정성을 내보인 이후에야 진정성으로 사람을 대해야 하는 이유를 알 수 있는 것입니다. 하지만 보통 사람들은 사람과의 관계 속에서 자신의 총명재지와 자신의 실력, 자신의 뛰어난 점을 어떻게 증명할 것인지를 훨씬 더 많이 생각합니다. '사람들에게 은혜와 의리는 널리 베풀어야 한다. 인생은 어느 곳에서 어떻게 만날지 모르기 때문이다[恩義廣施, 人生何處不相逢].'《명심보감》라는 말을 관점을 바꾸어 말하면, 사람들과 이익을 나누고, 재산을 나누고, 권력을 나누고 명성을 나누는 것이 바로 즐거움과 행복을 함께 즐기는 것이라고 생각하는 것입니다. 이를 이르러 '반신이성反身而誠, 락막대언樂莫大焉'이라고 이르는 것입니다. 증자는 '새가 죽을 때에는 울음 소리가 슬프고, 사람이 죽을 때에는 말하는 것이 착하다[鳥之將死, 其鳴也哀, 人之將死, 其言也善].'《논어》〈태백〉고 했습니다. 왜 죽음이 다가와서야 착한 말이 나올까요? 홍응명은 이렇게 말했습니다.

>   이름을 좋게 알리고 착한 일을 할 때에는
>   혼자서 다 하려고 하지 말라.
>   조금은 남에게 나누어 주어야
>   해를 멀리하여 몸을 온전히 보전할 수 있다.
>   욕된 행실과 이름을 더럽히는 일은
>   모두 남의 탓으로만 돌리지 말라.

조금은 끌어다 나의 책임으로 돌려야

지혜를 안으로 간직하고 덕을 기를 수 있다.

[完名美節, 不宜獨任.

分些與人, 加以遠害全身.

辱行汚名, 不宜全推.

引些歸己, 可以韜光養德.]

―《채근담》

여러분은 이 구절에 포함된 진정성의 즐거움을 보았습니까?

결론적으로 말하면, 습득과 한산의 대화는 유약함이나 무능을 반영한 것이 아니라 인생의 경지를 이야기한 것입니다. 비할 수 없는 넓은 가슴으로 세상의 모든 기백을 받아들인 것입니다. 진정성이 담긴 영혼의 말은 이 세상에 사는 사람, 설령 자신의 적이라 해도 받아들일 것입니다. 세상에 대한 사랑은 이처럼 깊은데, 어느 누구에 대해서 원한을 품을 수 있겠습니까? 단지 우리의 기량이 너무 협소하기 때문에 개인의 이익만을 너무 중시하여 화를 내고 앙심을 품는 것입니다.

사람됨의 크고 작음을 보면

사업의 높고 낮음을 알 수 있다.

덕의 얕고 깊음을 살피면

복의 길고 짧음을 알 수 있다.

[觀規模之大小, 可以知事業之高卑.

察德澤之淺深, 可以知門祚之久暫.]

-《위로야화》

여기서 '규모의 대소規模之大小'는 인격의 경지, 도량을 말하고, '문조門祚'는 그 사람들이 받는 복을 말합니다. 이 구절은 옛사람의 인생의 경지의 높고 낮음에 대한 일종의 해석입니다. 《중용》은 유가경전 중에서 '성誠'을 집중적으로 논한 책으로, 그중에는 《시경》의 한 구절을 인용하여 문왕의 '지성지심至誠之心'을 찬미한 부분이 있습니다. 문왕이 능히 천지를 감동시킨 까닭은 그의 마음이 '순일불이純一不已'했기 때문이라고 한 것입니다. 친애하는 여러분, 《중용》과 같은 고대 경전에서 얻은 영감이야말로 지성至誠에 대한 새로운 인식을 얻게 하는 계기가 될 것입니다.

정성이 지극하다면 겉으로 드러나게 마련이다

누군가를 비판할 때 상대를 일말의 가치도 없다고 폄하하고, 동시에 인내심을 갖고 상대의 해명을 들어 보려고 하지도 않고, 상대에 대한 조금의 공경심도 없이 기세등등하게 몰아붙이기만 하는 사람이 있습니다. 반면 어떤 사람은 상대를 비판할 때 마음을 다해 겸손함을 유지하고 마음을 활짝 열고, 가능한 한 상대의 자존심을 상하지 않게 하는 한에서 진정성을 가지고 완곡하게 의견을 표시합니다. 이를 비교해보면 양자 중 누가 높고 누가 낮은지는 금방 드러납니다. 그 구별은 바로 '성誠'이란 단어에 있습니다.

여러분은 꿍꿍이가 깊고 심기가 깊은 사람을 만난 적이 있을 것입니다. 이런 사람이 말하는 것을 들어 보면 항상 말 속에 또 말이 있고, 줄곧 에둘러 말하여 당시에는 그 뜻을 분명히 알 수 없지만 나중에 생각해 보면 마음이 매우 불편해집니다. 이들은 말을 할 때 항상 상대의 마음을 유심히 살피고 생각을 장악하려 합니다. 그리고 자신이 필요로 하는 것을 어떻게 얻어낼 것인지를 세심하게 헤아립니다. 동시에 속으로 상대를 경계하여 갖은 잔꾀를 부려 대응하고 쉽게 자신의 의중을 드러내지 않습니다. 때문에 그의 진짜 생각을 알아내기는 아주 어렵습니다. 이런 상황에서 만약 여러분이 진심으로 속마음을 토로하기라도 하면 그에게 이용당하기 십상입니다. 또한 어떤 사람은 본질적으로는 나쁜 사람은 아니지만 체면을 너무 중시하고 자아중심적이어서 상대를 소중히 여길 줄 모르고 말할 때에도 갖은 방법으로 자신이 얼마나 잘났는지를 우회적으로 드러냅니다. 이런 행위는 툭 까놓고 말하면 허영심의 만족을 위한 것으로, 이런 사람의 치명적인 문제 중 하나는 바로 자기에 대한 자신이 없다는 것입니다. 이런 두 가지 고질적인 문제의 근원은 정성[誠]으로 사람을 대하는 것을 알지 못한다는 데 있습니다.

> 세와 이를 찾는 사람들은 허세부리기를 좋아하여 겉으로 포장하는 것만 안다.

[勢利人裝腔作調, 都只在體面上鋪張.]

-《위로야화》

    직언도 좋고 솔직한 말도 좋습니다. 신중한 말도 좋고 말하지 않는 것도 좋습니다. 말하는 데 있어 통일된 법칙은 결코 없지만 한 가지 불변하는 것은 바로 '정성'을 근본으로 해야 한다는 것입니다. 《대학》에서 말하는 '성어중誠於中, 형어외形於外'는 마음은 '정성'에서 나와야 한다고 주장하는 말입니다. 마음에 진정성이 있어야 비로소 언행 등 밖으로 드러난 표현이 자연스러울 수 있다는 것입니다. 만약 진정성이 없이 나온 말이라면 결국에는 자신과 남을 속이는 것 뿐이라는 것이죠. 잔꾀로 남을 속일 수 있다고 생각하지 마십시오. 바른 도리가 마음에 있음을 알게 되면 뭇 사람들이 눈으로 다 보고 손으로 가리켜 자연히 큰 힘을 발휘하게 될 텐데, 어찌 중시하지 않을 수 있겠습니까! 때문에 《대학》의 '부는 집을 윤택하게 하고 덕은 몸을 윤택하게 하여, 마음은 넓어지고 몸을 살찌운다富潤屋, 德潤身, 心廣體胖.'라는 말에 대해 주희는 이렇게 말했습니다.

> 그러므로 마음에 부끄러움이 없으면, 광대하고 관평하여, 몸이 항상 상쾌하고 편안하니, 덕이 몸을 윤택하게 하는 것이 그러한 것이다.
> [故心無愧怍, 則廣大寬平, 而體常舒泰, 德之潤身者然也.]
>
> -《대학장구》

밖으로 드러난 말은 정성에 기초해야지
공업을 이룰 수 있다.

[修辭立其誠, 所以居業也.]

-《주역》〈문언〉

'수사입기성修辭立其誠'이라는 말은 수련이 필요하다는 뜻입니다. 나는 이것이 아주 쉽기도 하지만 또한 쉽지 않은 일이라고 생각합니다. 심기가 깊고 꿍꿍이가 있는 사람에게는 상당히 어려운 일일 것입니다. 《주역》에 '한마디 말을 할 때마다, 한 가지 일을 할 때마다 항상 사념을 제거하고 정성을 보존해야 한다[閑邪存其誠].'는 말이 있는데, 사람들이 실천하기에 그리 쉬운 일은 아닙니다.

《논어》 '향당편'에는 공자가 각종 장소에서 말하는 방식을 기록하고 있는데, 이는 '수사입기성'의 전형적인 사례입니다. 나아가 '성어중, 형어외'를 가장 잘 설명하는 구절입니다. 그러면 그중 한 구절을 살펴봅시다.

공자가 향당에 있을 때는 소박하고 공손하여,
말을 하지 못하는 사람처럼 보였다.

[孔子於鄉黨, 恂恂如也, 似不能言者.]

이 구절은 공자가 고향에 돌아가 고향의 부로父老들 앞에서 말하는 모습을 묘사한 글입니다. '순순여야恂恂如也'는 소박하며 성실한 모습을 가리킵니다. '사불능언자似不能言者'는 마치 말을 못하는 사람과 같음을 말합니다. 우리는 공자가 비록 여러 차례 뜻을 이루지 못한 것으로 알고 있지만 이는 사실과는 좀 다릅니다. 공자가 자신의 정치적 포부를 실현하지 못한 것은 맞지만 일반인과 비교하면 그의 정치적 성취는 아주 컸다고 할 수 있습니다. 왜냐하면 그의 최고 관직은 노나라 사구司寇, 즉 오늘날 사법기관의 장관 정도에 해당했기 때문입니다. 우리 중 몇 사람이 일생 동안 그렇게 높은 관직에 오를 수 있을지 생각해 보십시오. 공자는 이처럼 화려한 벼슬에 올랐지만 고향에 돌아와 오래 떨어져 지낸 고향의 부로를 대하면서 뜻밖에도 말을 할 줄 모르는 사람같이 행동한 것입니다. 이것은 무슨 뜻일까요? 이 점을 이해하기 위해 한 가지 가정을 해 봅시다. 만약 여러분이 고관대작이 되어 금의환향한다면 여러분은 여러분이 아는 모든 사람들에게 커다란 영광일 것이고 여러분의 집안은 그로 인해 빛이 날 것입니다. 여러분의 친척과 친구들은 온갖 말로 비위를 맞출 것이고, 여러분 자신은 분명 비할 바 없는 행복과 만족감을 느낄 것입니다. 그 때 여러분이라면 어떻게 말을 할 줄 모르는 사람과 같은 모습을 보일 수 있겠습니까?

　설사 한 회사의 임원이 되거나 큰 부자가 되었다고 해도 마찬가지일 것입니다. 여러분은 겉으로 보기에 그럭저럭 출세한 것처럼 보이는 사람들을 보아왔을 것입니다. 돈을 벌고, 적당한 관직에 오르고, 혹은 명문대학에 합격하여 고향이나 모교에 돌아가면 얼마나 의기양양하게 행동합니까? 이른바 금의환향은 인생에서 가장 자신만만한 때입니다. 만약 여러분이 사업에서 성공한 사람이라고 가정하고, 고향이

나 모교에 돌아간다면 어떤 생각을 하겠습니까? 많은 친척과 친구들이 여러분을 보려고 몰려들 것이고, 모인 사람들과 차례로 축하연을 가질 것이라고 한다면, 곧 일어날 일을 상상하면서 여러분의 마음에는 어떤 생각이 들겠습니까? 그리고 여러분은 친구들 앞에서 어떻게 자신을 표현하겠습니까? 꽃다발과 미소, 그런 선망과 찬사는 바로 여러분이 오래 전부터 기대했던 것이 아닙니까?

여러분이 친구들 앞에서 자신의 성공과 성취를 내보일 때 다음 몇 가지 문제를 생각해 보아야 합니다. 만약 지금껏 생활이 어려운 옛 친구가 있는데, 그가 여러분보다 똑똑하지 않거나 능력이 없어서가 아니라 단지 가정 여건이나 기회를 만나지 못했기 때문이라고 한다면, 여러분은 마음속으로 여전히 그의 고통을 자기 일처럼 생각할 수 있을까요? 아마 여러분 자신도 모르게 그들의 비루함과 지지부진한 모습이 바로 여러분의 성공과 뛰어남을 증명하는 것으로 생각할지도 모를 일입니다. 여러분이 성공했을 때 일찍이 진정 사심 없이 관심과 사랑을 주었던 사람들을 알아주고, 지난날 순수한 우정을 맺었던 선량하고 소박한 친구들의 마음을 이해할 수 있을까요? 지금 그들이 겪고 있는 인생의 고통은 여러분에게는 무엇으로 여겨질까요? 성공하여 친구들을 다시 만나는 날, 쉴 새 없이 자신을 증명하려고 지껄이고, 거리낌 없이 자신을 드러내면서 여러분이 얼마나 성공했는지 알아주지 않을까 두려워하지 않을까요?

사람의 마음을 움직이려면

황혼 무렵, 조용한 나루터에 네 사람이 도착했다. 그곳은 이미 텅 비어 있어 모두들 애를 태웠다. 갑자기 그들은 약속이나 한 듯이 한 노인이 멀리서 낚시를 하는 것을 보고는 급하게 큰소리로 불렀다.

노인이 그들에게 말했다.

"내 배는 너무 작아서 겨우 한 사람만 태울 수 있네. 당신들은 내가 누굴 태웠으면 좋겠소?"

네 사람은 서로 자신의 의견을 고집하며 노인에게 각자의 이유를 설명했다.

그중 한 사람이 하얀 은자 꾸러미를 꺼내들고 말했다. "보셨소? 나를 태워 주면 이 돈이 다 노인장 것이 될 거요." 그는 상인이었다.

다른 사람이 말했다.

"이 몸은 권세가 좀 있소. 이곳 주변 수십 리 안에서 물어보시오. 누가 나에게 노여움을 살 수 있는지?" 그는 현의 관리였다.

세 번째 사람은 무사였다. 그는 수중의 칼을 빼들고 외쳤다.

"이 칼을 좀 보시게나! 나를 태워주지 않으면 한 칼로 당신을…."

노인은 결정을 하지 못했다. 우물쭈물하고 있을 때 마지막 한 사람이 탄식을 했다.

"마누라는 항상 나를 째려 보기나 하고, 어린 자식은 하루 종일 '아빠, 아빠' 하며 우는데 내가 어떻게 해야 마음에 근심이 없을지…."

노인은 그에게 손짓하며 말했다. "그럼 당신이 타게나!"

배에 탄 후 그 사람은 노인에게 왜 그를 태웠는지 의심스러워 물었는데, 노인은 자신의 가슴을 가리킬 뿐이었다. 노인은 자신이 결정하기 힘들자 자신도 모르게 마음의 부름을 따른 것이었다. 노인이 결코 돈을 생각하지 않은 것도 아니고 관리와 무사를 두려워하지 않은 것은 아니었지만, 앞의 세 사람이 그에게 보여준 것은 인성 중 추함과 탐욕의 일면이었지만 마지막 사람은 인성 중 가장 사랑스러운 것을 보여주었고, 그것이 그의 마음을 움직인 것이었다.

"진실함은 노력하지 않아도 중심에 있고, 생각하지 않아도 얻음이 있다." 여러 곳에서 떠도는 이 이야기(작자 미상)는 아마도 이 구절에 대한 가장 좋은 해석일 것입니다.

입신의 높고 낮음은 평생 사업의 규모를 결정하고, 경지의 차이는 평생 성취하는 것의 크고 작음을 결정합니다. 소인은 군자가 되는 것을 바라지 않는 것이 아닙니다. 다만 군자의 도량과 기도氣度를 이해하지 못하는 것입니다. 군자가 소인을 무시하는 것이 아니라 소인은 똑똑하긴 한데 오히려 그 똑똑함 때문에 잘못되는 것입니다.

> 군자가 마음을 두는 곳은 단지 충과 신이지만
> 부녀자와 아이들은 다 그를 신을 보듯 공경한다.
> 그러므로 군자는 떨어져도 군자가 되는 것이다.
> 소인은 처세에 항상 계책을 설치하지만
> 향당 사람들은 다 귀신을 보듯 그를 피한다.

그러므로 소인은 억울하게도 소인이 된다.
[君子存心但憑忠信, 而婦孺皆敬之如神,
　所以君子落得爲君子.
　小人處世盡設機關, 而鄕黨皆避之若鬼,
　所以小人枉做了小人.]

다음은 미국의 유명한 가수이자 코미디언인 지미 듀랜트(Jimmy Durante, 1893~1980)와 관련된 이야기입니다. 그는 쉰 듯한 목소리와 큰 코로 유명해 일찍이 수많은 영화와 브로드웨이 뮤지컬에 출연했습니다.

> 그는 한두 세대 전의 사람들은 모두 아는 한창 뜨는 연예인이었다. 한 번은 누군가 그에게 2차대전 참전 병사의 저녁 파티에 와서 공연해줄 것을 요청했다. 이미 일정이 꽉 차 있던 그는 몇 분만 빼내 혼자 모노드라마를 공연하고 그곳을 떠날 것이라고 말하고, 만약 그걸 받아들이면 공연을 하겠다고 말했다. 행사 주최자는 기쁜 마음으로 응했다.
> 그런데 지미가 공연하던 과정에서 뜻밖의 사건이 발생했다. 그가 말한 몇 분의 시간이 지났는데도 여전히 무대에서 계속 공연을 하는 것이었고, 관중들의 박수소리도 갈수록 열렬해지는 것이었다. 15분이 지나고, 20분이 지나고, 30분이 이미 지났는데도 지미는 계속 공연을 했다. 마침내 마지막으로 인사를 하고 지미는 무대를 떠났다. 무

대 뒤에서 누군가가 그에게 물었다.

"단지 몇 분간만 공연하겠다고 하신 것 아니에요? 무슨 일이 있어나요?"

지미가 말했다. "그렇소. 나는 원래 빨리 가려고 했었소. 그런데 앞줄에 있는 관객을 보면 왜 그랬는지 알 수 있을 것이오."

당시 맨 앞줄에는 두 남자가 앉아 있었는데, 그들은 전쟁 중 한 손을 잃은 사람들이었다. 한 사람은 오른손을 다른 사람은 왼손을 잃었다. 그런데 그들이 기뻐하며 힘을 합쳐 아주 큰 소리로 박수를 치는 것이었다.*

옛사람이 이르길, "지극한 정성이 있는 사람은 그 힘이 신과 같다[至誠如神]. 오직 천하의 지성이라야 능히 화할 수 있다[唯天下至誠爲能化]."《중용》고 했습니다. 여기서 화化는 감화, 혹은 만물을 기르는 신비한 역량을 가리킵니다. 도대체 무엇이 이 대스타로 하여금 몇 분간만 하기로 했던 공연을 30여분이나 하게 했을까요? 그것은 바로 두 노병의 진정성이 듀랜트에게 전달되어 마음속에 깊은 충격을 주었기 때문입니다.

---

* 저자 미상

공자가 가르친 것들

이제 이 책을 끝내야 할 시간입니다. 마지막으로 유가가 말하는 이상적인 인격에 대해 설명하면서 결론을 맺고자 합니다.

유가는 인생을 끊임없이 스스로를 새롭게 하는 과정으로 여기고, 이를 '일신우일신日新又日新《대학》'이라 말했습니다. 수신과 존양은 우리의 생명 안에 있는 오래된 폐단을 끊임없이 제거하여 날로 새롭게 하는 과정입니다. 우리의 생명력은 끊임없이 자신을 갱신할 수 있는지의 여부에 달려 있습니다. 꾸준하게 심신을 수양할 수 있어야 매일 아침 일어날 때 새로운 생명의 탄생을 몸으로 체험하고 가슴 가득한 열정을 새로운 생활에 투입할 수 있는 것입니다.

《예기》〈경해經解〉 편에는 존양의 목표에 대한 공자의 관점을 비교적 완정하게 총결하고, 유가의 수신과 양성이 추구하는 이상적인 인격을 설명하는 구절이 있습니다. 이 구절은 우리가 반복하여 낭독할 만한 가치가 있습니다.

공자께서 말씀하시기를 그 나라에 들어가 보면 교화敎化를 알 수 있다.
그 사람됨이 언사나 얼굴빛이 온유하고 성정이 돈후함은
《시경》의 가르침이며,
정사에 통달하여 멀리 상고의 제왕의 말씀과 일을 앎은
《서경》의 가르침이며,
마음이 넓고 해박하며 성정이 화이하고 순량함은

《악경樂經》의 가르침이며,

심성이 맑고 의리가 정미한 것은

《역경》의 가르침이며,

성정이 공손하고 검소하고 용모가 단정하고 공경함은

《예기》의 가르침이며,

역대 왕과 성현의 말씀들을 기록한 것을 엮어 놓고 사물들을 비교한 것은

《춘추》의 가르침이다.

[孔子曰, 入其國其敎可知也.

其爲人也, 溫柔敦厚, 《詩》敎也, 疏通知遠, 《書》敎也,

廣博易良, 《樂》敎也, 絜靜精微, 《易》敎也,

恭儉莊敬, 《禮》敎也, 屬辭比事, 《春秋》敎也.]

여기서 이야기되고 있는 《시경》, 《서경》, 《예기》, 《악경》, 《역경》, 《춘추》는 공자가 학생들을 가르치는 주요 과목이었습니다. 〈경해〉의 이 구절은 공자의 교육적 이상과 공자가 어떤 인재를 희망했는지를 말해 주는 것이라 할 수 있습니다.

《시》는 《시경》을 일컫는 것으로 주나라 악사가 사방에서 수집한 민가를 기초로 새롭게 정리하여 편찬한 책이며, '풍風', '아雅', '송頌' 등 아홉 개 부분으로 이루어져 있습니다. '온유돈후溫柔敦厚'의 '온'은 얼굴빛이 온화한 것을, '유'는 성정이 부드러운 것을 가리키고, '돈'은 상하 두 개가 합쳐 원구 형태가 되는 곡식을 담는 그릇으로 풍족하고 넉넉하다는 뜻으로 발전한 글자입니다. 그래서 온유돈후는 성정이 온화하

고 사람을 잘 이해하며 너그럽고 후덕함을 가리킵니다.

《시경》각 편은 다른 지역, 다른 장소에서 나온 것이라 기풍이 각기 다릅니다. 어떤 것은 애정을 말하고, 어떤 것은 탐관에 대한 원망이며, 어떤 것은 인생의 고단함을 묘사하고, 어떤 것은 마음속 억울함을 토로하는 내용입니다. 왜《시경》이 온유돈후한 품성을 키우는 것일까요? 그것은《시경》이 세상물정을 알게 하고 타인의 고통을 깊이 이해할 수 있도록 하여, 그로부터 다른 사람의 생각이나 기분을 잘 이해하도록 하기 때문입니다. 더 중요한 것은《시경》을 읽음으로써 우리 자신이 그 속에 몰입되어 마음 깊은 곳으로부터 공명할 수 있기 때문이고 나아가 영혼의 위안을 얻고 감정을 발설할 수 있어 성정이 평화로워지고 사람을 대하는 데 있어 거짓이 없게 하기 때문입니다.

《서》는《서경》을 일컫는 것으로 요순 3대 이래 중국 역사상의 큰 사건들을 기록한 책입니다. 특히 역사적으로 중요한 순간에 중요 인물들이 했던 말을 기록한 책입니다. 요순시대로부터 하상주夏商周에 이르기까지 중국의 역사는 수천 년에 이릅니다. 이 기나긴 세월동안 중대한 역사적 사건과 마음을 감동케 하는 순간이 있었고, 또 피바람이 휘몰아치던 전쟁이 있었습니다.《서경》에 기록된 사건과 말은 고대인들이 파란만장한 세상을 살아가며 불굴의 정신으로 곤경을 이겨낸 기록이며 피눈물 가득한 역사적 교훈을 응집한 것입니다. 바로《서경》을 읽음으로써 우리는 지난 수천 년의 무수한 시련에 대해 깊이 이해할 수 있고, 이로부터 우리가 나아갈 방향에 대한 분명한 인식을 얻을 수 있는 것입니다. '지원知遠'은 머나먼 과거를 안다는 것이고, '소통疏通'

은 과거와 현재를 연결하여 과거를 통해 현재를 이해하고, 현재로부터 미래를 이해한다는 뜻입니다. 또는 풍부한 역사지식으로 세상사에 통달할 수 있음을 말하는 것이기도 합니다. 역사는 되풀이된다고 이야기 되는데, 이로써 우리는 역사 이해의 중요성을 다시 한 번 확인할 수 있습니다.

《악》은 《악경》을 일컫는 것으로, 고대 궁정 가무의 음악이었으나 오래전에 유실된 책입니다. 《악》을 들으면 우리가 비록 인정세사人情世事를 많이 경험하지는 못했지만 몸소 체험한 듯한 느낌을 가질 수 있습니다. 각 지역의 풍토와 인정은 경험할 수는 없지만 음악으로 그 경지를 몸소 체험할 수 있습니다. 때문에 감동적인 음악은 우리의 인생경험을 풍부하게 하고 우리를 인정세사에 통달하고 도량을 넓히게 합니다. 이를 '광박廣博'이라 이르는 것입니다.

《논어》에는 공자가 제나라에 갔을 때 '《소韶》를 듣고 3월에 고기 맛을 알지 못했다.'(《논어》〈술이〉)는 구절이 있습니다. 여기서 《소》는 순 임금 때 만들어진 음악으로, 이 구절은 《소》 음악이 공자에게 커다란 감동을 주었음을 설명하는 것입니다. 공자가 학생들을 가르칠 때 사용한 《악》은 어떤 것은 격조가 높고 어떤 것은 곡조가 은근하고 어떤 것은 숭고하고 어떤 것은 장엄하고 어떤 것은 낮게 가라앉고 어떤 것은 웅혼하였습니다. 《악》을 들음으로써 우리는 누군가의 탄식 소리를 듣는 것처럼 타인의 기쁨과 흐느낌을 체험할 수 있어, 이를 통해서 쉽지 않은 인생살이의 어려움을 음미할 수 있습니다. 《악》을 들으면 멀리 떨어진 다른 지방에 사는 사람들의 고난을 마치 자기 일처럼 느낄 수 있고, 이 때문에 가슴이 두근거릴 수 있습니다. 곡조마다 우리들에게 이야기를 해주고, 인생을 털어 놓습니다. 때문에 《악경》은 사람과 사람 사이의 거리를 크게 단축시키고, 사람들의 마음이 서로 통한다는 것을 마음으로 알게 해줍니다. 우리는 아직도 세속의 편견에서 나온 다양한 이유로 천리 밖에 있는 다른 사람들을 거부하고 있지 않습니까. 사람을 감동시키는 아름다운 음악은 마음속에 품고 있는 타인에 대한 원한을 풀어주고, 양지良知를 마음속에서 불러내 선량한 마음과 포용력으로 인간사를 대하도록 합니다.

성숙한 나를 만드는 힘

앞서 공자가 말한 《역》은 《역경》 혹은 《주역》을 말합니다. 무엇이 '결정정미絜靜精微'일까요? '정'은 정교하고 섬세하다는 뜻이고, '미'는 인정세사 중의 미묘한 것을 말합니다. '결정'은 생각이 맑고 깨끗하여 사심과 잡념이 없다는 뜻입니다. 고대의 학자들이 《역경》을 읽으며 신경 쓴 것은 주로 그 속에 포함된 처신의 지혜와 철리哲理 때문입니다. 《역경》에 나오는 대부분의 말은 간결하지만 그것이 담고 있는 뜻은 아주 포괄적이고 깊이가 있어 자못 곱씹어 볼 만합니다. 예를 들어, '하늘天'을 대표하는 건괘乾卦는 '천행건天行健, 군자이자강불식君子以自彊不息'을 의미하고, '땅地'으로 대표되는 곤괘坤卦는 '지세곤地勢坤, 군자이후덕재물君子以厚德載物'을 의미합니다. '자강불식'과 '후덕재물'이 여덟 글자는 인간 세상의 미덕을 간결하게 표현한 인생 지혜의 결정입니다. 《역경》에는 인생의 지혜로 가득한 경구와 잠언들이 아주 많습니다. 그들을 음독하면 확실히 자신을 경계할 수 있고 탐심과 잡념을 없앨 수 있는데, 이를 '결정'이라 한 것입니다. 이 외에 《역경》에는 세상사의 복잡 미묘한 부분을 보여 주고 끊임없이 '조그만 조짐을 보고 전체의 추세를 꿰뚫어보는' 이치를 깨닫게 해주는 부분이 많습니다. 일이 막 그 싹을 내밀었을 때 즉시 그것을 알아채고 불필요한 뒤탈을 면할 수 있게 해 줍니다. 《주역》은 세상사에 대한 통찰력과 안목을 키워주고 예리하게 해 줍니다. 이것이 '정미'입니다. 《주역》은 동양 최고의 지혜의 결정체이고 동양의 문화 전통 중 보배와 같은 것입니다. 수천 년 이래 《역경》은 수많은 영웅호걸들이 평생 숙독하고 음미한 불후의 경전이었습니다.

　《예》는 주대의 예제禮制를 기초로 한 책으로, 혹자는 공자가 사용했던 책인 《의례》라고 이야기합니다. '공검장경恭儉莊敬'에서 '공'은 공경이고 '검'은 검소함이며 '장'은 장중함이고 '경'은 공경입니다. 어떤 사람들은 당시 사회가 규율을 준수하게 하여 인성을 속박했다고 생각하지만 이런 관점은 편파적인 것이라 할 수 있습니다. 옛사람들은 점잖고 예의바른 것, 즉 '빈빈유례彬彬有禮'를 자랑스럽게 여기고, 이를 '문명'이 '야만'보다 뛰어나다는 상징으로 생각했습니다. 이는 일리가 있는 말입니다. 오늘날 외국인들이 중국에 오면 때론 'rude, very rude'라는 말로 교양 없는 중국 사람들을 형용하곤 합니다. 구체적으로 묘사해 보면, 공공장소에서 앞 다퉈 자리를 차지하려고 하고, 차를 운전할 때 양보하려 하지 않고, 줄을 설 때 끼어들거나 심지어 애초부터 질서란 없는 것처럼 행동하고, 공공기관에 가 보면 항상 음침하고 무표정한 얼굴로 일하고, 공공장소의 문을 닫을 때 안에 사람이 있는지 없는지 살피지 않는 등 중국인의 무례함과 관련된 이야기는 아주 많습니다. 민족의 자존심을 충족시켜야 할 때는 항상 예의지국이라고 말하면서도, 다른 사람들이 예의가 없다고 말할 때면 우리는 그냥 '사람이 너무 많아서'라고 변명합니다. 그런데 옛날 사람들이 물질생활 수준이 낮다는 것을 이유로 예의에 신경을 쓰지 않았던가요? 오늘날 지구상에는 인구 밀도가 중국에 못지 않은 나라와 도시가 많지만, 이들은 모두 예절과 질서를 잘 지키며 살아갑니다. 나는 이 모든 문제가 전통의 쇠락과 관련이 있다고 생각합니다. '예'란 개인적 측면에서는 한 개인의 수양을 대표하고, 민족적 측면에서는 그 사회의 문명 정도를 대표한다는 점을 인식해야 합니다. 옛사람들이 '예의지국'이라고 긍지를 느꼈던 데는 다 이유가 있었습니다. 왜냐하면 '예'의 정신은 실질적으로 인간에 대한 존중이었기 때문입니다. 만약 '예'라는 훌륭한 전통이 없다면 '선진 문명을 건설하자'는 구호는 탁상공론에 불과할 것입니다.

《춘추》는 과거 역사서에 대한 통칭이었는데, 공자가 생전에 춘추시기 242년간(기원전 722년에서 481년까지)의 정치와 역사적 사건을 기록하고 편집하여 《춘추》라 한 것입니다. '속사비사屬辭比事'는 가장 타당하고 가장 정련되었으며 가장 정확하고 완정된 방식으로 한 개인의 생각과 사건에 대한 관점을 묘사한 것을 가리킵니다. 공자가 편찬한 《춘추》는 240여년간의 전 역사를 단지 2만자가 안 되는 글자로 간략하게 개괄하고 당대 인물과 사건에 대한 자신의 의견을 분명하게 기술했습니다. 어떤 때에는 직필하고 어떤 때에는 완곡한 필치로 긍정과 부정, 칭찬과 비판을 했습니다. 《춘추》의 필법은 매우 정교하여 당시 글재주로 이름이 났던 자하子夏도 한 글자 고칠 일이 없었습니다. 《춘추》는 공자의 언어 예술에 대한 깊은 이해를 체현했을 뿐만 아니라 핵심을 찌르는 미언대의微言大義로, 역사적 사건 당사자들의 인품에 대한 관점을 서술하였습니다.

《춘추》의 해설서 중 하나인 《좌전》의 첫머리에 나오는 정나라 장공庄公의 예를 들어 설명해 보겠습니다. 정 장공은 군주가 되어 동생 공숙단公叔段이 반란을 일으킬 줄을 알고 있었으면서도 그를 사전에 막지 않고 그가 반란을 일으키도록 내버려둠으로써 그를 제거했습니다. 이 일을 《춘추》는 '정백극단어언鄭伯克段於鄢'이라는 여섯 글자로만 기록하고 있습니다. 《좌전》의 해석에 따르면, 이 여섯 글자는 공자가 공숙단의 찬위에 동의하지 않았음을 반영하는 동시에 정 장공이 형으로서 동생을 교육하지 못했고, 나아가 동생을 계략으로 옭아매지 말았어야 함을 말한 것이라고 설명합니다. 구체적으로 말하면 '단'은 장공의 동생이기 때문에 원래는 '기제단其弟段'으로 써야 하나 간략하게 '단'으로 쓴 것은 동생의 행위가 동생답지 않았음을 비판한 것이고, '극克'자는 두 사람 사이의 관계가 대등할 때 쓰는 말로 한정되는데, 장공의 동생이 자신을 군주와 동등한 위치에 놓았기 때문에 '극'을 사용하고 '벌伐'자를 사용하지 않았던 것입니다. 한 나라의 군주라면 응당 그 이름을 써야 하는데, 여기서는 장공의 이름인 오생悟生을 넣어 '정백오생'으로 칭하지 않고 간략히 '정백'이라고 했으니 그가 형으로서의 책무를 다

하지 못한 것을 풍자한 것이었다고 쓰고 있습니다. 《춘추》의 언어 예술은 비록 후인들이 《춘추》 필법의 관점에 대해 다른 견해를 내놓기도 하지만 공부할 만한 가치가 대단히 크다 할 수 있습니다. 맹자가 "공자가 《춘추》를 쓰자 난신적자들이 두려워했다[孔子成《春秋》而亂臣賊子懼]."《《맹자》〈등문공〉)라고 말한 것에서 알 수 있듯이 분명하고 신랄할수록 힘을 갖는 것이 아니라 때론 완곡하고 에둘러 말하는 언어가 도리어 더 큰 의미가 있는 법입니다.

전체적으로 말하면, 유가가 길러내고자 하는 이상적 인간형은 인정세사에 통달하고, 충만한 사랑으로 사람을 대하고, 막중한 책임감을 갖고 일을 하며, 예의 바르게 처신하고, 강력한 항심과 의지를 가지고 숭고한 신념을 끈기 있게 추구하는 사람이었습니다. 이러한 이상은 오늘날 시대에 뒤떨어진 것이라 말할 수 없을 것입니다. 오히려 그 반대로 오늘날 우리가 배우고 익혀야 할 진정한 가르침일 것입니다. 만약 유가 경전을 반복해서 큰 소리로 읽는다면 그 속에 있는 진정한 의미를 체득할 수 있을 것이고, 이로 인해 나날이 성숙하는 자신을 발견할 수 있을 것입니다.

| 끝맺는 말 |

수신은 어렵지도, 불가능하지도 않다

나는 1960년대 출생으로 80년대 사상해방 운동 속에서 성장한 중국인입니다. 낭만적인 이상을 마음에 품고 일찍이 수많은 사람들과 함께 팔을 휘두르며 혁명 구호를 소리 높여 외친 적도 있습니다. 동시대를 산 많은 사람들처럼 나는 일찍이 오랫동안 서양 사상에 빠져 있었습니다. 하지만 훗날 나이가 들고 인생 경험이 쌓이기 시작하면서 근본을 찾지 못했다는 허전함이 마음 깊은 곳에서부터 밀려왔습니다. '과연 내가 배우고 있는 학문에 인생의 진정한 답이 있는 것인가? 진정한 인생의 가치가 남보다 두각을 나타내며 사는 데 있다는 것인가? 학문의 목표란 것이 사람들이 소위 말하는 자아를 실현하기 위한 것이란 말인가? 한때 세상에 이름이 알려져 사람들의 주목을 끌고 지지를 받는다고 해도 이로 인해 진정한 즐거움을 얻을 수 있다는 것은 어불성설이 아닌가?' 나는 동양 철학에 대한 갈증을 느끼기 시작하면서, 우리 세대가 영혼에 대해 깊이 반성하고 진정성 있게 자신을 고민하지 않는다면, 반드시 마음 깊은 곳에서 괴로움과 아픔을 겪게 될 것이라 믿게 되었습니다. 누가 우리의 영혼을 구해줄 수 있을까요? 이것이 바로 우리가 심각하게 반성해야 할 문제이며, 우리 시대에 가장 되돌아볼 만한 가치가 있는 근본적 문제의 하나입니다. 전통을 잃기 시작한 순간부터 우리의 영혼은 뿌리부터 뽑혔고 생명의 정원도 갈가리 찢기고 말았습니다. '수신修身'을 알지 못한 우리는 바싹 말라버린 대지 위의 풀처럼 고통스럽게 발버둥 치다가 절망에 빠진 뒤에야 후회하곤 합니다. 나로 말할 것 같으면 전통에 회귀하면서 생명의 오아시스를 찾았고 유가의 수신을 통해서 영혼의 자양분을 얻게 되었습니다.

어느 날 학생들과 함께 나의 허약한 정신이 오아시스를 찾기 시작한 여정에 대해 이야기를 나누면서, 뜻밖에도 그들이 유가 사상에 훨씬 깊이 매료되어 있음을 알게 되었습니다. 마치 어두운 밤 밝은 등불을 본 것처럼, 그들은 전혀 새로운 정신의 왕국을 갑자기 발견하고는 그 안의 위대한 지혜를 정신없이 빨아들이고 있었습니다. 내게 있어 학생들과 정신적인 체험을 함께 나누는 것보다 더 행복한 일은 없었습니다. 더 많은 사람들과 이런 즐거움을 함께하지 못할 이유는 없습니다. 수천 년에 걸쳐 축적된 수신의 전통을 오늘날의 언어로 다시 쓰는 것이, 설마 추상적이고 실용적이지 않은 이론 체계를 구축하는 것보다 의미가 없겠습니까?

매번 옛 선인들의 책을 읽을 때마다 항상 그들이 내 곁에 있는 것 같다는 느낌을 받고는 합니다. 이 때문에 선인들의 위대함에 경탄을 느끼는 동시에, 일찍이 선인들이 스스로 총명하다고 여기는 오늘날의 많은 사람들이 그 치명적인 결함을 알지 못한다는 사실을 간파하

◉ 끝맺는 말_수신은 어렵지도, 불가능하지도 않다

고 있었다는 것에 감탄하기도 합니다. 예를 들어 경박함, 공명과 이욕, 천박함, 인내와 근성의 결핍, 기백과 활달한 포부가 없는 등 어느 것이 선인들의 비판을 피할 수 있겠습니까? 신앙이 쇠락한 시대에 진정으로 해야 할 일은, 먼저 자신의 신앙을 세운 연후에 다른 사람에게 신앙 세계의 무한한 아름다움을 보여주는 일일 것입니다. 이 책은 나 개인이 보고 들은 선인들의 정신세계의 한두 가지 풍경을 묘사한 데에 불과한 것으로, 선인들의 수신 경지와는 커다란 차이가 있습니다. 나에게도 수양을 가르칠 자격은 없습니다. 단지 여러분들과 체험을 나누고자 할 뿐입니다. 만약 여러분이 이 책을 읽고 수신에 대해 흥미를 갖게 되고 이를 행동으로 옮길 수 있게 된다면, 본서의 목적은 이루어진 것입니다.

본서를 집필하는 과정에서 칭화 대학교 출판사 편집진들의 커다란 도움이 있었습니다. 그들의 일에 대한 열정과 엄밀함은 나를 감동시키기에 충분했고, 이 책이 모양새를 갖추는 데 결정적인 작용을 했습니다. 칭화 대학교 인문대학 전 원장이며 칭화 대학교 문화소질교육기지 책임자 후셴창胡顯章 선생은 본서를 집필하는 데 아낌없는 지원을 했습니다. 후쿠이화胡桂华 여사 또한 본서를 수정하는 데 많은 유익한 의견을 제공했습니다. 여기서 이들 여러분의 도움과 지지에 깊은 감사를 표합니다.

팡차오후이

나를 지켜낸다는 것 칭화대 10년 연속 최고의 명강

초판 1쇄 발행 2014년 2월 28일 **초판 21쇄 발행** 2024년 9월 9일

지은이 팡차오후이
옮긴이 박찬철
펴낸이 최순영

출판2 본부장 박태근
지적인 독자 팀장 송두나

펴낸곳 ㈜위즈덤하우스 **출판등록** 2000년 5월 23일 제13-1071호
주소 서울특별시 마포구 양화로 19 합정오피스빌딩 17층
전화 02) 2179-5600 **홈페이지** www.wisdomhouse.co.kr

ISBN 978-89-6086-659-1 13320

- 이 책의 전부 또는 일부 내용을 재사용하려면 반드시 사전에 저작권자와
  ㈜위즈덤하우스의 동의를 받아야 합니다.
- 인쇄·제작 및 유통상의 파본 도서는 구입하신 서점에서 바꿔드립니다.
- 책값은 뒤표지에 있습니다.